정보기술(IT) 투자효과의 측정과 평가

- 이론과 실제 -

한 승 환 著

KSi 한국학술정보㈜

머 리 말

오늘날 정부 환경은 세계화 촉진과 더불어 국경 없는 무한 경쟁시대에 처해 있고, 정부의 관리자들은 이러한 변화의 물결에서 살아남고자 변화를 기회와 도전으로 보고 모든 노력을 경주하고 있다. 그런데 이러한 변화의 견인차 역할을 하는 가장 중요한 요인은 정보기술(IT: information technology)이다. 정보기술은 정부의 변화 혹은 혁신을 가능하게 하는 중요한 촉진수단이고, 조직생존의 가장 중요한 요인이 되고 있다.

이러한 맥락에서 오늘날 지구촌의 각 국가들에 있어 정보기술은 일반기업체는 물론 정부를 비롯한 공공부문에서 많은 투자를 하고 있다. 즉, 우리 정부를 비롯하여 세계 주요국가의 정보기술에 대한 지출은 지난 10여 년 사이에 걸쳐서 급속한 성장을 보이고 있다. 이와 같이 정보기술에 대한 투자는 모든 정부지출의 많은 양을 차지하고 있고, 정부회계에 있어 새로운 중요 항목을 구성하고 있다.

그러나 정보기술에 대규모의 투자가 이루어지는 가운데 정보기술의 수익성을 어떻게 확보하고, 그 효과는 어떻게 측정할 것인가 하는 문제는 상대적으로 관심을 끌지 못했다. 이는 정책결정, 조직관리, 인적·물적 관리와 개발, 그리고 경제적 이점과 같은 곳에서 정보기술투자에 기인한 부가가치를 측정하는 것은 쉽지 않고, 또한 정부의 성과라고 하는 것이 질적, 간접적, 그리고 확산적인 성격을 갖기 때문이다. 이러한 것에 대응하여, 많은 연구자들은 정보기술의 효과를 평가하기 위한 척도의 개발을 시도해 왔다. 그러나 이러한 몇몇 척도들은 학문적인 가치를 가짐에도 불구하고, 난해한 문제를 가지고 있고, 그것을 운영하기에 어려운 점이 적지 않다. 따라서 본 연구는 이러한 점을 인식하고, 우리나라 기초자치단체에서 정보기술투자효과를 측정하고 평가할 수 있는 모델을 개발하여 적용해 보았다.

본 서는 모두 6장의 체계로 구성되어 있는데, 거시적인 차원에서 공공부문에서 정보기술투자효과에 관한 이론과 실제를 종합함으로서 하나의 학문적 체계를 엮어내려고 노력하였다. 우선 제1장 서론에서는 연구의 목적과 방법을 제시하였고, 제2장에서는 정보기술투자효과의 개념과 이와 관련된 제이론과 평가방법을 살펴보았다. 제3장에서는 우리나라 중앙정부 차원에서의 정보화 투자현황과 예산규모를 살펴보고, 본 연구의 투입요인으로 3개 자치단체의 예산현황, 공무원 현황, 그리고 정보기술부문 투자규모를 항목별로 검토해 보았다. 제4장에서는 변수선정, 가설설정 등 연구의 설계와 분석의 틀을 다루었고, 제5장에서는 분석결과와 이를 토대로 해석을 하였다. 마지막으로 제6장은 연구의 요약 및 정책적 함의, 그리고 결론을 내렸다.

여기서 본 연구의 주요 내용을 살펴보면, 다음과 같다. 먼저 연구의 목적으로는 기초자치단체의 정보기술투자 부문에 대한 효과를 최종사용자 집단 중 하나인 공무원을 대상으로 그들의 인식하고 있는 정도를 통하여 투자효과를 파악해 보았다. 그리고 그렇다면 어떤 변수들이 정보기술투자효과에 영향을 미치고 있는지를 가설검정을 통하여 규명해 보았다. 이는 기존의 많은 연구에서 유형의 효과를 측정하고 평가하는데 초점을 둔 것과 반대로 무형의 효과를 측정하는데 초점을 두고 있는 것이다. 공공부문에서의 효과를 유형적으로 평가하는 것은 일정한 한계가 있기 때문에 오히려 무형의 효과를 측정하는 것이 의미가 있다고 판단하였기 때문이다. 다시 말해서, 이론적인 측면에서는 공공부문에서 정보기술투자로 인한 효과를 측정하고 평가하기 위하여 이에 영향을 미치는 여러 변수들을 검증하고, 실제적인 측면에서는 공공부문의 정보기술투자효과를 평가하고, 성공을 위해 우선적으로 무엇을 해야 하는지 그 대안을 탐색하는 것이 목적이라고 할 수 있다.

이를 위하여 본 연구는 국내외 문헌을 토대로 문헌연구를 진행하였고, 설문도구를 이용한 통계분석을 시도하였는데, 빈도분석과 분산분석을 이용하여 최종사용자들의 투자효과에 대한 인식정도를 파악하였고, 회귀분석을 통하여 가설검정을 하고 상대적 영향력을 파악하였다. 자료수집은 최종사용자들 중 한 집단인 S시, J군, K구의 공무원을 대상으로 Likert 5점 척도로 구성된 47개 문항을 가지고 설문조사를 실시하였고, 표본은 가능한 한 무작위 표출에 가까운 효과를 내고 직렬, 직급 등이 골고루 포함될 수 있도록 표본을 구성하였다. 전체 600부를 배포하여 552부(회수율 92%)가 회수되었고, 회수된 질문지 중 최종적으로 522부(S시 164부, J군 171부, K구 187부)가 분석에 이용되었다. 그리고 자료의 분석에 이용된 통계패키지는 Eviews와 SPSS를 이용하였다.

분석결과, 정보기술투자로 인하여 발생된 긍정적인 효과는 중간수준을 약간 상회하는 정도로 나타났지만, 3집단간에 인식의 차이가 있는 것으로 나타났고, 이는 통계적으로 유의미하였다. 즉, 대도시의 K구가 정보기술의 투자효과가 가장 높은 것으로 나타났고, 다음이 S시, J군의 순으로 나타났다. 이는 사회적·경제적 여건이 좋은 자치단체가 그렇지 못한 자치단체에 비하여 투자효과가 높다는 것을 보여주는 것으로 이러한 자치단체의 주민은 신속하고, 정확한 질 높은 행정서비스를 제공 받고 있다는 것을 의미하고, 기관의 경우는 업무처리의 투명성이 증가하고, 신뢰성도 증가했다는 것을 판단할 수 있다.

그리고 영향요인에 대한 가설검정에서는 개인적 특성, 정보기술위험통제는 5%의 유의수준에서 통계적으로 유의하지 않은 것으로 나타난 반면, 사용자 태도, 정보기술활용능력, 정보기술지원, 산출정보의 질, 통합정보인프라 등은 5%의 유의수준에서 통계적으로 유의미한 것으로 나타났다. 각 변수에 대한 상대적 비중은 산출정보의 질의 상대적으로 영향력이 가장 큰 것으로 나타났고, 다음 정보기술지원, 통합정보인프라, 사용자 태도, 정보기술활용능력, 정보기술위험통제 등의 순으로 나타났다.

본 서에서는 정보기술투자효과를 측정하고 평가하는 체계를 일단 이와 같이 구성하였지만, 관련기법과 내용 등이 부족한 점이 많다. 각각에 대하여 어느 정도 소개해야하는지도 확신이 서지 않는다. 본 서는 기본적으로 저자의 박사학위논문을 바탕으로 쓰여 졌는데, 정보기술투자효과를 어떻게 측정하고 평가할 것인가를 한번 시도해 보았다는데 의미가 있는 것이며, 이 분야를 공부하는 학생들에게 참고가 되었으면 한다.

아직 체제나 내용이 미흡하다는 것을 저자 자신이 알지만, 특히, 평가의 중요성을 감안 할 때 우리나라 공공부문에 막대한 비용이 투입되는데 반하여 그 궁극적 효과를 알지 못하고, 또한 피드백 되지 않아 정책실패가 자주 발생하고 있는 현실을 보고, 이의 필요성에서 우선 출간하기로 결심한 것입니다. 부족하고 미진한 부분이 많지만 앞으로 계속적으로 수정·보완해 나갈 각오이므로 독자 여러분들의 많은 비평과 충고, 그리고 성원을 소망합니다.

참으로 부족한 점이 많지만 이 책이 출판되기까지 많은 분들의 도움이 직접적·간접적으로 있어 가능했습니다. 있어 가능했다. 적극적으로 후원해주시고 도움을 주신 분들께 감사를 드립니다. 우선 박사학위논문을 지도해주신 서울시립대 박용치, 박정수, 김현성 교수님, 서울산업대 남궁근 교수님, 강남대 김주환 교수님께 우선 감사드립니다.

그리고 게을러지고 나태해질 때 마다 격려해주신 서울산업대학교 조현석 교수님, 하태권교수님, 윤홍근 교수님, 김승현 교수님, 김재훈 교수님, 정익재교수님, 김상묵 교수님 등에게 감사드립니다. 또한 서울시립대학교 전자정부연구소 소장님이신 박경효 교수님께 감사드립니다. 그리고 출판과정에 번거로운 교정을 도와준 신동주 박사과정, 류도암 석사 등에게 감사드린다.

아울러 이 책의 출간을 흔쾌히 해주신 한국학술정보(주) 채종준 사장님, 신재훈 선생님, 그리고 이 책의 편집과 디자인에 많은 수고를 해주신 관계자 여러분께 감사드립니다.

마지막으로 저자가 공부하는데, 물심양면으로 도움을 주시고 격려해주신 부모님과 형제자매에게 깊은 감사를 드립니다.

2006년 5월.
전자정부연구소에서 저자 씀

목 차

표 목차

그림 목차

제1장 서 론

제1절 문제제기와 연구의 목적

오늘날 새로운 기술의 영향과 의미에 대한 사람들의 관심 중에서 가장 보편적이고 두드러지는 것은 정보화 사회(information society)이다. 굴뚝 산업시대에 토지와 노동, 자연자원 등이 주요 자본이었다면, 정보화 사회에서는 정보(information)가 주요 자원이 된다. 이는 기존에 가장 가치 있는 자원으로 여기던 유형의 자원과는 매우 다른 것이다.

이처럼 정보화 사회의 도래는 지구촌을 변화의 물결에 휩쓸리게 하였다. 세상에서 변치 않는 것은 아무 것도 없다. 정부 환경은 세계화 촉진과 더불어 국경이 없는 무한 경쟁시대에 있고, 정부의 관리자들은 이러한 변화의 물결에서 살아남고자 변화를 기회와 도전으로 보고 모든 노력을 다한다. 변화는 오늘날 매우 빠르고, 정치, 경제, 사회, 문화 등 모든 부문에 직·간접적으로 영향을 미치고 있다. 그런데 이러한 변화의 견인차 역할을 하는 가장 중요한 도구는 정보기술(IT: information technology)[1]이다. 정부의 변화 혹은 혁신을 가능하게 하는 중요한 촉

---

[1] 일반직으로 정보기술(IT: information technology)은 컴퓨터·정보통신기술을 의미하고, 유형의 하드웨어와 무형의 소프트웨어 관련기기로 구성된다. 그러나 정보체계(IS: information technology)는 정보입력, 저장, 과정, 산출, 전달관련인간·기술적인 구성요소를 의미한다고 할 수 있다. 엄밀히 IT와 IS의 관계를 살펴보면, IT 그 자체로는 유용성이 덜하고 IS와 결합했을 때 유용성이 크다고 할 수 있다. 특히, IS는 컴퓨터와 정보통신기기와 반드시 관련되는 것은 아니지만, 인간과 인간행위의 관계된다는 측면에서 중요한 의미를 가진다.

진수단이라는 것이다. 정보기술의 전략적 활용이 모든 부문에서 근본적인 문제로 떠오르는 것도 이 때문이다. 정보기술의 효과적이고 효율적인 활용을 위해서 정부의 전략과 정보기술의 잠재력이 필요한 것이다. 정보기술은 조직들의 생존에서 가장 중요한 요인이 되고 있다.

그렇다면 오늘날 공공부문에서 IT 부문에 투자를 촉진시키는 이유는 무엇인가? 그 이유로는 다섯 가지를 들 수 있다(Davies, 2002: 98).

첫째, 현실적인 정부의 출연이다. 전통적으로 정부는 예산, 의회회기, 선거 등을 위해 예정된 타임테이블(timetables)을 통하여 상황을 변화시켜왔고, 시민의 욕구와 기업을 변화시키기 위한 주요 조정들은 규칙성이라는 토대에서 이루어져 왔다. 하지만 실제로 운영이라는 것은 정부가 좋은 상태로 변화하기 위하여 지속적으로 조정하는 것이다. 규칙적으로 계획된 일을 위하여 기다리기 보다는 정부가 적극적으로 대응하는 것이다. 현실적으로 운영은 지속적으로 정보를 업데이트하고, 성과를 보고하며, 끊임없이 국민과 기업을 위하여 개방적 접근을 용이하게 하는 것이다. 어떤 상태를 변화시키기 위한 끊임없는 협력적 대응은 정부기업을 통하여 확장되고, 전체 전달시스템을 포함시켜 왔다.

둘째, 증가된 외적 정보의 중요성이다. 과거 30년에 걸쳐 정보기술 부문에의 많은 정부투자는 정부 운영에 관한 점점 더 세부적인 정보를 획득하는 MIS에 초점을 맞추어 왔다. 그 목적은 정보의 효율성을 증진시키기 위하여 더 좋은 정보를 얻고, 정보 운영측면에서 더 나은 통제를 하기 위한 것이었다. 그러나 감독할 때 무엇이 정부 외부에서 발생하는 가에 관한 정보가 있다. Peter Drucker는 오늘날 모든 조직에서 대부분 만연되어 있는 상태들 중 하나라고 하였다. 종종 정부들은 정부의 판단과 이를 초월하여 존재하는 사실적 상황을 거의 알지 못한다. 미래에 대한 투자와 좋은 상태에서의 변화를 감독하기 위한 감독시스템은 이러한 상황을 산정하는 데 도움을 준다.

셋째, 강력한 산업상의 정보시스템(IS)과 네트워크를 구축하고 운영

해야 할 필요성이다. 앞으로 대부분의 정부는 안정성, 이용가능성, 건전성을 향상시키기 위하여 기술에서 점점 더 많은 투자를 하게 될 것이다. 현실적인 위험의 존재는 정부지도자가 정부의 기술을 안전하게 하는 데에 있어서 더 많은 투자와 정부를 운영할 수 있고 간섭을 하지 않고 서비스를 지원할 수 있게 하는 것 사이의 연관성을 예상하지 못하는 것이다. 버지니아의 퇴임한 기술부 장관인 Don Upson은 그러한 투자를 하는 중요성과 얼마나 이들 투자가 주정부가 이들 목표를 성취하는데 도움을 주는 가에 관하여 선출직 관료를 교육시키는데 열정적이었다.

넷째, 상호의존성이다. 오늘날 정부 프로그램이 다른 것에 의존하여 작용할 수 있는 예는 드물다. 또한 하나의 정부단위에서 다른 수준의 협력을 하지 않고 사명을 달성할 수 있는 것 또한 드물다. 정부를 통하여 기술을 통합시키는 것과 상호의존성을 지원하기 위한 프로그램을 적재적소에 투입시키는 것은 어렵다. 주정부는 기술 그 자체를 통합시키기보다는 데이터와 기업과정, 그것의 적용과 정책을 통합시키는 방향으로 점점 더 많은 자원을 투입할 것이다.

마지막으로 결과가 산출되는 일선으로의 초점의 이동이다. 사회복지, 교정, 법집행, 검열관과 고객 서비스 대표자 등은 유용한 최신의 도구와 정보로 무장할 필요가 있다. 그리고 기술과 정보를 위한 그들의 요구는 선출직 공무원, 상사, 프로그램 매니저, 단속 역할을 하는 사람들과는 매우 다르다. 이 분야에서 근로자들이 지원되는 정도는 정부 성과에 결정적인 요인으로 신속이 존재할 것이다. 이 분야 사람들의 운영 요구를 지원함에 있어 기술의 적용은 이동통신시스템과 같은 영역에 있어서 미래의 투자를 촉진될 것이다.

이와 같은 이유로 우리 정부를 비롯하여 세계 주요 국가의 정보기술에 대한 지출은 지난 10여 년 사이에 걸쳐서 급속한 성장을 보이고 있는데, 모든 정부지출의 많은 양을 차지하고 있고, 정부회계에 있어 새로운 중요 항목을 구성하고 있는 것이다. 정부운영, 서비스 제공, 그리고 지원정보시스템의 영역들은 오늘날의 중요한 경향들을 보여주고 있다. 컴퓨터의 하드웨어, 소프트웨어에서 엄청난 진보, 그리고 정보네트워크의 세계화에서 거대한 진보를 포함하지만, 단지 그러한 것에만 한정되고 있지 않다. 이러한 진보와 더불어 정보기술은 자동데이터처리의 수단으로부터 오늘날 정부를 운영하기 위한 인프라스트럭처에 이르기까지 성장하였다.

그러나 이와 같이 정보기술부문에 대규모의 투자가 이루어지는 가운데 정보기술의 수익성을 어떻게 확보하고, 그 효과는 어떻게 측정할 것인가 하는 문제에는 상대적으로 관심을 끌지 못했다. 왜냐하면 정보기술투자의 효과를 측정하기가 상대적으로 쉽지 않았다는 것과 정보기술투자에 뒤쳐지면 향후 경쟁에서 뒤쳐질 것이라는 막연한 위기의식이 정확한 투자수익의 계산이라는 경제적 마인드를 삼켜버렸기 때문이다(김정유 외, 2001: 2). 특히, 공공부문에 있어서 평가의 어려움은 정보의 무형성과 같은 미시적 차원의 요인뿐만 아니라 대규모 조직으로써 갖는 공공부문의 특수성이라는 보다 포괄적인 맥락에서 파악되어야 한다(정익재, 1998: 40-41).

따라서 오늘날 정보기술투자를 주도했던 세계적인 정보통신업체들이 과도한 투자로 어려움에 직면하고, 정보기술에 대한 투자가 정체현상을 보임으로써[2] 정보기술부문의 투자환경이 크게 변화하고 있다. 정보기술투자에 대한 수익성의 요구가 더욱 증대되고, 투자위험(risk)에 대한 인식이 확산되면서 투자효과가 확실한 부문에 집중투자를 한다던가 조직가치 향상에 기여를 한다던가, 조직목표달성에 어떤 긍정적 영향

---

2) 가장 최근 기사를 보면, 미국 위싱턴 소재의 프리커서(FreeCursor)연구소가 금년 상반기 미국 기업들의 정보기술투자가 전년동기 대비 2.4% 감소해, 지난 1974년 이후 17년 만에 첫 감소세를 기록할 것이라고 발표했다(전자신문 2001년 9월 7일자 기사 인용.)

을 미쳤는지에 대한 보다 구체적인 증거들을 요구하고 있기 때문이다.

세계 최대의 생활용품 제조업체인 미국 존슨앤존슨(Johnson & John-son)사의 랄프 라센(Ralph Larsen)회장은 정보기술투자평가의 필요성과 역할을 다음과 같이 언급하고 있다(Business Week, 1998: 9.15일짜).

> "사업부문의 관리자들은 정보기술이 제공하는 서비스의 수준에 대해 실망을 느끼고 있으며, 기술을 담당한 사람들은 자신들이 제대로 대우받지 못한 채 무시당하고 있다고 느꼈습니다. 나에게는 그 두 부류 모두와 말이 통할 매체가 필요하였습니다."

정보기술투자평가는 조직의 정보기술투자에 관한 의사결정을 도와주고, 기존에 구축된 정보기술자산의 효율적 활용을 유도하여 조직목표의 달성과 조직가치 극대화를 이루기 위한 필수적인 도구이다. 정보기술투자에 대한 평가를 통해 관리자는 정보기술투자 대안들에 대한 효과분석을 토대로 투자의 우선순위를 보다 합리적으로 결정할 수 있다. 또한 정보기술부문의 현장 관리자들은 그들의 정보기술투자사업이 어떤 부문에서 효과를 나타내고 있고, 어떤 부문에서 성과가 미흡하게 나타나고 있는지를 판단해 볼 수 있다. 객관적인 정보기술투자평가과정을 거치면서 결과적으로 높은 성과를 창출할 수 있는 정보기술투자를 유도할 수 있다는 것이다.

오늘날 국제경쟁이 매우 심화되고 있는 시점에서 미국과 영국을 비롯한 OECD의 주요 국가들은 국가 또는 정부경쟁력의 초석으로 정보기술을 인식하고 조직축소와 서비스질의 제고를 위해 이에 많은 투자를 하고 있다. 다시 말해서, "작은 정부, 하지만 효율적인 정부"를 정보기술을 통해 달성하고자 하는 것이다(Heeks, 1999). 정보기술의 대규모적인 투자의 증가로부터 가치를 극대화하는 것은 정부 지도자들의 주된 관심사이다. 이들은 사람들이 다른 프로젝트에서와 마찬가지로 정부투자프로젝트와 관련된 정보기술의 경제적 생존능력 또는 그 공헌을 측정하고 싶어 한다. 분명한 것은 어떤 다른 기술 이상으로 정보기술은 경쟁시장에서 정부조직의 가장 중요한 성공요인으로 판단된다는 것이다. 하지만, 아직도 많은 정부의 지도자들은 정보기술에의 투자에 관해 합리적인 가치를 얻고 있는지 의심하고 있다.[3] 그 이유는 정보기술의 투자로 인하여 정부가 체감할 정도의 효과를 느끼지 못하고 있기 때문이다.

특히, 정책결정 또는 의사결정, 조직관리, 인적·물적 관리와 개발, 그리고 경제적 이점과 같은 곳에서 정보기술투자에 기인한 부가가치를 측정하는 것은 쉽지 않다. 정부성과라고 하는 것이 질적, 간접적, 그리고 확산적이기 때문이다. 이러한 것에 대응하여, 많은 연구자들은 정보기술의 효과를 평가하기 위해 평가척도들의 개발을 시도해 왔다(King and Epstein,1983: 34-45; Bailey and Pearson, 1983: 530-545; Chrismar and Kriebal, 1985: 5; Sethi and King, 1994: 1601-1627).[4]

최근 정부는 정보화의 중요성이 대두되면서 전자정부 구현을 위한 정보시스템의 구축을 활발히 진행하고 있다. 그러나 시스템의 구축 목적을 달성했는지, 기대했던 효과가 나타났는지에 대한 연구가 거의 없어 막대한 혈세(血稅)가 들어간 시스템에 대한 평가가 제대로 이루어지고 있지 않다.

따라서 본 연구에서는 이러한 문제점을 인식하고 정보기술투자 이론적 기초에 대한 논의를 시작으로 정보기술투자효과(effects)의 인식과

---

3) "오늘날 기업들은 대개 정보기술투자의 80%를 정보의 원활한 흐름을 돕는 기술에 투자해 놓고서도 한결같이 가능한 이익의 20% 밖에 건지지 못하고 있다. 투자하는 것과 얻는 것 사이의 이러한 큰 차이는 과연 어디에서 오는 것일까?"(William Gates in 'Business @ the Speed of Thought')

4) 그러나 이러한 몇몇 척도들은 학문적인 가치를 가짐에도 불구하고, 난해한 문제를 가지고 있으며, 그것을 운영화하기에 어려운 점이 적지 않다.

이에 영향을 미치는 요인을 실증적으로 밝혀보는데 목적이 있다. 이와 같은 연구의 목적을 이론적인 측면과 실제적인 측면에서 살펴보면 다음과 같다.

첫째, 이론적인 측면에서는 공공부문의 효과를 평가하기 위해 정보기술투자효과에 영향을 주는 여러 변수들을 검증하는 것이다. 이러한 결과를 통하여 공공부문의 정보기술투자를 위한 앞으로의 연구방향에 실마리를 제공하고자 한다.

둘째, 실제적인 측면에서 기초자치단체의 공무원들이 관련요인에 대한 인식상태를 파악하고 있는 정도와 정보기술투자효과에 영향을 미치는 요인을 평가하고, 정보기술투자효과를 높이기 위하여 우선적으로 해야 하는 성공요인이 어떤 것인지를 밝혀보고자 한다. 이러한 결과는 공공부문의 시스템구축과 운영의 성공을 위해 유익한 정보를 제공해 줄 것이다.

제2절 연구의 범위와 방법

1. 연구의 범위

본 절에서는 본 연구의 연구대상과 범위, 연구방법, 그리고 연구수행 체계에 대해 살펴본나.

첫째, 연구의 대상으로는 3개의 기초자치단체 S시·J군·K구의 정보기술투자효과의 평가이다. S시는 지역주민 937,780명, 공무원 2,176명인 도시이고, J군은 지역주민 2,6349명, 공무원 414명인 소도시이며, K구는 지역주민 535,138, 공무원 1,339명으로 수도서울의 자치구이다. 3개의 기초자치단체는 행정종합시스템을 비롯하여 많은 정보기술을 행정업무의 처리에 이용하고 있다.

둘째, 3개의 시·군·구의 현실을 토대로 연구의 범위를 ⅰ)내용적 범위, ⅱ)시간적 범위로 구분하여 살펴본다.

① 내용적 범위이다. 여기서는 ⅰ)기초자치단체의 정보기술투자효과에 대한 측정 및 평가의 의의를 살펴보고, 정보화의 진전 및 변화된 환경을 고려하여 정보기술투자의 측정 및 평가와 관련된 개념들을 정립해 본다. 그리고 ⅱ)정보기술투자효과의 측정 및 평가를 위한 지표체계를 구성한다. 이때 기존의 측정 모형 및 지표체계분석을 통하여 지표를 재구성해보고 이러한 측정지표를 적용하여 정보기술투자효과를 측정하고, 정보기술투자와 관련된 기관 및 업무분야를 분석하여 정보기술투자의 방향을 모색해 본다. 이의 결과를 토대로 정보기술투자효과의 정책적 함의와 장기적인 발전방향 및 활용방안을 모색해 본다.

② 시간적 범위이다. 여기서는 시·군·구 기초자치단체의 정보기술을 주요 분석대상으로 하고 있다. 따라서 2003. 5월을 기준으로 그 효과를 측정하고 평가해 본다.

2. 연구의 방법

연구의 방법에 대해 살펴본다. 민간부문의 경우 최종사용자 컴퓨팅 개념이 등장하면서 시스템 사용자 개인적 차원을 대상으로 시스템 효과를 평가하기 위한 다양한 측정도구들이 개발되었다(Gallagher,1974: 46-55; Bailey and Pearson,1983: 530-545; Ives, et al., 1983: 785-793; Doll and Torkazadeh, 1988: 259-274). 그러나 공공부문의 정보시스템에 관한 연구방법들은 주로 조직차원에 머무르고(Seneviratne,1999; Jain,1997: 4-15; Nidumolu, 1996: 197-224; Ugbah and Umeh, 1993: 5-13; Otten, 1989:

9-16), 개인적 차원을 대상으로 한 실증적 연구는 많지 않다(Worrall,et al., 2000: 501-520; Specht, 2000). 특히, 공공부문의 경우 어떤 측정도구가 시스템의 효과를 가장 잘 나타내는지 또는 시스템 효과에 영향을 주는 선행변수는 어떤 것들인지에 대해서는 합의를 이루지 못하고 있다. 본 연구는 이를 위해서 다음과 같은 연구방법을 사용한다.

① 정보기술투자효과와 관련된 문헌을 중심으로 문헌연구를 실시한다. 문헌연구에서는 ⅰ)정보기술투자효과에 대한 측정 및 평가와 관련된 최근의 국내·외의 자료를 수집·분석하고, ⅱ)정보기술투자효과의 측정 및 평가의 방법론과 관련된 국내·외 문헌을 검토하며, ⅲ)정보기술투자효과와 관련된 통계보고서를 통해 국내·외 현황을 살펴보고, ⅳ)중앙정부 및 각 지방정부의 정보기술투자계획, 정보기술투자 전문기관에서 발간한 연구보고서를 수집·분석한다.

② 설문조사분석을 실시한다. 설문조사분석에서는 ⅰ)조사표를 작성하여 대상집단에 배부·작성토록 한 이후에 결과자료를 정보기술투자효과의 측정 및 평가에 원시자료로 이용한다. 그리고 ⅱ)정보기술투자효과의 측정 및 평가를 할 때 정보기술 관련 공무원에게 설문을 실시하고 그에 따른 적절한 통계적 방법을 사용한다.

③ 정보기술 분야의 전문가 및 관련공무원과의 면접을 실시한다. 여기서는 ⅰ)전문가 및 관련공무원에게 면접을 실시함으로써 정보기술투자결과의 측정과 평가에 공정성, 객관성 및 전문성을 확보할 수 있다. 주요 내용으로는 지표체계 및 방법론에 대한 것과 측정결과의 내용확인 및 추가자료를 수집할 수 있고, ⅱ)연구를 수행하는데 직접적인 관련이 있는 실무경험이 풍부한 관계자를 포함하여 전문성이 높은 교수 등과 상담을 한다.

④ 마지막으로 연구수행을 위한 체계도는 다음과 같다. 본 연구는 정보기술투자효과의 인식과 영향요인을 실증적으로 밝히기 위해서 다음 〈그림-1〉과 같은 연구를 진행하였다.

ⅰ)정보기술투자효과의 평가를 위해 연구일정 등 연구계획을 수립하고 국·내외의 관련문헌 및 자료를 수집하고 정리하였다. 이때 수집된 문헌과 자료를 근거로 기존의 문헌을 광범위하게 검토하였다. ⅱ)각 변수에 대한 측정항목을 구성하고 그 내용을 확정지어 예비조사를 실시한 후 측정지표에 문제가 있는 경우 수정 및 보완을 거쳐 새로운 측정항목을 확정지은 후 설문조사를 실시하였다. ⅲ)수집된 설문지를 코딩하여 데이터를 분석하였다. 분석에는 빈도분석, 분산분석, 회귀분석을 실시하였으며, 분석결과를 토대로 기초자치단체의 인식과 영향력을 실증적으로 확인하였으며 그에 따른 정책적 함의를 제시하였다.

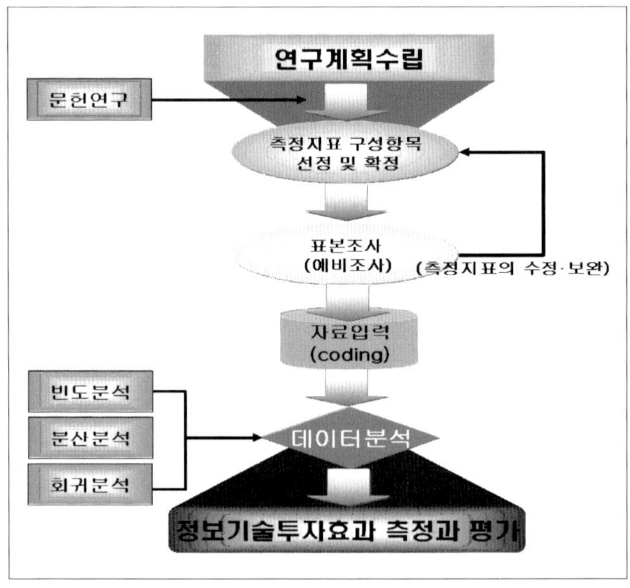

<그림-1> 연구수행체계도

제2장 정보기술투자효과와 평가방법

정보기술투자효과에 대한 평가를 수행하는 가장 큰 이유 중에 하나가 정보기술이 얼마나 조직성과에 영향을 주는 지를 파악하기 위해서이다. 이러한 측면에서 본 연구에서는 정보기술의 조직에의 영향과 인식과 관련된 이론을 검토한 후, 정보기술투자효과와 평가방법에 대해 살펴본다.

제1절 정보기술의 조직에의 영향과 인식

우선, 정보기술과 행정조직과의 관계를 살펴보고, 정보기술이 조직에 미치는 영향과 역할을 어떠한지, 조직구성원의 인지에 따른 태도변화가 조직성과에 어떤 영향을 미치는지에 대해 살펴보도록 한다.

1. 정보기술과 행정조직과의 관계

1) 정보기술과 행정조직에 대한 관점

행정조직과 정보기술 사이의 관계를 바라보는 시각에 대하여 살펴본다. 여기에는 미시경제론적 관점, 거래비용이론, 대리인이론 등의 입장에서 살펴볼 수 있다.[5]

---

5) 이밖에도 문화이론과 정치적인 관점이 있다. 전자는 정보기술의 도입에 따

　첫째, 미시경제론적 관점은 "정보기술은 자본과 노동을 자유롭게 대체할 수 있는 생산요소로 간주되기 때문에 정보기술의 비용이 떨어질수록 상승일로에 있는 노동을 대체함으로써 중간관리자와 사무원의 수를 감소시킨다"는 견해이다(Pindyck and Rubinfield, 1992).

　둘째, 거래비용 이론적 관점은 "기업이나 개인은 정보기술을 이용한 거래의 자동화 등을 통해 거래비용을 감소시키려 하는데 거래비용의 감소는 기업의 규모와 노동력의 감소를 가져오며, 노동력의 감소는 특히 중간관리자와 사무노동자에게 영향을 미치게 된다"는 견해이다(Williamson, 1985).

　셋째, 대리인 이론적 관점은 "대리인은 고용자의 이익보다는 그들 자신의 이익을 추구하는 경향이 있기 때문에 상시적인 감독과 관리의 필요성이 있는데, 이것은 기관비용이나 관리비용의 증가를 가져온다"고 보는 견해이다(Jensen-Henry, 1997). 이 과정에서 정보기술의 역할은 고용주가 대리인을 점검하고 보다 잘 통제할 수 있는 장치를 제공함으로써 관리비용을 감소시켜 조직전체의 효율성을 증대시킨다.

2) 정보기술과 행정조직의 관계

　행정조직과 정보기술의 관계를 보다 구체적으로 살펴보면, 행정조직내에 정보기술의 도입은 조직내 구성원뿐만 아니라 조직구조에도 영향을 미치게 된다. 그러나 이러한 관계에 대한 시각은 다양하다. Hirschheim(1985)은 조직내 사무자동화의 도입이 개인과 조직에 긍정적 측면과 부정적 측면을 가져온다고 주장하고 있다.

　라 조직내에서의 권한은 공식적 지위가 아닌, 더 많은 지식과 능력에 의존하게 되어 조직 구성원들간에 갈등을 조성하거나 새로운 조직문화를 창출한다는 것이다(Pennings, 1987). 후자는 새로운 정보기술 및 정보시스템으로 인해 조직내 권력관계의 변화가 일어날 수도 있다는 것이다(Garson, 1983).

우선, 긍정적 측면은 인적자원의 유용성 증가, 정보처리 기술의 향상으로 의사결정, 작업 및 서비스 품질의 향상, 조직간의 의사소통의 향상을 기하게 되어 조직의 효용성과 생산성을 향상시킨다는 것이다. 또한 단순·반복적인 업무에 혁신을 일으켜 비용과 노력의 절감을 기할 수 있어 개념적인 업무에 전념할 수 있게 된다는 것이다. 둘째로 부정적 측면은 새로운 정보기술에 적응하지 못하는 구성원은 자신의 필요성에 대한 자신감을 상실하게 된다는 것이다. 또한 정보기술의 도입이 오히려 더욱 단순하고 지루한 작업을 창출할 수 있다는 것이다.

Foster와 Flyan(1984: 229-236)은 정보시스템이 조직에 도입됨으로써 지식근로자들은 일상업무를 정보시스템으로 처리하여 에너지를 절약하고, 이에 따라 여유시간과 절약된 에너지를 보다 창의적이고 도전적인 업무에 할애함으로써 혁신을 촉진한다고 주장하였다. 또한 정보기술은 혁신을 위한 기회를 발견하고 관련정보를 신속하고 정확하게 조회할 수 있게되어 혁신적인 업무를 수행할 수 있는 기회를 제공한다고 하였다. Pfeffer와 Leblebici(1977: 241-261)는 컴퓨터화됨으로써 최고 관리자는 의사결정권한을 하위 관리자에게 위임할 수 있는데, 이러한 이유는 의사결정을 컴퓨터에 의한 보고서를 통하여 쉽게 조회할 수 있기 때문이라고 주장하였다. Carter(1984: 247-270)는 정보기술을 핵심기술로 파악하여 컴퓨터 기술이 전문화와 차별화를 촉진한다는 사실을 발견하였으며, Blau et al.(1976: 20-40)은 사무자동화를 관리적 기술로 간주하여 자동화가 차별화와 분권화를 가져온다는 사실을 발견하였다.

그러나 행정조직에 정보기술의 도입이 부정적이라는 시각도 있다. Hunt와 Newell(197135-43)은 기존문헌을 조사하여 정보기술이 의사결정을 분권화시키고 관리계층을 감소시킨다고 주장하였고, Leavitt와 Whisler(1958: 41-48)는 조직적 측면에서 정보기술의 도입이 조직구조상 전문화, 분권화, 의사소통상의 변화를 가져온다고 지적하고, 정보기술이 중간관리자의 수를 감소시켜 재집권화를 촉진하리라고 예측하였고, Robey(1981: 963-976)는 컴퓨터 정보시스템이 조직구조에 아무런 변화를 주지 않고 현존구조를 재강화한다고 주장하였다.

2. 정보기술이 조직에 미치는 영향과 역활

1) 정보기술의 조직에의 영향

조직에서 정보화를 추진하는 목적은 개별 조직의 특성 및 유형, 지향하는 목표에 따라 다를 수 있으나 일반적으로 공공부문에 있어서 정보활용을 개선시켜, 행정업무의 생산성과 행정서비스의 질을 향상시키는 것이다. 이러한 정보기술이 조직에 미치는 영향은 우선 정보기술영역과 조직영역으로 구분하여 살펴볼 수 있는데, 영역 내 혹은 영역간 인과관계적 모형으로 설명할 수 있다.

전성현(1996)은 정보기술이 조직에 미치는 영향에 대한 개념틀을 〈그림-2〉와 같이 제시하고 있다.

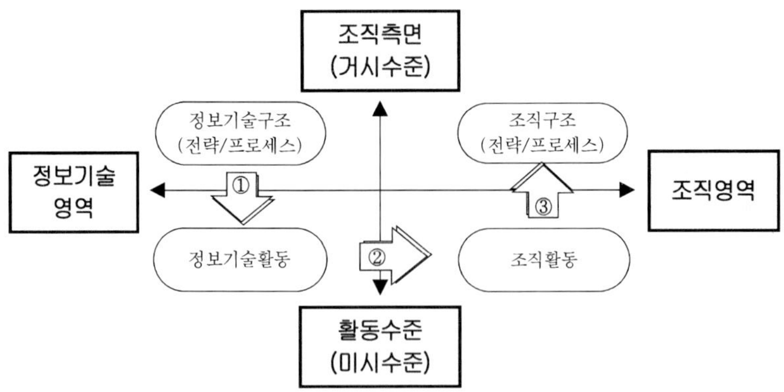

* ⇨: 전이과정임(전성현, 1996).

〈그림-2〉 정보기술 영향연구 모형

첫째, 정보기술 구조6)와 정보기술 활동, 조직활동, 조직구조와의 관계(①, ②, ③) 둘째, 정보기술 활동과 조직활동, 조직구조간의 관계(②, ③)로 크게 분류할 수 있으며, 성과 관리적 측면에서 보면 정보기술 구조 및 활동이 미시적 수준의 조직활동과 거시적 수준의 조직구조에 미치는 영향으로 분류할 수 있다.

먼저, 개인적 성과측면과 조직적 성과측면으로 나누어 살펴본다. 개인적 성과측면에서 보면, 조직활동은 조직내에서 개개의 구성원들이 정보기술활동을 제외하고 행하는 모든 활동을 말하는 것으로 사용자 만족도 등 개인적 수준에 초점을 맞춘다. 결국, 조직성과는 이들 개인들의 활동의 부산물이기 때문에 이들 활동들의 합에 의하여 달성될 수 있을 것이다. 이러한 점에서 정보기술의 만족도, 이용도 등의 성과변수는 직접적 성과변수의 매개변수로 거시적 수준의 조직성과에 영향을 미칠 것이다.

Jarvenpaa, Dickson and DeSantis(1985)는 정보시스템에 대한 실험적 연구에서 사용자 만족을 정보시스템의 성공을 측정하는 척도로 제시하였고, Henderson and Treacy(1986)는 정보센터를 통한 서비스 제공과 컴퓨터 교육, 훈련기회의 확대가 중요하다고 주장하였다. 또 Amoroso and Cheney(1991)는 하드웨어 및 소프트웨어의 접근용이성, 사용자의 컴퓨터에 대한 태도, 컴퓨터 사용의 사전경험 등이 중요함을 주장하여 정보시스템 사용자 개인수준 향상에 초점을 맞추고 있다.

둘째, 조직성과 측면에서 보면, 정보기술 구조 및 활동이 조직구조에 미치는 영향 연구에서는 일관된 결론을 내지 못하고 있다. Whisler(1970)는 조직의 집중화를 돕는 것으로 Pfeffer and Leblebici(1977)는 조직의

---

6) 정보기술 구조는 정보기술 전략 및 프로세스, 자원배분, 관리방식, 정보기술적 하부구조 등을 정보기술 활동은 시스템 설계 및 구현, 구체적 시스템 사용 등을, 조직활동은 정보기술 활동을 제외한 모든 활동을 조직구조는 제도화된 행동규칙, 규범, 자원 및 권한의 배분형태 등 조직의 거시적 수준을 의미한다(전성현, 1996).

권한을 분산시키는 것으로 나타나는 등 연구자에 따라 상반된 결론을 내리고 있다(Swanson, 1987).

이러한 정보기술의 조직내 도입은 조직 내·외의 여러 상황변수들과 밀접한 관련을 가지며 일반적으로 다음과 같은 영향을 미치게 된다.

첫째, 정보기술은 전통적인 행정조직의 구조를 변화시켜준다. 계층제를 완화시켜 의사결정과정이 단축되고, 조직의 구조가 평평해지며, 조직의 공간적 개념이 변화한다는 것이다. 초기에는 컴퓨터가 조직에 도입되면 조직구조가 피라미드 형태에서 중간관리층이 감소한 벨과 럭비공을 합해놓은 형태를 띨 것이라는 주장이 제기되었으나(Leavitt and Whisler, 1958: 11-12), 최근에는 오히려 중간관리층은 증가하게 되고 일상적이고 단순반복적인 업무를 담당하는 조직의 하부계층이 감소하게 되리라는 주장이 대두되고 있다(Lutz, 1986). 그러나 어떠한 수준의 정보기술이 행정에 접목되느냐 하는 것과 조직내의 정치적인 요소 등 다른 요인도 함께 작용하게 되기 때문에 정보기술의 도입이 행정조직에 어떤 영향을 미칠지는 단정할 수 없다.

둘째, 정보기술의 도입과 활용이 조직내 권력관계를 변화시킬 수 있다는 것이다. 이는 조직내 권한의 집중 또는 분산과 관련되는 것으로 견해가 대립되고 있다. 전자의 견해로는 고위관리자들이 정보취득력이 확대됨으로써 조직전반에 대한 영향력이 커지게 되고, 관리업무를 수행할 때 부하들에 대한 의존을 줄일 수 있게 되어 권한이 집중될 가능성이 커진다고 보는 입장이다(Er, 1987). 반면에, 후자는 사람들은 중간·하부 계층들이 정보기술의 도입을 통해 반복적인 일상업무들이 줄어들게 되고 의사결정에 참여하는 경우와 폭이 넓어지게 되어 결과적으로 분권화를 유발할 수 있다는 것이다(Madon, 1993). 그러나 정보기술의 도입과 활용만으로는 집권화나 분권화를 초래하지 않는다는 중간적인 입장을 취하는 주장도 있다(Kraemer and King, 1986: Special Issue(11)). 최근 각 행정기관들은 근거리통신망 등으로 네트워크 망을 구축하였으나 전반적으로는 분권화가 강화되고 있는 것 같다.

셋째, 정보기술의 도입과 활용은 조직내 의사결정과정에 영향을 준다는 것이다. 정보기술은 보다 다양한 정보수집과 신속한 처리가 가능해 양질의 의사결정을 할 수 있게 하고, 또한 컴퓨터를 활용한 정보의 분석을 통해 보다 합리적인 예측이나 대안의 결과분석을 할 수 있게 되어 의사결정과정의 질적 향상을 도모할 수 있다.

넷째, 정보기술이 조직의 권력관계에 미칠 수 있는 변화이다. 이는 어떤 계층이 이익을 보게 되고, 업무와 의사결정을 할 때 어떤 영향력의 변화가 있느냐 하는 문제와 관련된다. 먼저, 컴퓨터시스템을 운용하는 전산전문가의 영향력이 증대될 수 있다. 이들 계층은 정보기술에 대한 전문지식을 바탕으로 이의 도입이나 활용상의 의사결정에 주도적인 영향력을 행사할 수 있다(Danziger, 1979). 또한 조직의 정보화가 상·하간의 관계에 영향을 주지 못하거나(Norris, 1989), 조직내에서 이미 권력기반을 갖고 있는 기존세력의 권한을 강화시켜줄 수도 있다(Kraemer, Dutton and Northrop, 1981). 그러나 정보기술의 도입과 활용이 조직의 권력관계에 어떤 변화를 초래할 지에 대해서는 명확한 결론을 내리기가 어렵다. 특히, 정보화를 통해 전산전문가들의 영향력이나 지위가 눈에 띠게 상승했다고 말하기가 어렵고, 조직내의 역학관계에 어떤 변화를 가져온 것 같지도 않다.

2) 조직에서 정보기술의 역할

조직은 불확실성과 모호성을 줄이기 위해 정보를 필요로 한다. 따라서 이러한 정보를 제공하고 처리해 주는 정보기술 및 정보시스템은 조직에서 중요한 역할을 담당하고 있다. 조직 내에서의 정보기술 및 정보시스템은 정보처리기능을 통해 조직업무수행을 지원하고, 조직이 변화하는 환경에 적절히 적응할 수 있도록 조직구성원에게 필요한 정보를 제공하며, 조직의 변화를 촉진하는 역할 등을 담당한다(정헌률, 2003: 21-22).

정보기술의 발달은 단순한 정보처리능력과 처리속도의 향상뿐만 아니라, 조직이 이전과는 다른 방식으로 정보기술을 활용하게 하고 있다. 정보기술은 조직에 보다 많은 기회를 제공하게 되고, 높은 성과구조를 가진 조직으로 변환시키며, 자율성이 보장되면서도 통합된 조직으로 기능을 할 수 있게 하고, 외부조직과의 관계형성이 보다 발전적인 확장형 조직으로 기능을 할 수 있게 해주는 기능확장 효과를 가져다준다. 즉, 정보기술은 조직내에서 자동화, 정보화, 자료연결성 강화, 그리고 의사소통화의 작용을 하고 있다(Tapscott and Caston, 1993). 이에 대해 살펴보면 다음과 같다.

첫째, 자동화의 작용이란 정형적이고 단순 반복적인 사무를 데이터 처리기술에 의해 자동화하는 것을 의미한다. 19세기 산업혁명으로 인한 자동화와 유사한 것으로써 기술이 노동을 대체하는 효과를 가져온다. 둘째, 정보화이다. 편집, 분석, 그리고 데이터의 가공·해석·처리를 위한 각종 소프트웨어와 함께 인간의 정보처리능력을 보충한다. 셋째, 자료연결성 강화이다. 이는 OLE의 데이터간 연결기능이 극적으로 증가했고, 많은 상품에서 기계적이고 전자적인 통제를 마이크로프로세서 통제로 대치시킴에 따라 바람직한 측면에서 가격은 감소했으며, 이것은 자료의 획득 및 보급을 위한 새로운 방법을 가능케 하였다. 넷째, 의사소통화이다. 정보공유능력의 강화 및 전자메일과 같은 네트워크 기술이 의사소통에 대한 시간과 거리장벽을 제거하였다.

이와 같이 정보기술의 도입 및 활용으로 인해 나타날 수 있는 조직의 특성으로는 조직의 개방성, 정보의 공유, 권한위임, 실시간 처리, 협력적 처리, 참여확대, 기술의 전문화 및 사용자의 접근성 향상 등을 들 수 있다.

3. 정보기술투자효과의 인식과 태도변화

1) 인식의 의의

사회현상의 과학적 연구가 인식론적 입장에서 출발하고 있다고 볼 때, 사실의 세계에서 출발하여 경험세계를 파악함으로써 나오는 것을 의미한다. 이러한 사실의 인식은 인간의 지각활동을 통하여 가능한데, 정보기술투자효과를 파악하기 위해 정보기술을 사용하는 최종사용자들을 인식의 정도를 평가하는 것은 중요한 의미를 갖는다. 왜냐하면, 최종사용자의 인식에 대한 평가는 정보기술의 최종사용자들의 정서적 경험에 중요한 요소이고 정보기술이 자신에게 어떤 영향을 미칠 것인가를 우선 결정하고, 이후에 최종사용자가 그 상황에 대해 어떻게 행동할 것인가를 결정하기 때문이다. 즉, 정보기술의 내용을 평가하여 정보기술의 이용과 관련된 상황에 대하여 어떤 태도를 취할 것인가를 고려하게 된다는 것이다. 태도와 관련된 초기연구들은 인지적 구조(Fishbein 1963: 233-240; Lutz and Swasy 1977: 363-371)와 인지적 반응(Greenwald 1968: 147-170; Wright 1973: 341-352)과 같은 인지적 요인들에 의해 태도가 결정된다고 보았다.

인식이란 "어떤 객체와 또는 관련된 객체에 대한 믿음"(Schewe, 1976: 577-590)을 의미한다. 다시 말해서, "정보기술사용자가 특정한 정보기술의 활용이 자신의 업무적 성과를 향상시켜줄 것이라고 믿는 정도"(Davis, 1989: 320)라고 정의할 수 있다. 그런데 인식은 어떤 대상에 대한 심리적 상태를 측정하는 개념이라는 측면에서 태도나 몰입과 구별되는 개념이고,[7] 태도의 표현은 인지, 특히 사물에 대한 신념

---

7) 태도란 사회심리학에서 가장 중요한 개념의 하나로 상황, 대상, 인간, 집단에 대한 친근감과 혐오감을 말한다. 또한 추상적 사고와 사회 정책 등을 포함하는 환경의 어떤 측면과 관련해 언급될 수도 있는 바 찬성과 불찬성으로 나타나게 된다(김해동, 1993: 343-345). 몰입은 어떤 대상이나 사건에 대한 중요성과 개인적 적절성을 반영하는 주관적인 심리상태이다(오강탁,

과 사물에 대해 취하는 행동과도 관련이 있다.[8]

이러한 측면에서 볼 때, 인지는 첫째, 인지적 매개 과정이라고 할 수 있다. 핵심가정으로 인지활동은 어떤 사건에 내리는 평가, 기대, 사고, 판단이 외적 행동에 지대한 영향을 미친다는 것이다. 둘째, 인지적 활동은 우리들이 알 수 있을 뿐만 아니라 변화시킬 수 있다는 가정이다. 셋째, 행동의 변화는 인지의 변화를 통해 이루어질 수 있다는 것을 가정하고 있다.

2) 인식과 태도변화

태도에 관한 연구는 주로 두 가지 문제를 다루었는데, ⅰ)한 개인의 신념과 태도 그리고 행동 사이의 일치성과 ⅱ)태도가 발달하고 변화하는 방법에 관한 것이다. 태도가 엄격한 형식논리에 따라 조직화되지는 않지만 일종의 심리적 논리를 따른다는 것이다.[9]

태도를 연구하는 중요한 이유 중의 하나는 태도가 행동을 예측해 준다는 기대 때문이다. 개인의 태도가 그의 행동을 결정해 준다는 생각은 서구사상에 깊이 뿌리박고 있으며 그 생각이 옳은 경우가 많다. Kelley and Mirrer(1974)는 1952년부터 1964년까지 대통령선거 결과를 조사하여 투표자의 85%가 선거 두 달 전의 그들의 태도와 선거에서의

1999: 29).

8) 사회심리학자들은 전형적으로 태도를 3가지 요소로 구성되어 있다고 본다. 신념은 인지적 요소를 나타내고, 태도는 정의적 요소를, 그리고 행위는 행동적 요소를 나타낸다는 것이다.

9) 사회심리학자들의 인지적 일관성에 대한 연구는 심리적 논리를 말한다. 모든 사람이 개인의 신념·태도 그리고 행동이 일관되도록 노력한다는 것과 非일관성은 조리있게 될 때까지 수정하고 변화시키도록 하는 자극제 또는 흥분제로 작용한다는 것을 기본전제로 한다. 태도간의 일관성은 개인들의 태도와 가치 사이에 일관성을 추구하려 노력한다는 전제를 가지고 있고, 개인의 태도는 이를 지지하는 신념에서부터 자연 발생적으로 생긴다.

그들의 투표행동이 일치했음을 보여 주었다.

심리학자들이 태도변화에 관심을 갖기 시작한 것은 2차 세계대전 중 양진영의 선전활동에서 비롯되었다. 집중적 연구는 예일대학의 Hovland, Janis, and Kelley(1953)에 의해 시작되었는데, 이 연구는 의사전달자, 의사소통, 목표대상이라는 세 가지 설득요소에 초점을 두고, 성공적인 의사전달자의 특성, 효율적인 의사소통의 특성, 더 쉽게 설득될 수 있는 성격유형 등을 알아보고자 하였다.

그러나 연구의 결과는 광범위한 일상적·사회적 영향을 함축함으로써 매우 복잡하게 나타났다. 태도변화에 대한 연구에서 가장 분명한 발견 중 하나는 개인이 전달자에 대해 높이 평가할수록 의사소통을 통해 설득하기가 쉽다는 것이다. 목표 대상자가 전달자를 평가하는데 작용하는 2가지 주요 요소는 전달자의 신뢰성과 목표 대상자가 전달자에게 느끼는 매력이다.

우선, 전달자의 신뢰성은 그가 얼마나 신뢰를 받는가의 정도를 나타내는데 이것은 전달자가 현재 토론되고 있는 주제에 대해 얼마나 전문가인가, 얼마나 신뢰있고 공평한 사람인가에 달려있다. Walster, Aronson and Abrahams(1966)의 연구에서는 개인이 자신의 최선의 이익과 정반대되는 입장을 지지하는 결과를 보이기도 하였고, Walster and Festinger-(1962)는 설득이 개인에게 향해진 경우보다는 우연히 설득내용을 들었을 때 훨씬 태도변화가 많이 일어나는 결과를 보이기도 하였다.

둘째, 목표대상자가 전달자에게 느끼는 매력은 설득대상자가 의사전달자에게 갖는 호감의 정도이다. 이는 의사전달자의 신체적인 매력을 포함한 대인매력을 높여주는 모든 요소들이 개인들의 설득력을 강화시켜 준다는 것이다. 여기서 신뢰감과 매력은 약간 다르게 작용한다. Kelman-(1961)의 연구에서 신뢰감이 태도변화를 유발시키는 이유는 사람들이 신뢰할 만한 정보원의 주장을 신뢰할 수 없는 정보원의 주장보다도 훨씬 더 진지하게 받아들이기 때문이었으나 매력은 동일시의

기제를 통하여 작용하는 것으로 나타났다. Norman(1976)의 연구에서
는 전문가에 의한 요령있는 주장은 설득력을 높여주지만, 매력적인 비
전문가의 주장에 의한 태도변화 만큼의 효과는 거둘 수 없었다.

3) 인식과정상의 오류 및 감소방법

사람들의 감정이나 행동은 어떤 사건에 대한 그들의 지각에 의해서
영향을 받는다. 사람들의 느낌을 결정하는 것은 상황 자체가 아니고
상황을 해석하는 방식에 달려 있다. 상황 그 자체보다 흔히 자동적 사
고로 표현되는 상황에 대한 해석이 그 사람의 감정이나 행동 및 생리
적 반응에 영향을 준다는 것이다.

물론, 어떤 사건들은(인신공격, 거부, 실패 등) 거의 언제나 사람의
감정을 자극한다. 심리적인 문제를 가진 사람은 중립적 또는 긍정적인
상황들조차 인지적으로 왜곡을 하게 된다. 흔히 인지는 현실을 있는
그대로 반영하지 못하고, 상황에 대한 객관적 평가와 주관적 평가가
일치되기보다는 모순될 때가 많다. 사고 또한 비논리적으로 전개되어
현실을 정확히 지각해도 결론을 도출하는 과정에서 오류가 자주 나오
게 된다.

인식과정상(또는 추리과정상) 나타나는 오류는, ⅰ)관찰자들의 과거
의 경험이 다르고, 인상을 다루는 지적 능력 및 특수능력이 다르다는
점, ⅱ)관찰자마다 각자의 인식과 추리에 독특한 양태를 가진다는 점,
즉, 경험이나 지적능력 외에도 취미 등의 요인이 작용한다는 점이다
(김해동, 1993: 344-345). 이와 같은 오류는 대체로 관찰자들이 사실을
인식하는 데 있어서 그 준거틀이 다르기 때문에 나타나는 것이다. 이
런 인지적 오류의 과정에 대한 면밀한 검증이 필요하다.

이러한 인식과정상 나타나는 오류를 적게 하는 방법으로는, ⅰ)이론
적 개념을 분명히 밝히고 조사시 필요한 개념을 경험적으로 정의하여

야 하며, ⅱ)개념간의 관계를 한정하여 사고의 규칙이 주어지도록 한다. ⅲ)관찰에서부터 기록되는 시간을 될수록 짧게 잡아야 하며, ⅳ)관찰된 것과 관찰자 사이에 생기는 장애를 제거해야 한다. 그리고 ⅴ)관찰자의 지적 자기인식을 강화해야 한다. 즉, 관찰자 자신의 고유한 사고방식이 어떠한 것인가를 자기훈련을 통해서 스스로 알게 함으로써 인식과정상에 개입될지도 모르는 주관을 배제할 수 있다. 이러한 지각과정이나 인식과정상에 나타나는 오류는 관찰방법의 객관성을 저해하는 요인이므로 관찰자의 훈련이나 전술한 여러 방법을 통하여 이러한 오류를 감소시켜야 할 것이다.

제2절 정보기술투자효과의 의의

1. 정보기술투자효과의 개념

정보기술투자효과의 개념을 보다 정확하게 이해하기 위해서는 우선 정보와 정보기술의 개념을 알 필요가 있다. 첫째, 정보는 이미 정부 등 공공부문에서 중요한 요소가 되었으며, 행정학자를 비롯하여 사회학자, 그리고 경영학자 등 많은 사회과학자들이 연구를 수행해 왔다. 정보는 연구자나 학자에 따라 다양한 견해가 제시되고 있으나,[10] 일반적으로 Davis와 Olson(1985: ch7)의 정의가 많이 인용되고 있다. 이들은 정보를 "자료가 수신자에게 의미를 주는 형태로 처리가 되고, 현재와 미래

---

10) Orsey(1982: 154-156)는 정보를 자산으로 파악하고, Landau(1980)는 자원으로 이해하며, Drucker(1980: 24)는 기업경영자의 도구이자 중대한 자원으로 이해하며, Rockart(1979: 81-93)는 효율적 경영을 위한 주요 구성요소로, 그리고 Meltzer(1981)는 측정될 수 없는 무한한 가치로 파악하고 있다.

의 활동·결정에 있어서 실제적·인지적 측면에서 가치를 주는 것"라
고 정의하고 있다.[11]

둘째, 정보기술은 이러한 정보의 개념에 토대를 두고 있다. 사전적인
의미에서 정보기술은 "개인이나 단체, 그리고 국가의 정보화를 위한
모든 이론, 방법론, 시스템 등"을 총망라한 용어이다. 하드웨어, 소프트
웨어, 통신기술을 종합적으로 활용하는 정보기술은 작게는 자동화, 전
산화, 시스템화를 위한 것이지만 크게는 정보화사회의 구축을 목표로
삼는다(http://www.britannica.co.kr, 2001). 산업자원부는 "컴퓨터·멀
티미디어 등 하드웨어, 생활·기술혁신·행정쇄신 등 용도에 맞게 효
용성을 불어넣는 소프트웨어, 양자를 조화롭게 묶는 시스템 등 정보화
수단의 총체적인 유·무형 기술"로 정의하고 있다(산업자원부, 2001).

Huber(1990: 47-71)는 정보기술을 "정보를 전달, 조작, 분석 또는 이용
하고, 사용자의 의사교환과 의사결정에 필수적인 정보를 처리하는 체제"
라고 보고, Rice와 Bair는 "정보기술 구성요소의 효용에 의해 갖게 되는
속성의 집합"으로 정의하였다(Culnan and Markus, 1987: 420-444; Rice
and Bair, 1984: 185-216). 정보기술은 구성요소 측면에서 보면, 자료의
인식 및 처리, 정보통신, 사무자동화, 공장자동화 등과 관련된 각종 하드
웨어, 소프트웨어를 포괄하는 개념이며(McFarlan, 1984; Song and
Farrell, 1986; Porter and Millar, 1985), 목적이라는 관점에서는 자료 또
는 정보의 저장, 처리 및 의사결정을 돕는 제반기술(Bakos and Treacy,
1986)로 정의한다(이진주, 1992).

이러한 정보와 정보기술의 논의를 토대로 정보기술투자효과의 개념
을 살펴보면, 정보기술투자효과는 "과거에 다른 부문의 소비를 줄여

---

11) 정보의 속성으로는 적실성, 적시성, 정확성, 정밀성, 완결성, 간결성, 형식
    성 등이 제시되고 있는데, 미시적 차원에서 보면 정보의 가치나 질은 정보
    의 내재적 특성 즉, 정보의 속성에 의해서 표현될 수밖에 없다(정익재,
    1996).

정보기술부문에 투자한 결과가 바람직한 결과를 가지고 온 것"을 의미한다. 즉, 컴퓨터·소프트웨어·인터넷·멀티미디어, 정보시스템 등 정보화 수단에 필요한 유형·무형기술이 경영혁신이나 행정서비스의 개선에 얼마나 바람직한 결과를 낳았는가 하는 것이다.

일반적으로 정보기술투자효과들은 4가지로 분류할 수 있는데, ⅰ)생산성과 운영과정성과 제고, ⅱ)관리지원의 용이성, ⅲ)경쟁우위의 획득, 그리고 ⅳ)경영혁신을 위한 훌륭한 틀의 제공 등이다(Mahmood and Szewczak, 1999: 60).

첫째, 생산성과 운영과정성과의 제고이다. 만일, 정보기술이 인간의 노력과 업무 및 경영과정을 대치하는 데 사용한다면, 효과는 시스템의 효과성과 능률성에서의 증가일 것이다. 가능한 효과는 순환시간감소, 여론조사 감소, 의사소통시간과 관련된 프린팅 비용의 감소, 생산물 및 서비스 품질 개선으로부터의 증가된 소득, 데이터의 시의적절성과 접근가능성, 활동에 기초를 둔 비용의 개선, 운영과정 개선, 자료를 정보로의 전환, 정보의 배분, 바람직한 결과로의 정보전환, 일반비용의 증가폭보다 큰 성장을 포함한다.

둘째, 관리지원의 촉진이다. 만일, 정보기술이 관리를 하는데 새로운 방식으로 이용된다면, 효과들은 관리지원으로서 요약된다. 예를 들면, 효과들은 의사결정시간의 단축, 의사결정시간과 질에서의 개선, 의사소통의 개선, 표준화, 법률에서 변화에의 빠른 대응, 더욱 효율적 통제, 유연성 증가, 고객시스템과의 호환성, 시스템의 효율적인 이용, 작업 삶의 질 개선 등을 들 수 있다.

셋째, 경쟁우위의 획득이다. 만일, 정보기술이 경쟁이점을 모색하고 있다면, 궁극적으로는 경쟁적 비형평성을 야기한다. 여기서 정보기술투자의 효과들은 경쟁자들과 관련한 운영마진의 제고, 시장점유율 증대, 새로운 상품과 서비스의 차별화, 독특한 생산물의 특징 창출, 구축비용과 탐색비용 절감, 소비자와 공급자 접점비용 감소, 선제파업 등의 최소화, 초기이전효과, 조직전략의 통합, 시의 적절성, 지위상의 우위확보, 기업 본래의 강점 등을 포함한다.

넷째, 경영혁신의 달성이다. 만일 정보기술이 경영과정에 관련된 업무, 운영 및 절차를 새로운 방식으로 변형하고 재구조화하기 위해 사용된다면, 정보기술투자의 특징들은 BPR로 요약해 볼 수 있다. 이러한 정보기술투자유형의 효과들은, 예를 들면, 경영과정 재설계, 경영네트워크 재설계 지원, 평평한 조직구조 촉진, 조직의 상징과 이미지 변화, 지리적 제한 없는 팀과 작업집단 같은 새로운 법인의 형태를 허용하는 조직경계의 변경 등을 포함한다. 이와 같이 기업의 외부능률성과 마찬가지로 기업의 내부능률성을 증가시키는 것을 강조한다.

그러나 최고의 정보기술투자효과는 조직의 가치를 극대화하는 것인데, 이를 위해 정보기술의 위험을 최소화 할 것이 요구된다. 정보기술은 많은 효과를 제공하고 있는 반면에 그 투자효과는 여러 이유로 해서 어떤 다른 자본투자보다 더 높은 위험에 빠지기 쉽다. 이러한 위험에는 ⅰ)물리적 위험(physical risks)과 ⅱ)관리적 위험(managerial risks)이 있다(Mahmood and Szewczak, 1999: 60).

첫째, 물리적 위험은 컴퓨터 H/W, S/W, 데이터의 취약성 등을 들 수 있다. 일반적으로 하드웨어는 정보시스템의 가장 시각적인 부분으로, 이에의 접근가능성은 종종 절도, 파괴행위, 그리고 기타 다른 범죄의 대상이 된다. 그리고, 소프트웨어와 관련된 범죄문제는 저작권 침해, 삭제, 그리고 소프트웨어의 위·변조 등을 들 수 있다. 하드웨어와 소프트웨어 모두 역시 자연적 재난, 역기능, 그리고 노후화의 위험성이 있다. 가치 있는 데이터의 손실은 정보시스템에 의해 직면하는 또 하나의 주요 물리적 위험이다. 손실된 데이터를 복구하는 것은 매우 많은 시간과 비용을 초래한다. 더 나아가 손실된 데이터가 실제 외부에 노출되는 것은 경쟁자들에게 중요한 내부 정보의 누출경로가 된다.

둘째, 관리적 위험이다. 몇몇 정보기술투자에 있어서의 실패는 일반적인 관리 및 정보시스템의 관리와 관련된 시스템의 설계, 개발, 그리고 집행에서 발생하는 관리적 위험 때문에 발생한다. 관리적 위험에는 다음과 같은 것이 있다(McFarlan, 1981: 142-151). ⅰ)예측된 효과획득에 있어서의 실패, ⅱ)기획하였던 수준을 초과한 막대한 집행비용, ⅲ)기대했던 기간보다 훨씬 더 길어진 집행기간, ⅳ)기대치 않았던 최종사용자의 저항이나 시스템에 대한 관심부족, ⅴ) 주요 업무를 지원할 수 없게 구축된 시스템결과의 성과, ⅵ)주된 정보기술의 늦은 개발과 시스템의 비호환성 등이다.

2. 정보기술투자효과평가의 필요성

정보기술투자부문에 있어 효과의 사후 분석을 위한 적합한 이론적 기초가 되는 것은 경제적 생산이론이다. 이는 투입과 산출의 관계로 정보기술은 산출의 가치를 창출하는 투입들 중에 하나가 된다. 즉, 정보기술의 투자는 생산성에 정(+)의 영향을 미친다는 것을 가정하고 있다.[12] 그러나 1980년대의 정보기술투자에 관한 연구물들은 일정기간에 있어 정보기술투자의 생산성에 있어 큰 폭의 하락세가 이어졌다고 주장하고 있다. 즉, 정보기술에 대한 지출이 증가했으나 생산성은 오히려 정체되었다는 것이다.[13] 이러한 사실은 정보기술투자부문에 있어

---

12) 경험적 연구에서, 정보기술자본과 같은 투입의 생산성을 실제로 측정하기 위해 이용되는 것은 Cobb-Douglas 생산함수이다. 이는 $Q = kL\alpha K\beta$로 매개변수(parameters) α와 β는 각각 투입에 대한 산출의 탄력성을 나타내고, 산출의 탄력성은 생산성의 다른 척도로서 다른 조건이 일정하다면 정보기술의 각각 1% 투입으로 산출은 몇 퍼센트(%) 증가하였는가를 나타낸다.

13) 이를 생산성의 역설이라고 한다. 생산성의 역설이란 노벨 경제학상을 수상한 MIT 대학의 Robert M. Solow 교수에 의해서 주창된 것으로 일명 "솔로우의 역설"이라고도 한다. 즉, "컴퓨터가 도처에 깔려있어도 경제통계에 나타나지 않는다"는 내용의 글을 발표한 후 유행어처럼 전세계로 퍼져 나

다음과 같은 점을 시사하고 있다.

첫째, 경기침체로 정보기술투자환경이 크게 변화하고 있다는 것을 보여주고 있다. 이는 정보기술의 투자효과가 확실한 부문에 투자를 할 필요성이 커졌다는 것이다. 둘째, 정부조직 내부의 프로세스 개선이라는 소극적인 시각에서 벗어나 정부의 기술투자로 인한 시민과 정부기관의 가치향상에 얼마나 긍정적인 영향을 미쳤는지 보다 구체적인 증거를 요구하고 있다는 것이다.

요컨대, "평가없이 투자없다"는 말로 정보기술투자의 평가의 중요성을 말해 주는 것으로 정부조직의 정보기술투자의 의사결정을 돕는다던가, 기존에 이미 구축한 정보기술투자자산의 효율적인 유도를 하여 조직목표의 달성과 정보조직의 가치를 극대화하기 위한 필수적인 도구인 것이다.

정보기술투자효과의 평가를 통해 정부관리자들은 정보기술투자대안들에 대한 효과분석을 토대로 투자의 우선순위를 보다 합리적으로 결정할 수 있고, 또한 정보기술부문의 일선관리자들은 정보기술투자사업이 어떤 부문에서 효과를 나타내고 있고, 어떤 부문에서 성과가 미흡하게 나타나고 있는지를 판단해 볼 수 있다. 객관적인 정보기술투자평가과정을 거치면서 결과적으로 높은 생산성을 창출할 수 있는 정보기술투자를 유도할 수 있는 것이다. 시민들은 행정서비스에 대한 기능이나 역할에 대한 막연한 설명보다 투자효과에 대한 보다 직접적인 설명을 원하기 때문이다.

따라서, 정보기술투자효과평가의 필요성은 일반적으로 ⅰ)이용자요구의 충분한 반영여부와 성능의 우수성, 요구된 기능의 수행여부를 확

갔다. 이는 정보기술투자가 생산성의 향상으로 이어진다는 것을 통계적으로 확인하기 어렵다는 말과 같다. 근래 Harvard Business Review에 Nichols G. Carr 교수가 "IT Doesn't Matter"라는 글을 기고한 후 정보기술의 정체성에 관한 논쟁이 일고 있다.

인함으로써 이용자가 만족하는 시스템의 개발로 연계시키기 위한 것과 ii)막대한 비용과 노력을 투자하여 개발된 시스템이 이용자의 사용기피로 인하여 실패하는 것을 미연에 방지하는데 있다.

이를 좀 더 구체적으로 살펴보면, 첫째, 정보시스템에 대한 성능, 효율성, 경제성 등 관련된 사항들에 대한 의견을 수렴하고 이를 반영하여 총체적으로 시스템의 객관적인 견해를 표시하고, 둘째, 현재 또는 기존의 시스템을 객관적 평가요소에 근거하여 진단함으로써 미래의 실패 가능성을 최소화할 수 있는 통찰력을 제공하며, 셋째, 새로운 환경변화에 대비하여 이용자와 기존의 업무에 대한 영향을 파악하고, 이를 적절하게 대응할 수 있도록 새로운 방향을 제시해 주기 위한 것이다(Lynch, 1988: 177-183).

넷째, 계획단계에서 이용자의 기대 및 요구기능의 충족여부 확인, 요구사항의 재조명 및 문제점 파악, 요구사항에 대한 수정 및 새로운 기능 보강을 위한 지침 제공, 시스템의 개·보수 때 우선순위의 할당에의 도움(Wasserman, 1980: 5-24), 이용자가 사용하고자하는 정보시스템의 선택에의 도움, 개발자들이 조직의 목적과 이용자의 업무수행에 도움을 주기 위한 시스템을 개발하는데 있어서 안내역할을 감당하기 위한 것이다(Mathieson, 1993: 165-171; Mathieson, 1993: 227-234).

3. 정보기술투자효과의 평가상의 문제점

공공부문에서 정보기술투자효과를 완벽하게 평가한다는 것은 매우 어려운 일이다. 하지만, 정보시스템을 평가할 수 있는 객관적인 기준을 마련하고, 그리고 단순하게 성공 혹은 실패로 단정해서는 안되며, 테스트 시나리오를 작성하여 평가상의 편견개입의 여지를 통제할 필요성이 있다. 또한 정보기술투자의 환경적 요소를 고려하는 것이 중요하다

(Conford, 1994: 491-504). 객관적인 시스템 평가요소의 정립과 관련된 문제로는 정보시스템에 대한 일치된 정의의 부재와 개인별 시스템에 대한 가치기준의 차이, 평가기준이나 방법에 대한 평가자간의 의견불일치, 적절한 평가방법 및 기준의 부재, 평가의 필요성에 대한 인식부족 등이 있다(Mathieson, 1993: 165-171, 227-234; Kumar, 1990: 203-212).

이를 좀 더 구체적으로 살펴보면 다음과 같다.

첫째, 정부가 투자하는 정보기술의 효과는 대부분 질적, 간접적, 그리고 확산적이기 때문에 정량적 측정이 어렵다. 이는 정보기술의 속성에서 기인하는 평가의 어려움으로 정책결정 또는 의사결정, 조직관리, 인적·물적 관리와 개발, 그리고 경제적 이점과 같은 곳에서 정보기술투자에 기인한 부가가치를 측정하기가 어렵다는 것을 의미한다.

둘째, 정보기술투자를 위한 정보수요를 예측할 때에 야기되는 오차가 매우 가변성을 갖는다는 것이다. 예를 들면, 정보시스템 개발 초기단계에서 발생한 오류의 경우 종종 시스템개발이 완료된 후 사용하기 직전이나 최종평가를 할 때 발견되어 이를 수정하는데 많은 시간과 노력, 그리고 비용이 종종 발생한다. 그 이유는 시스템자체가 가지는 복잡성, 오류에 대한 민감성과 테스트의 어려움, 표준화된 기준의 부족, 이용자 요구에의 다양한 변화 등 여러 가지 요인을 예측할 때 나타나는 오차가 있기 때문이다.

셋째, 업무의 효율성이 얼마나 증가하였는가를 완벽하게 측정하는 것은 힘들다. 특히, 정보시스템구축이 업무처리구조 자체를 변경하는 것이 되기 때문에 더욱 어렵다. 왜냐하면, 업무수행의 효율성 증가가 정보기술투자나 활동의 내용에서 발생하였는지에 관해 명백히 밝혀주지 못하기 때문이다.

넷째, 정보시스템 구축으로 인하여 파생되는 모든 효과를 파악하기가 힘들다. 정보기술투자와 특정 연구대상 사안 사이의 관계에 관한 실증적 분석들도 한정된 변수에 초점을 맞추거나 관련자료의 미비로 정보기술투자의 영향이나 효과 사이의 인과관계를 종합적으로 파악하는 엄격한 의미의 실증적 분석을 하지 못하는 한계를 갖는다(이윤식 외, 2000: 10). 심지어 더 복잡한 정보기술투자의 평가과정을 만들 수 있다. 정보기술투자로 창출되는 많은 영향들은 조직의 내·외부에 잔잔한 효과를 많이 일으킨다.

다섯째, 새로운 정보기술투자에 대한 평가는 유형(tangible)의 효과와 관련된 요인과 마찬가지로 무형(intangible)의 효과와 위험(risk) 요인도 인지되고 평가되어야 한다. 하지만, 정량화될 수 없는 부문들에 대한 평가항목 및 위험요인에 관한 평가항목을 도출하는데 어려움이 많다. 이는 특정 평가요소에 국한하여 지나치게 주관적으로 분석함으로써 자의성이 개입될 소지가 많게 하는 경향이 있기 때문이다. 예를 들면, 대중에게의 적절한 응답, 보다 합리적인 의사결정의 유도, 가능한 소송발생의 방지, 상세한 정보의 표현, 적절한 자료의 갱신, 자료 정확도의 향상, 자료의 일관성 유지, 자료의 호환성 향상, 자료의 접근성 향상, 자료의 공유능력 향상 등을 들 수 있다.

제3절 정보기술투자효과의 평가방법

1. 정보기술투자효과의 평가구조

정보기술투자효과의 평가방법은 정부의 기술투자에 대한 집행활동이나 그 결과에 대하여 객관적, 체계적, 그리고 실증적으로 분석·검토하여 의미가 있는 판단을 내리는 활동이다. 그러나 연구자의 관점에 따라 다양하게 적용되고 분류될 수 있다. 일반적으로 정보기술/정보시스

50

템 평가는 시간구조(time frame), 분석수준(level of aggregation)의 2
차원적으로 구조화할 수 있다(Mahmood and Szewczak, 1999: 60)(〈그
림-3〉 참조).14)

1) 시간구조와 분석수준

첫째, 시간구조의 측면에서 보면, 우선 사전에 평가할 것인가, 아니
면 사후에 평가할 것인가 하는 문제에 접하게 된다. 전자는 정보기술
또는 정보시스템에 투자를 할 것인가를 결정하는데 초점을 둔다. 따라
서 주요 목적은 어떻게 효율적으로 자원을 할당할 것인가에 대한 지침
을 제공하는 것이 된다. 후자는 정보기술/정보시스템에 투자가 이루어
진 이후에 평가하는 것으로 그 목적은 투자된 비용을 정당화하는 것에
있고, 이와 유사하게 장래에 있을 수 있는 지출에 대한 지침을 제공하
는 것이다.

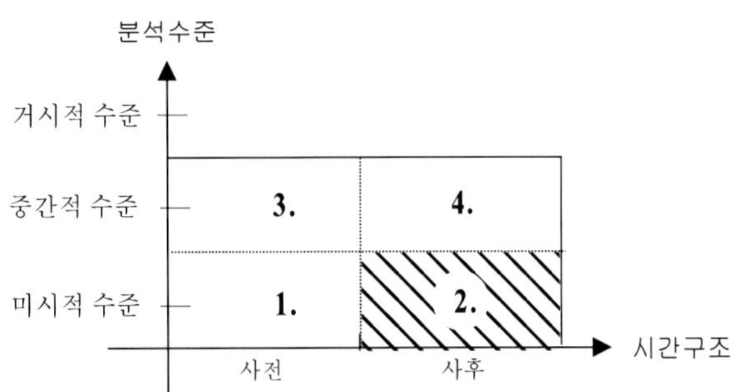

* 자료: Mahmood and Szewczak(1999, 60).

<그림-3> 정보기술투자효과의 평가유형

---

14) 본 연구는 제2영역에 맞추어 연구를 진행하였음.

사전/사후평가는 나름대로 독특한 특성을 가진다. ⅰ)사전/사후평가는 어느 단계에서든지 그 자신만의 독특한 문제를 가진다는 것이다. 왜냐하면, 평가 그 자체는 불확실한 미래와 관련되기 때문이다. 사전평가는 위험과 불확실성 등과 관련되고 미래예측을 나타낸다. 사후평가는 타당한 추정의 문제를 나타낸다는 것이다.[15] ⅱ)사전/사후 평가는 평가되고 있는 실제(entity)의 속성에 따라 다르다(Kriebel and Melone: 1985, 5)는 것이다.

다시 말해서 그 실제가 생산물인가, 과정인가, 아니면 양쪽 모두인가 하는 것이다. 사전평가에서는 생산물에 대한 일반적 설계를 통해 가설적 정보시스템에 초점을 두기 때문에 여기서 생산물은 가설적 효과성의 결정에 필수적인 요소가 된다. 다른 한편으로 사후평가는 실제 생산물과 실제 집행과정 사이에 혼재하여 있고, 시스템이 효율적이기 위해서는 설계가 잘되어야 할뿐만 아니라 역시 조직 속에 적절히 통합될 필요가 있다. 여기서 생산물과 과정이라는 것은 실제 효과성을 결정하는데 중요하다. 요컨대, 사전평가는 생산물에 초점을 두고 사후 평가는 생산물과 과정에 초점을 두는 것이다.

둘째, 평가과정을 여러 대안의 분석적 수준에서 접근해 볼 수 있다. 여기서 분석적 수준은 개인적(individual), 중간적(intermediate), 그리고 경제적(economy) 수준이라는 3가지로 구별해 볼 수 있다. 개별적 수준에서는 정보기술 또는 정보시스템이 개별적 의사결정자들에게 얼마나 영향을 미치는가 하는 것이 주요 관심사가 된다. 경제적 수준에서는 정보기술의 평가가 전체 경제성장률에 얼마나 영향을 미치는가 하는 거시적인 수준에 초점을 둔다. 분명한 것은 종종 제조업이나 서

---

15) 예를 들어, 사후성과(또는 그것으로부터의 결핍)는 무엇에 귀착시킬 것인가? 정보시스템에서 투자는 기여요인인가? 만일 그렇다면, 어느 정도인가? 역시 기여하는 다른 외생(endogenous) 또는 내생(exogenous) 변수들은 무엇인가?

비스업 등과 같은 부문에서 이루어진다. 중간적 수준에서는 작업집단이나 부서, 조직, 그리고 산업 등을 포함한다.

2) 평가의 유형

정보기술투자효과의 평가는 4개의 유형으로 구분하여 접근해 볼 수 있다.

제1유형은 관리자가 정보기술투자에 대해 사전에 산출효과에 관해서 조사하는 것이다. 이와 같은 환경에서 관리자는 효과와 관련된 측정의 문제에 직면한다. 관리자는 투자기회를 분석할 때, 가설적 효과가 있는지 조사하는 차원에서 만일, 실행 가능하다면, 몇몇 실험의 유형을 고려해야 하고, 실험은 통제된 실험을 설정하는 것이 중요하다. 만일, 비용편익분석이 사용된다면, 관리자는 투자를 정당화하고 무형의 효과의 가치를 인식하기 위해 민감도 분석(sensitivity analysis)을 실시할 필요가 있다.

제2유형에서 관리자는 사후 시간구조에서 개인적 정보기술 또는 시스템 투자기회를 검사한다. 효과의 측정은 사전 경우에서 보다 덜 어렵고, 사용자정보만족과 같은 대리척도(surrogate measures)의 이용이 가능하다. 이때 대리척도는 인지정도를 묻는 질문에서 정보시스템에 적절한지에 대해 고려를 해야한다.[16]

제3유형에서 관리자는 사전의 기술이나 시스템을 고려하지만, 이러한 것들은 다수의 개인과 조직 전체에 영향을 미친다. 이 유형은 가장 어렵고 중요한 영역이지만 효과의 측정이 어렵다. 그러나 최근 생산성

---

[16] 예를 들면, 질문지에서 물은 이러한 인지가 얼마나 객관적이고 식견이 있는 것인가? 만일, 비용편익분석이 사용된다면, 비교치는 무엇을 사용하게 되는가? 생산물로서 시스템은 차지하더라도, 얼마나 잘 집행과정을 다룰 수 있는가?

의 효과들이 이용이 가능하다는 전망을 보여주고 있는데, 그럴듯한 연계와 외생 요인들의 사전 모델링이 도움이 되고, 생산성 모델은 여기서 가장 유용하다. 이와 같은 모델링은 관리자에 대한 의사결정문제를 구조화하는데 기여하고 차후의 측정과 평가를 가능하게 한다.

제4유형에서 관리자는 사후의 보다 높은 총체적 수준을 고려한다. 결과를 평가할 때, 일련의 의도는 연계에 값을 지불할 필요가 있고, 외생요인들이 측정되고 통계적으로 통제된다. 재정적 효과의 모든 방식에서 유의미한 연계를 추적하는 것은 가능하지 않지만, 비교할 수 없는 영향은 결정적으로 입증할 수 있다. 생산성 편익들이 최근 증거로부터 분명해지는 반면에, 관리자들은 이러한 효과가 어디로부터 오는 것인지 검사해야 한다.

2. 정보기술투자효과의 평가방법

정보기술투자효과를 평가하는 방법은 다양하게 제시될 수 있다. 여기서는 유형의 효과평가방법과 무형의 효과평가방법, 그리고 위험의 평가방법들을 검토해 본다.

1) 유형의 효과 측정방법

유형의 효과에 대한 주요 카테고리들은 다음과 같다. ⅰ)투자수익율(return on investment, ROI), ⅱ)비용편익분석(cost-benefit analysis, CBA), ⅲ)관리수익률(return on management, ROI), ⅳ)정보경제학(information economics, IE) 등이 있다.

① 투자수익률: 이는 투자 대비 이익률을 의미하는 것으로 정보기술투자의 평가절차로써 폭넓게 논의되어 왔다. 투자수익률은 기업의 이

54

익이나 보수획득을 위한 투자에 의해서 나눈 이익이나 보수를 의미한
다.17) 오늘에 있어서의 투자가 미래에 있어서 정(+)의 보수를 획득해
야만 한다는 가정에 입각하고 있는 것으로 많은 공식적인 자본투자 평
가기법들에 의해서 지지를 받고 있다(Farbey, Land, and Targett,
1993). 장래의 효과, 할인인자의 개념을 기초로 미래의 현금흐름의 현
재가치를 평가하는데 초점을 둔다. 투자수익률은 순현재가치(NPV),
현금흐름할인(DCF), 그리고 투자회수기간(payback period), 내부수익
률(IRR) 등 보통 4가지를 이용하는데, 많은 조직에서 일반적으로 수용
되지만 분명히 평가과정에서 무형의 효과들을 포함하지 않는 것이 특
징이다.

② 비용편익분석: 이는 금전적으로 표현되는 무형의 비용 또는 편익
에 대한 어떤 대리척도를 발견함에 의해서 투자수익률의 문제를 극복
하기 위한 것이다(King, 1978: 19-34; Emery, 1973). 예를 들면, 만일
정보기술도입에 관한 목표들 중 하나가 소비자 만족을 증가시키는 것
이라면, 편익은 많은 소비자 불만을 줄이고, 생산물에 대한 비용을 절
감하는 것으로 표현될 수 있다. ⅰ)사업에서 직접적으로 투자자들에게
생기지 않는 편익가치를 계량화하는 어려움과 ⅱ)분명하나 시장가치
또는 가격(즉, 무형의 요인들)을 가지지 않는 편익이나 비용인지의 어
려움 등을 다루기 위한 것이다.

③ 관리수익률: 이는 예를 들면 '종이 없는 사무실'이 실현되었을 경
우 간접인원을 어떻게 효율적으로 이용할 것인가와 관련된다. 정보기
술은 우선적으로 관리의 효율성을 높이는데 기여하는데(Strassmann,
1985) 경영단위 성과에 관한 정보기술의 영향을 인지하기 위한 접근방
법으로 부가가치 생산성 측정시스템의 개념으로 이해할 수 있다. 여기

---

17) ROI=(매출액/투입자본)×100(%)을 의미한다. 이것을 다시 쓰면 (이익/매
출액)×(매출액/투입자본)이다. 여기서 이익은 매출액-비용이고, 투입자본
은 재고+채권(즉, 받을 돈)+보유현금+고정자산으로 나타낸다.

서 생산성은 투입 대 산출의 비를 의미하며, 관리를 통한 산출물의 증가를 정의하는 방법이다. 관리의 산출물은 부가가치를 의미하고, 단순히 직접 노동에 의한 부가가치로부터 직접 운영비용을 가감함으로써 구할 수 있다. 정보기술 도입에 의한 관리의 전체의 성과는 관리의 부가가치를 비용으로 나눔으로써 얻어진다(Strassmann, 1985). 몇몇 고전적인 방법, 특히 사후 평가방법들에 대해 보완적인 것으로 사용된다.

④ 정보경제학: 이는 정보시스템사업에서 발견되는 특별한 무형의 것과 불확실성에 대처하기 위해 만들어진 일종의 비용편익분석이다 (Parker, 1987: 86-96). 그러나 여기서 사용된 의사결정과정은 정보기술투자와 관련된 무형의 것들에 관한 기법과 위험요인들에 순위를 메기고 점수화하는 것에 기초를 둔다. 장점은 계량화 및 계량화 접근법을 가진 비교 접근법들을 연계시킨다는 것이지만, 메커니즘을 다루는 것이 아니라 단지 결과만을 다룬다는 것(Ahituv, 1989: 315-326)과 단순한 가정을 요구하는 응용수학적 모델로 단순하고 이념화된 설정에 초점을 두는 한계가 있다.[18]

2) 무형의 효과 측정방법

무형의 효과를 측정하는 방법에는 ⅰ)다중목표·다중기준(multi-objective, multi-criteria, MOMC), ⅱ)가치분석(value analysis, VA), ⅲ)주요성공요인(critical success factors, CSF), ⅳ)사용자 정보만족 (user information satisfaction, UIS), ⅴ)인지된 유용성(perceived use-fulness, PU) 등을 들 수 있다.

① 다중목표, 다중기준: 이는 효용이 개개인의 선호에 대한 만족으

---

18) 실질 세계의 정보시스템들은 복잡한 관계, 변수들과 매개변수들이 관련된다. 심지어 엄격한 모델이 공식화될 때 그것은 분석적으로 해결될 수 없다 (Bakos and Kemerer, 1992: 365-386).

로써 정의되는 일반적인 효용척도를 개발하기 위한 시도이다.[19] 인간의 행태는 그들의 선호가 인정되는 감정에 의해 어느 정도 결정된다는 신념에 토대를 둔다. 사람들은 그들의 선호입장에서 서로 다른 바람직한 결과에 대한 상대적 유용성을 평가하고, 각각의 목표에 선호의 가중치를 적용함에 의해 목표에 순위를 메긴다. 많은 서로 다른 사용자들의 필요를 충족시키고자 하는 것과 효과가 무형의 복잡한 사업에 가장 잘 적용되지만 비용편익분석의 이용에 의해 정당화된 투자를 비교하는데 이용되는 투자수익률 계산에 대해서는 어떤 데이터도 제공하지 않는다.

② 가치분석: 이는 1947년 General electric사의 D. Miles에 의해 개발된 것으로 비용보다는 오히려 가치를 중요하게 여긴다.[20] 서비스나 제품 등에 포함되어 있는 불필요한 기능이나 비용을 발견하여 이를 제거하고 원가를 절감하기 위한 방법이라고 할 수 있다.[21] 여기서 가치는 기능 또는 품질을 비용으로 나눔으로써 구해진다. 가치분석은 다음과 같은 3가지 가정에 기초를 둔다. ⅰ)혁신은 도출된 가치이지 도출된 비용이 아니라는 것과 ⅱ)무형의 것들은 대리척도가 대부분의 투입

---

19) 최고의 정보기술투자는 가장 높은 총효용을 얻는 것이다. 이를 위해 MOMC 방법에 기초를 둔 만족된 선호모델의 완전한 측정을 제공하는 것이 많은 학자들에 의해서 연구되었는데, Keeny and Raiffa(1976: 66-68), Land(1976), Vaid-Raizda(1983), Chandler(1982: 61-75) 등이 대표적이다. 그러나 MOMC에 기초를 둔 방법의 개발은 여전히 유아적인 상태에 머물고 있다.

20) 이 방법은 Keen(1988), Melone and Wharton(1984), Money, Tromp, and Wegner(1988), Rivard and Kaiser(1989) 등에 의해 주로 개발됨.

21) 일명 VE(value engineering), VI(value improvement), VA(value assurance)라고 불리기도 한다. 제품, 원자재, 에너지, 기계나 설비 등이 지니고 있는 가치를 비용과 기능면에서 체계적이고 조직적으로 분석하고 검토한 후 그 결과를 원가절감에 이용하려는 시스템적인 사고방식이라고 할 수 있다. 다른 정보기술투자효과의 평가방법과 가치분석 사이의 주요 차이는 전자의 방법이 직접적으로 최종 해결책에 목표를 두는 반면에, 후자는 미래가 개선될 수 있는 "만족하는 해결책"을 얻기 위한 진화적 과정을 사용한다는 것이다.

에 대한 요구를 종종 만족시키는 것처럼 거의 정확하게 측정될 수 없지만 주관적으로 평가되고 인지된다는 것이다. 그리고 iii)필수불가결한 파괴는 비용에 의해 도출된 사람들과 효과에 의해 도출된 사람들 사이에 존재한다.

③ 주요성공요인: 이의 대표적 연구자는 Delone과 McLean(1992: 60-95)으로 1970~1980년대까지 정보기술투자 평가지표에 관한 다양한 180여 개의 논문들을 정리하여 주요성공요인을 개발하였다. 이는 정보시스템의 잠재적 가치를 탐색하는데 이용되고,[22] 분석가들이 집행요인을 탐색하는 것에 관심을 갖게 하며, 경영의 성공, 집행부가 책임을 지는 활동 및 기능과 관련된 요인을 중요시한다. 이슈는 중요도에 따라 집행부에 의해서 순위가 메겨진다. 경영사명, 목표, 그리고 현재 문제에 대한 견해를 수렴하기 위해 주요 관리자에게 포괄적인 인터뷰의 과정을 거친다. 인터뷰를 거친 이후 관리자들에게서 청취한 의견을 횡단면적으로 도표화하고, 비교하며, 그리고 순위를 메긴다. 이때 이견을 보일 경우 다시 그룹토론을 거쳐 시스템투자의 우선순위를 정하게 된다.

④ 사용자 정보만족: 이는 정보기술의 효과 또는 성공을 측정해 주는 가장 대표적인 지표로 사용되어 왔다. 사용자정보만족이란 정보기술에 대한 사용자의 다차원적인 태도의 총체이며(Raymond, 1987: 198-213), 사용자들이 사용할 수 있는 정보기술이 그들의 정보요구에 부합된다고 믿는 정도를 의미한다. 어떤 상황에서 만족이란 그 상황에 영향을 미치는 다양한 요구들에 대한 느낌이나 태도들의 합이라고 할 수 있다. 이때

---

22) 이는 성공요인의 개념을 제시한 Rockert(1979: 81-93)의 초기 논문에 토대를 두고 있다. 대표적 연구자는 Delone과 McLean(1992: 60-95)으로 1970~1980년대까지 정보기술투자 평가지표에 관한 다양한 180여 개의 논문들을 정리하여 주성공요인을 개발하였다. 이들은 정보기술의 평가지표를 크게 정보시스템 및 제공하는 정보의 질과 정보시스템 사용자 그룹의 사용정도, 사용할 때의 만족도를 통해 개인과 기업의 성과에 미치는 영향까지 각 단계별로 구별하였다.

사용자 정보만족은 요인들의 집합에서 이용자의 가중치가 부여된 반응의 합(Bailey and Pearson, 1983: 530-545)으로 정보기술에 대한 사용자들의 태도에 관련된 다양한 개념[23]에 대한 특별한 조작적 정의라 할 수 있다(Igersheim and Roy, 1976: 877-882; Lucas and Henry, 1978: 27-41). 그러므로 사용자 정보만족은 정보기술의 기술적 질보다는 정보기술에 대한 사용자들의 인식을 측정하는 주관적 또는 인지적 지표라고 할 수 있다.

⑤ 인지된 유용성: 이는 Vroom의 기대이론(Desantis, 1983: 247-260)에 기초를 두고 있는 것으로 인지와 유용성이라는 두 개념의 복합어이다. 여기서 인지란 '어떤 객체와 또는 관련된 객체에 대한 믿음(Schewe, 1976: 577-590)'을 의미하고, 유용성이란 '유용하게 사용될 수 있는' 이라는 의미의 형용사의 명사적 의미이다. 따라서 정보기술에 대한 인지된 유용성은 '정보기술 사용자가 특정한 정보기술의 활용이 자신의 업무적 성과를 향상시켜 줄 것이라고 믿는 정도(Davis, 1989: 320)'라고 정의할 수 있다. 개인은 자신의 행태가 가져올 결과를 인지된 유용성으로 환산하여 평가하고 유용성의 기대에 따라 자신의 행태를 설명한다(Ferris, 1977: 605-615). 인지는 어떤 대상에 대한 심리적 상태를 측정하는 개념이라는 점에서 태도(attitudes)나 몰입(involvement)과 매우 유사하나 서로 다른 개념구조를 가진다.[24]

---

23) 예를 들면, 인식(perception), 평가(evaluation), 느낌(feeling), 신뢰(belief) 등
24) Barki and Hartwick(1994: 62)에 따르면, 인지는 어떤 객체 혹은 관련된 객체에 대한 믿음이고, 태도는 그와 같은 믿음, 즉 인지에 대한 평가 결과라고 함. 따라서 태도란 '어떤 대상 또는 사건에 대한 애정적, 평가적 판단으로 정의되고, 몰입(involvement)은 어떤 대상이나 사건에 대한 중요성과 개인적 적절성을 반영하는 주관적인 심리상태'로 정의된다. 예를 들어, 다음과 같은 설문 문항, "정보기술은 귀하의 업무수행에 유용합니까?"에 대한 답변은 정보기술의 인지된 유용성을 측정하기 위한 것이지 사용자의 태도를 측정하기 위한 것이 아니다.

3) 위험의 평가방법

위험을 평가하는 방법에는 ⅰ)실물 옵션(real option, RO), ⅱ)포트폴리오 분석(portfolio approach, PA), ⅲ)델파이 접근법(delphi approach, DA) 등을 들 수 있다.

① 실물 옵션: 이는 불확실성이 높은 사업환경 아래서 경영권이 갖는 선택의 유연성을 가치로 평가하는 것이다. 계속기업의 가치를 제대로 평가하기 위해서는 현시점뿐만 아니라 사업환경이 변할 수 있는 미래의 시점에서의 경영판단을 종합적으로 고려할 필요가 있다는 것에 초점을 준다. 특히 순현재가치와는 대조적으로 기업의 의사결정 또는 경영에 수반된 유연성 및 옵션적 성질의 경제적 가치를 평가하는 것이다. 순현재가치와 현금흐름할인은 상황적 투자나 예기치 않은 사태의 발생으로 사업이 도중에 변경되는 확장·축소·포기의 경우를 포함한 기업가치의 동태적인 측면을 제대로 반영하는데 한계가 있지만,[25] 유연성으로부터 상승한 점증적 가치를 반영한다.[26] 실물옵션은 자료의 3가지 기본적인 유형을 사용한다. ⅰ)현재와 그리고 가능한 미래의 경영전략, ⅱ)기업에 의해서 추구되는 바람직한 시스템 역량, ⅲ)사용되는 다른 정보기술 선택들의 상대적 위험과 비용 등이다. 현실적으로 기업이 실업, 경영, 영업 위험 등의 불확실한 환경에 노출되어 있을 경우에 실물옵션과 같은 평가방법을 적용할 가치가 있다.[27]

---

25) 현실의 기업가치는 DCF에 의한 기업가치(NPV)+RO에 의한 옵션가치(ROV) 즉, 확장NPV이다.

26) 비록 현금흐름할인과 순현재가치가 할인율의 선택에 의해서 정보기술 위험에 대처하는 것으로 보이지만(Brookfield, 1995: 56-59: Dixit and Pindyck, 1994: Myers, 1977: 147-75), 실제로는 이자율의 범위 또는 어떤 위험 유형의 존재가 가능할 때, 불확실성에 직면하여 잘못된 결론을 이끌 수 있다. 또한 그 방법은 기대치 않은 결과의 가능성을 이끌 수 있다(Brookfield, 1995: 56-59).

27) ⅰ)벤처기업, 중소기업 등 불확실성이 높을 때 이용하거나, ⅱ)경영상 옵션

② 포트폴리오 분석: 이는 자산의 위험을 관리하기 위한 것으로 다방면으로 위험부담을 줄이기 위해 분산투자를 하는 것을 의미한다. 한마디로 동일한 기대수익률에 대해서 최소의 위험을 갖는 포트폴리오를 선택하는 것으로 정보기술투자의 고유위험에 영향을 미치는 3가지 주요 차원에 초점을 둔다(McFarlan, 1981: 142-151). 첫째, 시스템에 의해 처리되는 사업과 표준작업량의 크기이다. 사업에서 금전적 지출이 크면 클수록, 표준작업량과 참모의 수준, 시간의 양이 커지고, 정보기술에 의해 영향받는 많은 부서들이 커지며 또한 위험도 커진다. 둘째, 기술을 가진 관리의 경험이다. 기대치 않은 기술적 문제들의 보다 큰 가능성 때문에, 정보기술 위험은 하드웨어, 운영시스템, 데이터베이스 취급자, 그리고 사업어플리케이션 언어 감소를 가진 시스템 팀의 친밀성으로써 증가한다. 셋째, 복잡하고 고도로 구조화된 사업을 다루데 있어서의 역량이다. 고도로 구조화된 사업은 보통 덜 구조화된 사업보다 덜 위험하게 수행된다. 그들의 산출은 관리자의 판단과 변화에 민감하게 영향을 받는다.

③ 델파이 접근법: 이는 여러 전문가들이 의사결정상황과 관련된 미래 사건들의 가능성에 관한 개개인적 추정치를 제공하는 기법들이다. 추정치들은 모든 전문가들에게 분배되고 수집된다. 모든 전문가들은 그때 다른 전문가들로부터 투입에 기초를 둔 초기평가를 수정할 것인지를 요구받는다. 투입들이 수집되었음에도 불구하고 최종 개개인적 가치는 평가되고 요약된다. 만일, 그 결과가 합리적이고 일관성이 있다면, 최종 완전한 가치는 모든 것에 대해 평가된다. 만일, 어떤 일관성이 탐지된다면, 전문가들은 非일관성에 관한 예를 토론할 것을 요구받고, 최종 가치에 관한 타협에 이르게 된다. 이것과 다른 최종 가치들은 투자와 관련된 위험을 계산하기 위해 사용되고 채택된다. 이 접근법은

이 존재하는 사업의 경우, iii)인프라, 소프트웨어개발 등 초기 투자비용이 클 때 이용할만한 가치가 있다.

투자에 관련된 위험이 우선 관리자들에게 알려지지 않거나 친숙하지 않은 특별히 정보기술투자의 위험분석에 유용하다.

제4절 정보기술투자효과에 대한 선행연구의 검토

위에서 정보기술투자와 관련된 연구는 정보기술투자의 개념연구로부터 시작하여 많은 토론을 하였다. 정보기술의 효과를 어떻게 정의하고 어떤 지표로 측정할 것인가의 기준을 설정하는 일은 매우 중요한 일이다. 왜냐하면, 정보기술의 효과는 조직의 상황적 요인과 연구자들의 관점에 따라 다양한 방법으로 정의되고 측정될 수 있기 때문이다. 일반적으로 정보기술의 효과는 유형적 효과와 무형적 효과로 구별해 볼 수 있다. 무형적 효과는 정보기술에 의해서 야기되는 효과의 관찰 가능성에 따라 객관적 지표와 주관적 지표로 구분하여 측정할 수 있다.[28]

1. 정보기술투자효과의 산출모형

정보기술(또는 시스템)의 효과는 유형적 효과와 무형적 효과로 구분하여 볼 수 있다[29](〈그림-4〉 참조). 유형적 효과는 정보시스템으로 인

---

28) 효과는 크게 객관적 지표와 주관적 지표로 구분하여 측정할 수 있는데, 전자는 관찰가능한 영향을 의미하고, 후자는 개인의 감정에 미친 영향을 의미한다고 할 수 있다(김명수, 1993: 98-100).

29) Galletta와 Leaderer(1989), and Gallaghe(1974: 46-55)는 가시적인 경제적 효과와 잠재적 가능성을 중심으로 한 인간적 효과로 표현하고 있다. 유형적 효과는 경제적 효과를, 무형적 효과는 인간적 효과를 의미한다. 유형적 가치는 정보의 질적 개선을 통하여 화폐적 이익으로 나타낼 수 있는 것을 의미하고, 화폐적 파악이 어려운 것을 무형적 가치를 의미한다.

해 조직의 경제활동이 효율적으로 수행되고, 결과적으로 비용절감과 산출증대라는 유형적 효과를 발생시키는 것을 의미한다. 반면, 무형적 효과는 정보시스템을 사용하는 이용자의 만족도가 향상되고, 이에 따라 이용자의 태도가 적극적으로 변하거나 정보시스템의 사용도가 높아지는 것을 의미한다.

따라서 전자는 생산성과 관련하여 측정될 수 있고, 후자는 이용자만족도 등 주관적 지표를 이용하여 측정할 수 있다. 그러나 이러한 무형적 효과가 반드시 유형적 효과로 이어지는 것이 아니다. 무형적 효과가 유형적 효과로 이어지느냐 하는 연구는 많이 진행되고 있으나 연구결과가 일관성 있게 나타나고 있지 않다(김경규·박석원, 1997: 94).

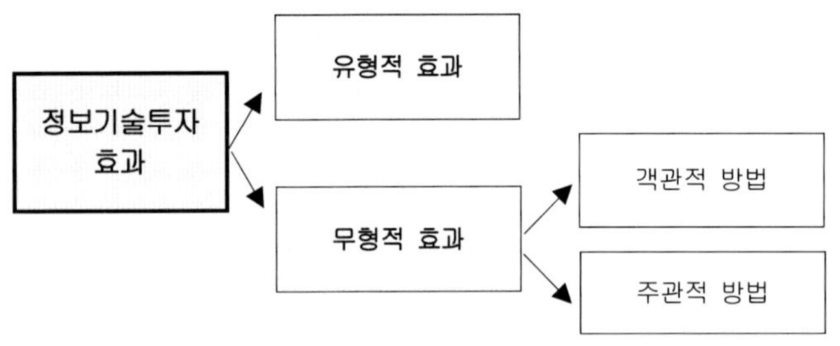

* 유형적 효과평가 이론과 무형적 효과평가 이론의 내용을 도식화 한 것임

<그림-4> 정보시스템의 산출물

1) 유형적 효과의 평가이론

정보시스템의 유형적 평가란 원가절감과 수익의 발생과 관련된 것으로 정보시스템에서 창출되는 정보의 가치와 연관되어 있다. 정보를 활용하는 과정에서 여러 가지 대체적인 행동의 선택에 관한 의사결정에 영향을 주고 그 결과에 의하여 기대가치의 변화를 가져오게 함으로써 정보의 가치가 평가받게 된다는 것이다. 객관적 혹은 경제적 지표는

사용빈도 및 시간, 수익증가율, 비용절감, 정보의 정확도, 시스템의 에러 발생률 및 반응속도 등을 일반적으로 사용한다. 이러한 정보의 경제적 가치에 영향을 미치는 변수로는 이용자의 기대에 부응할 수 있는 정보의 질적 수준, 정보검색에 소요된 시간과 통신비용, 얻어진 정보의 불확실성, 정보의 활용도, 정보의 소득향상 기여도 등이다.

정보기술(또는 시스템)의 유형적 평가방법으로는 시스템의 효율측정, 비용편익분석, 성과평가, 생산성 등 다양한 접근방법이 있으나 정보시스템을 완전하게 평가할 수 있는 방법은 아직 개발되지 못하고 있다(King and Schrems, 1978: 19-34; King and Rodriguez, 1978: 43-51). 이론적으로 정보시스템의 경제적 가치는 시스템에 대한 투자비용과 편익효과를 비교하여 금전적 단위로 나타낼 수 있지만, 그러나 객관적 지표로 정보기술의 효과성을 측정하는 데는 여러 가지 문제가 있다(Ives, Olson and Baroudi, 1983: 785).

첫째, 객관적 측정지표는 효과의 측정범위를 지나치게 제한하고, 정보기술의 효과를 계량화하는 것이 어렵기 때문에 측정지표로서의 실행가능성을 결여하고 있다. 둘째, 정보기술이 직접적으로 산출한 유형적 효과를 다른 요인에 의해서 야기된 효과와 분리하여 측정하기가 쉽지 않다. 왜냐하면 정보기술의 유형적 효과는 생산요인과 관리방식과 같은 다른 조직적 요인의 영향을 받을 수 있기 때문에 정보기술이 산출한 효과만을 정확하게 측정하기가 어렵기 때문이다. 셋째, 정보시스템의 설치, 활용과정에서 발생하는 무형적 비용과 편익을 금전적 가치로 전환하기 쉽지 않다. 정보시스템이 개별적 사용자가 특수한 의사결정상황을 지원하는데 활용되고 의사결정의 유형이 반구조적(semi-structured), 비구조적(unstructured)일 경우 정보시스템의 기여도 및 효과를 평가하는데는 한계가 있다. 넷째, 정보시스템의 효과는 장기에 걸쳐 누적적으로 발생하기 때문에 단기적인 특정시점에서 평가한다는 것은 평가의 편의를 초래할 수 있다. 다섯째, 정보사용자간의 다양한 관점과 인식의 차이 때문에 평가목표 및 항목을 달리할 때 일관성 있는 평가결과의 산출이 어렵다.

2) 무형적 효과의 평가이론

정보기술(또는 시스템)의 평가는 원칙적으로 비용편익의 접근법에 의하여 얼마만한 효과를 제공하였는가와 구체적으로 확인할 수 없는 무형의 비용과 편익, 대안적 기회비용 등을 모두 고려한 상태에서 종합적으로 측정하여야 하나 이와 같은 평가방법의 개발은 쉽지 않다. 따라서 많은 학자들이 시스템의 무형적 효과, 예를 들면, 사용자의 만족도와 같은 변수를 성공여부의 측정치로 선택하고 있다. 이 방법은 개인의 주관적 판단에 의해 많은 오해를 발생시킬 수도 있지만 복잡한 시스템에도 쉽게 적용시킬 수 있다는 장점이 있어 많이 사용된다(Gallagher, 1974: 46-55; Ives and Olson, 1984: 586).

정보시스템의 무형적 효과에 의한 평가가 합리성을 갖추기 위해서는 객관적 지표에 의하여 평가되어야 하나 객관적일수록 평가의 타당성이나 내재된 제약점이 많아 주관적 평가 방법론이 주류를 이루고 있다. 주관적 평가지표에 의한 평가는 시스템의 질적 수준을 올바르게 반영한다고 볼 수 없고, 다른 시스템과 객관적으로 비교할 수 있는 기본 근거가 없어 평가의 신뢰도와 타당도를 입증하기 힘들다는 점이 있다. 그러나 주관적 지표에 의해서 정보시스템을 평가하더라도 예를 들면, 인지된 시스템의 질이 양호해 지면서 사용자의 만족도가 증가하였다면 정보시스템에 대한 평가방법론으로써 채택될 수 있게 된다.30)

---

30) 정보시스템을 인간적 관점에서 평가할 때 정보가치의 대용적 평가척도로써 사용자 만족도라는 개념을 도입하고 있다(Bailey and Pearson, 1983: 530-545).

2. 정보기술의 효과평가에 관한 선행연구

정보기술의 투자효과를 평가하는 방법론을 구별하는 것은 다양하게 제시될 수 있다. 본 연구에서는 정보기술의 투자효과에 대한 많은 연구물들을 객관적인 지표를 통한 연구와 주관적인 지표를 통한 연구물로 구별하여 그 변수들을 구별해 보도록 한다. 이러한 구별을 통하여 투자효과의 선행연구를 검토하는 것은 본 연구에서 수행하고 있는 인식 및 무형의 투자효과를 측정하는 것과 부합되기 때문이다.

1) 객관적 지표에 의한 효과평가에 관한 연구

정보기술효과를 측정하는 객관적 지표란 정보기술이 조직이나 개인의 성과에 미친 관찰 가능한 또는 계량화 가능한 효과 즉, 사용정도, 투자 수익률, 비용절감, 재정적 편익, 생산성 향상 등을 대상으로 한다.

객관적 연구는 주로 Swanson(1974), Lucas(1975), Danziger(1977), King and Rodriguez(1978), Hamilton and Chervany(1981), Delone-(1981/1988), Rivard and Huff(1984), Strasmann(1985), Srinivasan-(1985), Kim and Lee(1986), Mclone and Mclean(1988), Raymond-(1990) 등이 연구하였는데, 연구내용을 살펴본다(〈표-1〉 참조).

Swanson(1974: 178-188)은 8개 항목으로 측정하였는데 시스템 산출물과 사용자에 의한 정보검색의 수를 나타내는 사용자들의 시스템 사용빈도(즉, 사용자의 인지상태) 등을 사용하였다.

Lucas(1978: 27-41)는 시스템 사용빈도를 측정변수로 하여 정보사용과 성과에 영향을 미치는 것을 설명하는 모델을 제시하였는데, 사용자 만족도와 사용자 태도를 7점 척도로 평가하였다. 그는 조직가치(business value)를 증명하기 위하여, 기술은 적절하게 사용되어야 하고 그 업무에 적절하게 설계되어야 한다는 것을 강조한다.[31] Lucas는 기본모델(base model)에 ⅰ)정보기술의 적절한 사용, ⅱ)정보기술의 설계. ⅲ)조직성과에 영향을 주는 다른 변수를 추가하여 평가모형을 구성하였다.

〈표-1〉 객관적 지표에 의한 정보기술 효과평가

연구논문	측정지표
Swanson(1974)	사용빈도(정보검색 횟수), 시스템 산출물 등
Lucas(1975)	재정적 수익. 시스템의 사용빈도, 사용자 태도, 사용자 만족도 등
Danziger(1977)	재정적 수익, 비용절감,
King and Rodriguez(1978)	사용빈도(정보검색 횟수)
Hamilton and Chervany(1981)	재정수익, 비용절감, 시스템성능, 소요자원관리, 활용능력, 투자자원규모 등
Delone(1981/1988)	사용빈도
Rivard and Huff(1984)	재정적 수익, 비용절감
Strasmann(1985)	관리 수익율
Srinivasan(1985)	상대적 사용빈도와 평균연결시간, 보고서의 수, 사용자 유형 등
Kim & Lee(1986)	자발적 사용빈도
Mclone and Mclean(1988)	자발적 사용빈도
Raymond(1990)	사용빈도, 보고서 사용시간

King and Rodriguez(1978: 43-51)은 시스템 사용빈도를 일정기간내 컴퓨터에 의한 정보검색의 수로 측정하였고, 특히 Rodriguez(1978: 43-51)은 사용자태도, 가치인식, 정보사용, 의사결정과 등 4가지를 MIS 평가의 내용으로 설정하여 측정하였다. King and Schrems(1978: 19-34)는 시스템의 효과 즉, 계산 및 통계작업, 문서보관작업, 문서검색작업, 분석능력 및 시뮬레이션 능력, 업무의 지원능력과 시스템 비용 즉, 개발비용, 고정비용, 프로젝트 관련비용, 운영비용에 대한 주관적인

---

31) 이 모델이 본래의 형태(original form)에서 재산출되었기 때문에, 몇 가지 용어가 일치하지는 않는다. 특히, 정보기술은 정보기술투자와 상호교환 될 수 있다.

가치를 화폐가치로 환산하여 MIS가치를 평가하였다. Hamilton and Chervany(1981: 55-69)는 MIS 평가항목을 효율지향적 성과측정지표(시스템 성능, 소요자원관리, 작동능력, 투자 자원규모)와 효과지향적 성과측정지표(정보력 향상 및 시스템 사용자에 대한 지원, 사용자 업무수행능력, 조직성과)로 구분하여 제시하고 있다.

Srinivasan(1985: 243-253)은 사용자의 만족과 시스템의 이용(이용의 빈도, 평균 연결시간, 보고서의 수, 사용자 유형)에 대하여 측정하였다. 정보기술의 효과는 정량적 효과를 반영할 수 있는 지표에 의해 평가되는 것이 합리적일 수 있다. 그러나 정량적 지표는 정보기술 효과의 다차원성 뿐만 아니라 정보기술과 관련된 비용과 수익의 무형성을 고려할 때 측정 지표로서의 현실적 한계를 가진다(Ives, OIson and Baroudi, 1983: 785-793). 객관적 지표의 이러한 제약점 때문에 정보기술의 효과를 측정하고자 했던 많은 선행연구들은 주로 정성적 지표에 의존하고 있다.

2) 주관적 지표에 의한 효과평가에 관한 연구

주관적 지표란 정보기술이 조직이나 개인의 감정, 인식, 그리고 인지적 태도에 미친 영향을 측정하는 지표를 말한다. 그러므로 사용자 정보만족, 인지된 가치, 인지된 유용성, 태도, 느낌 등과 같이 주로 인지적 지표들을 사용한다. 측정지표로서의 실용성과 목적성을 고려할 때, 주관적 지표는 정보기술의 효과를 측정하는 대체지표로 활용될 수 있다. 그러나 다음과 같은 한계가 있다. 먼저 대부분의 주관적 지표들은 실증적인 분석이 아닌 연구자의 주관적인 직관에 의해 도출되어 지표로서의 신뢰성과 타당성 문제를 가지고 있다. 또한 정보기술 사용자의 인지유형에 따라 정보기술의 효과에 대한 평가가 달라질 수 있기 때문에 평가결과의 편의(bias)를 제거하기가 곤란하다. 그러므로 주관적 지표가 정보기술의 효과를 측정하는 신뢰성과 타당성을 갖는 지표로 활용되기 위해서는 지표 자체에 대한 실증적 분석을 통하여 지표의 신뢰성과 타당성을 검증할 필요가 있다.

주관적 연구는 Gallagher(1974), King and Rofriguez(1978), Maish-(1979), Lrcher and Lessing(1980), Bailey and Pearson(1983), Ives, Olson and Baroudi(1984), Franz and Robey(1986), Igbaria(1990), Kraemer, et al.(1993) 등에 의하여 주로 연구되었다. 특징이 있는 연구내용을 간략히 살펴본다(〈표-2〉 참조).

Gallagher(1974: 46-55)는 MIS의 정보산출물 가치를 평가하기 위해 4가지 보고서[32]의 가치에 대한 사용자의 인식을 측정했다. 정보시스템이 제공하는 정보가치에 대한 사용자의 인지도에 초점을 둔 것으로 주로 보고서의 양, 적시성, 양식의 적정성, 사용비용, 신뢰성 정도, 정보의 화폐가치 등을 평가항목으로 제시하고 있다. Maish(1979: 39-52)은 MIS자체, MIS직원의 자질, 입력자료 및 출력자료의 질, 온라인 출력자료의 질에 대한 사용자의 만족도와 사용자 행위의 변화에 관하여 연구하였다. 그리고 Larcher and Lessig(1980: 121-134)은 정보에 대한 주관적 중요도(3항목)와 주관적 유용도(3항목)를 가지고 측정하였다.

---

32) 즉, 상세 보고서, 요약 보고서, 편차 보고서, 예외 보고서 등

〈표-2〉 주관적 지표에 의한 정보기술 효과평가

연구논문	측정지표
Gallagher(1974)	인지된 가치(보고서 양, 적시성, 양식의 적정성, 사용비용, 신뢰성 정도, 정보의 금전적 가치 등)
King and Rofriguez(1978)	사용자 태도, 사용자 인식
Maish(1979)	시스템에 대한 느낌(MIS 자체, MIS스텝의 질, 입력자료의 질, 출력자료의 질, 온라인출력자료의 질 등)
Lrcher and Lessing(1980)	주관적 중요도, 주관적 유용도
Bailey and Pearson(1983)	사용자 정보만족(정확성, 신뢰성, 적시성, 관련성, 시스템 중요 요인 등)
Ives, Olson and Baroudi(1984)	사용자정보만족(정보산출물, 지식·참여, 판매자 지원, 전산부서 요원, 서비스 등)
Franz and Robey(1986)	인지된 유용성, 사용자 몰입
Doll와 Torkzadeh(1988)	사용자 만족도(내용의 적합성, 정확성, 출력양식, 사용자 용이서으 적시성 등)
Igbaria(1990)	사용자 정보만족(개인적 특성, 조직적 요인 등)
Kraemer et al(1993)	인지된 유용성(시스템 및 개인적 특성 및 사용 유형, 업무 특성, 환경적 특성 등)

Bailey and Pearson(1983: 530-545)은 사용자 만족에 기여하는 요소들의 목록을 개발하고 이들 항목에 대한 사용자 반응을 측정하기 위하여 어의구별 척도법(semantic differential scaling technique)을 적용하여 만족도 측정을 위한 질문지와 측정모형을 체계화하였다. 개념과 대상의 특성을 형용사를 이용하여 기술하는데 착안하여 개념이 같은 본질적인 뜻을 7개의 등간척도로 몇 개의 차원에 따른 양극화된 형용사의 쌍을 측정함으로써 사용자의 태도변화를 파악하였다.[33] 그리고 각

---

33) 여기서 몇 개의 차원이란 어의 구별척도가 평가, 능력, 활동, 수용성 차원에 따라 4개의 형용사적 표현을 의미한다. 첫 번째는 '만족스럽다-불만족스럽다'의 형용사 짝인데, 이것은 다른 4쌍의 내적 일관성을 검증함으로서 질문서의 내적 타당성을 검증하려는 시도이다. 또 다른 하나는 중요성 척도인데, '중요하다-중요하지 않다'의 형용사 짝은 요인별 가중치를 측정하기 위한 것으로 0.10에서부터 각 단계마다 0.15씩 증가시켜 1.00까지의 수치를 부여하였다.

요인의 의미를 측정하기 위한 4개의 형용사 쌍 이외에 2개의 척도를 추가로 표시하였다. 이는 사용자 만족을 행동과학적인 접근을 시도하여 사용자 만족을 측정하기 위한 것으로 광범위한 39개의 평가항목과 측정척도를 개발한데 의의가 있고, 38개의 요인 중 정확성, 신뢰성, 적시성, 관련성, 시스템에 대한 자신을 중요 요인으로 제시하였다.

Ives, Olson and Baroudi(1983: 586)는 Bailey와 Pearson이 제시한 측정도구를 검증하여 객관성을 높이는 방법을 연구하였는데, 사용자의 만족도와 전반적인 사용자 만족도에 관하여 연구하였다. 여기서는 정보산출물, 지식 또는 참여, 판매자지원, 전산부서 요원과 서비스를 평가항목으로 구성하였다.

Franz and Robey(1986: 329-356)는 종속변수로서 인지된 유용성과 정보시스템 개발에 있어서의 사용자 몰입과 조직적 상황요인34)간의 세 관계를 분석하였다. 분석결과 사용자 몰입과 조직적 상황요인은 1%내에서 인지된 유용성과 유의한 관계가 있음이 확인되었다. 그러나 사용자 몰입과 조직적 상황요인간의 관계에서는 5%내에서 유의한 상관관계가 검증되지 않았다. 9개의 조직적 상황요인 중 의사결정의 유형, 권위의 분권화, 전산부서 관리자의 직위, 그리고 전산부서의 범위를 제외한 5개의 요인이 인지된 유용성과의 직접적인 유의적 상관관계가 있는 것으로 확인되었다. 뿐만 아니라 조직적 상황요인은 몰입과 인지된 유용성간의 관계에 체계적이 영향을 미치는 것으로 나타났다.

Doll와 Torkzadeh(1988: 259-274)는 정보시스템에 대한 사용자 만족도를 측정하기 위해 기존 연구에서 31개 문항을 추출하고 여기에 사용의 용이성과 관련된 7개 문항과 사용자의 전반적인 만족과 성과를 측정하는 2개의 문항을 추가하였다. 이들 40개 문항에 대해 요인분석을

---

34) 조직적 상황요인으로 ⅰ)의사결정의 특성, 즉 조직의 레벨, 의사결정 구조와 ⅱ)조직적 특성으로 규모, 연수, 분권화, ⅲ)MIS부서의 특성으로 부서의 규모, 년수, 범위를 독립변수로 선정하였다.

실시한 결과, 내용의 적합성, 정확성, 출력양식, 사용의 용이성, 적시성이라는 5가지 구성요인을 추출하였고, 5개 구성요인을 측정하기 위해 최종적으로 12개 설문문항을 제시했다.

Igbaria(1990: 189-196)은 정보기술의 효과성에 영향을 주는 독립변수로 개인적 특성,[35] 과업특성, 조직의 지원을 독립변수로 하고 있다. 이 연구는 독립변수들과 정보기술의 효과성 사이의 연역된 인과관계를 실증적으로 분석하였으며, 또한 개인의 신념에 관한 변수를 사용했다는 점에서 다른 연구와 차이를 보이고 있다. 연구결과, 성별을 비롯한 개인적 특성, 조직적 지원, 그리고 최고관리자의 지원은 컴퓨터에 대한 개인적 신념(긍정적 태도와 불안감)에 유의한 영향을 미치는 것으로 나타났다. 그리고 전산교육, 컴퓨터 경험, 조직적 지원, 최고관리자 지원, 그리고 과업구조 요인이 정보기술에 대한 만족도에 영향을 미치는 것으로 나타났다.

Kraemer et al.(1986)의 연구는 컴퓨터기반 정보시스템(CBIS)에 대한 공공관리자들의 유용성 인식을 평가하고 유용성 인식이 영향을 미치는 주요 요인을 분석하였다. 컴퓨터기반 정보시스템의 유용성에 대한 사용자들의 인식에 영향을 미치는 요인으로써의 독립변수는 다음과 같다. ⅰ) 컴퓨터기반 정보시스템의 특성으로 정보의 질, 접근성, 컴퓨터기반 정보시스템 사용비용이고, ⅱ) 개인적인 특성 및 사용유형으로 전산경험, 직접사용빈도, 간접사용빈도, 정보처리를 위해 전문가에 의존하는 정도, ⅲ)업무특성으로 운영업무와 관리업무, 그리고 ⅳ)환경적 특성으로 조직의 전문화와 전산부서의 형태를 들고 있다. 연구결과에 따르면 대부분의 공공관리자들은 정보기술을 유용한 전략적 자원으로 인식하고 있는 것으로 나타났다. 운영업무보다는 재정업무를 담당하는 사용자들이 정보기술을 더 유용한 것으로 인식하고 있었으며, 정보의 질과 접근성이 이들의

---

35) 즉, 나이, 성별, 지위, 교육수준, 전산교육, 컴퓨터 사용경험과 신념에 컴퓨터 불안감, 사용자 태도를 사용하였다.

인식에 중요한 영향을 미치는 것으로 분석되었다. 또한 조직내 전산부서 요원을 활용하는 간접사용자들이 정보기술을 직접적으로 사용하는 관리자들보다 오히려 정보기술의 유용성에 더 만족하고 있는 것으로 나타났다. 이런 점에 있어서 Bailey and Pearson(1983: 530-545)의 연구와 Ives, Olson and Baroudi(1983: 785-793)의 연구는 정성적 지표의 조작화 및 측정방법에 대한 대표적인 연구라 할 수 있다.

이들은 정성적 지표(정보시스템 만족도)의 실질적인 적용을 위해 측정변수의 조작적 정의와 신뢰성과 타당성 검증을 실시하였다. Bailey and Pearson(1983: 530-545)은 정보 자체의 속성에 대한 만족뿐만 아니라 경영지원 및 정보처리 부문의 만족까지를 사용자 만족의 구성요인으로 포함시켜 39개의 요인을 추출하고 각 항목에 대한 만족도와 중요도를 부여하였다. 한편 Ives, Olson and Baroudi(1983: 785-793), Bailey and Pearson(1983: 530-545)에 의해서 개발된 39개의 항목에서 13개의 항목을 도출하여 이에 대한 신뢰성과 타당성을 검증하였다.

3. 선행연구의 비판적 검토

앞에서 정보기술투자효과에 관한 연구들을 검토해 보았다. 검토결과 정보기술투자의 효과는 다양한 환경과 관련된 요인의 산출물이라는 것을 알게되었다. 선행연구에서 제시되었던 영향요인들을 분석한 결과를 정리해 보면 다음과 같다.

첫째, 정보기술에 대한 사용자 요인이다. 이는 사회경제적 배경, 정보기술활용능력, 정보기술활용의 경험, 정보기술에 대한 사용자의 태도 등이다. 둘째, 조직 및 정보기술의 관리와 관련된 요인이다. 이에는 조직의 규모나 구조, 전산 부서의 특성, 사용자 정보기술에 대한 교육과 훈련, 최고관리자의 정보기술에 대한 지원 측면 등이다. 셋째, 직무와 관련된 요인으로 직무의 특성과 관련된 것이다. 넷째, 기술적 요인이다. 이에는 정보내용의 질, 정보기술의 질 등이 포함된다. 다섯째, 환경적 요인이다. 이에는 환경의 유동성, 고객환경, 외부규제 등과 관련된 것이다.

이상의 연구들은 조직적 맥락에서 정보기술의 효과에 영향을 미치는 다양한 요인들을 분석하였다. 그러나 대부분의 연구들은 조직의 내적 요인에만 분석의 초점을 둠으로써, 정보기술의 효과와 조직 외적 요인 사이의 잠재적 영향관계를 분석하지는 못하였다. 이런 점에 있어서 Mansour and Watson(1980)과 Kilash Joshi(1990)의 연구는 다른 연구들과 차이가 있다.

먼저 Mansour and Watson(1980)의 연구는 정보기술의 효과에 영향을 미치는 조직 내·외적 요인을 모두 고려하였을 뿐만 아니라 정부와 사조직 모두를 분석함으로써 가장 포괄적인 연구로 평가될 수 있다. 한편 Kailash Joshi(1990)의 연구는 그 동안 MIS 분야에서 무시되었던 사회적·정치적 요인을 분석하였다. 그는 정보자원의 분배를 둘러싼 조직내 혹은 조직간의 갈등상황이 정보기술의 효과에 미치는 영향을 실증적으로 분석함으로써 정보기술의 효과에 대한 이해의 지평을 넓혔다. 정보기술의 효과에 영향을 미치는 요인은 조직이 처해 있는 환경적 요인에 따라 서로 다르게 나타날 수 있다. 그러므로 공공조직을 대상으로 한 연구와 민간조직을 대상으로 한 연구결과는 얼마든지 서로 다를 수 있다. 즉, 공공조직을 연구대상으로 하고 있고, 연구에 사용된 변수도 유사한데, 연구결과가 일치하지 않는 경우가 있는데, 이에 대한 원인을 규명해 볼 필요성이 있다. 물론 연구 결과가 불일치 할 수 있고 그 원인은 다양할 수밖에 없다. 연구자의 판단으로는 연구에 사용된 연구의 모델에 있어서 어떤 한계가 있고, 또한 분석의 방법론상에 어떤 오차에 기인하고 있다고 판단된다.

첫째, 정보기술의 효과에 중요한 영향을 미치는 직무특성이나 조직 외적 요인 등의 독립변수가 연구의 모델에서 제외됨으로써 추정계수에 편의(bias)를 야기함으로서 가설을 검정할 때 가설이 사실이 아님에도 사실인 것으로 받아들이는 오류(1종 오류)가 발생할 수 있다는 것이다. 둘째는 상관관계분석에서 단순상관관계분석을 실시하여 상관관계가 비교적 높은 독립변수를 회귀분석에서는 제외함으로써 다중공선성으로 인한 추정계수의 분산증가를 피할 수 있다는 것이다. 하지만 이는 허위적 관계의 배제 원칙[36]의 위반으로 추정계수의 편의를 발생시킨다. 셋째, 종속변수와 독립변수 사이의 관계적 가설에 대한 판단을 피어슨 단순상관관계 분석결과로 하고 있다. 그러나 단순상관관계의 존재가 두 변수간의 인과관계가 있다고 판단하는 것은 문제가 있다. 다시 말해서 단순상관관계 분석의 결과로 두 변수간의 인과적 관계를 해석하는 것은 분명히 오류이다. 그러므로 독립변수와 종속변수의 변수 사이의 단순상관관계 분석결과를 해석할 때에는 두 변수 사이에 관계가 있다는 정도로만 이해해야지 두 변수 사이에 인과관계가 있다고 해석하는 것은 문제가 있다.

---

36) 허위적 관계의 배제 원칙이란 어휘변수나 교란변수와 같은 제3의 변수에 영향이 모두 제거된 뒤에도 관심의 대상인 두 변수 사이의 관계가 성립되어야 한다는 것을 의미한다. 즉 관심의 대상이 되는 두 변수 사이의 관계에 교란변수나 허위변수가 개입된다면 이 두 변수 사이의 인과관계가 실제로 존재하지 않더라도 존재하는 것으로 인식되거나, 실제의 관계보다 과대 혹은 과소평가된다.

제3장 정보기술투자의 현황

본 연구에서는 S시, J군, K시에 대한 정보기술의 투자규모를 살펴보기에 앞서 우리나라 중앙정부 수준의 투자규모를 살펴본다. 그리고 S시, J군, K구의 정보기술투자의 투입부문을 객관적 지표로 검토한 후 이를 토대로 하여 제4장에서 지방자치단체 공무원들의 투자효과에 대한 인식의 정도를 파악해 보도록 한다.

제1절 정보화투자 현황과 예산규모

1. 정보화투자의 추진개요

현재 우리나라의 정보화(또는 전자정부)의 수준을 파악하기 위해서는 행정자치부가 주도적으로 추진하는 행정정보화 사업을 살펴 볼 필요가 있다. 행정정보화 추진사업은 국민에 대한 민원행정서비스 수준향상, 행정내부의 능률성 향상, 이를 위한 행정정보화 기반확충 등 3개 분야를 들 수 있다(한국전산원, 2002). 이후에 전자정부 비전 달성을 위한 6대 분야 18대 과제를 추진하고 있는데 이를 정리하면 〈표-3〉다음과 같다.

<표-3> 정보화 촉진 10대 중점과제

일련번호	과　제　명
1	작지만 효율적인 전자정부의 구현
2	정보사회의 인재양성을 위한 교육정보화 기반구축
3	지식기반 고도화를 위한 학술·연구정보 이용환경 조성
4	산업정보화 촉진을 통한 기업의 경쟁력 강화
5	정보화를 통한 사회간접자본시설의 활용도 제고
6	지역균형발전을 위한 지역정보화 지원
7	정보기술을 활용한 의료서비스의 고도화
8	쾌적한 생활을 위한 환경관리의 정보화
9	재난·재해에 대비한 국가안전관리정보시스템 구축
10	선진 외교·국방 정보체계 확립

자료: 한국전산원(1996a), 정보화촉진기본계획 해설서

　첫째, 국민지향적 행정서비스 실현이다. 이를 위하여 원스톱·논스톱 서비스 실시, 민원행정자동처리기(KIOSK) 등의 보급을 확대하여 행정서비스 전달수단의 다양화, 인터넷을 통한 행정정보 공개 확대를 실시하였다.

　둘째, 행정업무의 효율적 재설계이다. 이를 위해 행정업무처리 절차의 간소화나 여러 부처 관련 행정업무 재설계(BPR)를 통한 행정업무처리 절차의 간소화, 보고·결재과정의 전자화, 행정정보통합환경 구축을 통한 정책의사결정흐름의 자동화를 실시하였다.

　셋째, 행정정보 공동이용의 활성화이다. 여기에는 행정정보의 축적 및 공동이용 촉진, 행정정보공동이용센터 구축, 행정정보의 공동이용에 따른 정보 보호관리 강화 등의 과제로 세분된다.

　넷째, 행정정보기술기반 정비이다. 이를 위해 정부인트라넷의 구축,

행정정보 공동활용을 위한 정보시스템 표준 정립, 시스템의 안전성·신뢰성 확보를 위한 대책 강화 등의 과제를 실시하였다.

다섯째, 공무원의 생산성 제고이다. 이를 위해 개인 사무의 자동화 촉진, 원격근무제 도입, 정보화 자격증 우대 및 교육 강화 등을 실시하였다.

여섯째, 법·제도 개선을 비롯하여 전자정부구현을 위한 법·제도의 정비, 정보화책임관 제도의 도입 및 정보화 추진조직 강화를 하고 있고, 특히 범정부적인 정보자원관리를 위한 제도 도입을 실시하고 있다.

특히, 현재 정부는 전자정부 11대 과제를 중점적으로 추진하였는데(〈표-4〉 참조), ①민원서비스혁신시스템(G4C), ②시·군·구 행정종합정보시스템, ③전자결재·전자문서 유통정착, ④전자서명·전자관인 시스템, ⑤국가재정정보 시스템, ⑥종합국제서비스(HTS), ⑦교육행정정보시스템(NEIS), ⑧4대 사회보험정보연계시스템, ⑨정보통합전자조달시스템(G2B), ⑩표준인사관리시스템, ⑪범정부 통합전산환경구축 등이다.

여기서 민원서비스혁신시스템(G4C)은 국가 주요 DB 정보공동활용시스템 구축과 구비서류 제출폐지 및 기관방문 최소화를 위한 것이며, 시·군·구 행정종합시스템은 시·군·구에서 공통으로 수행하는 주민, 차량, 호적 등 21개 업무의 법·제도 정비, 업무재설계 등을 통해 대폭 간소화·효율화하고, 기관간·업무간 정보를 공동 활용할 수 있도록 시스템을 구축하는 것이다. 특히 범정부 통합전산환경구축은 부처별로 운영되는 전산실의 통합하여 재해·재난·사이버테러 등으로부터 전산자원을 보호하기 위한 것이다.

〈표-4〉 전자정부 11대 과제 현황 및 목표

과제명	목 표	주요기관
민원서비스혁신시스템(G4C)	- 5대 국가 주요 DB 정보공동활용시스템 구축 - 구비서류 제출폐지 및 기관방문 최소화	행정자치부
시군구행정종합 정보시스템	- 시·군·구 공통의 21개 업무 종합정보화 - 행정효율성 향상과 민원서비스 대폭개선	행정자치부
전자결재·전자문서유통정착	- 문서의 작성 결재 유통 보관 등의 전자적 처리	행정자치부
전자서명·전자관인 시스템	- 개인정보보호, 안전한 정보유통을 위한 전자인증 시스템 구축	행정자치부 정보통신부
국가재정정보 시스템	- 재정관련 기관의 정보시스템간의 정보공유 연계체제 구현 - 전자적 고지 수납체제 구현	재정경제부
종합국세서비스(HTS)	- 국세의 신고, 고지, 납부 등 전 과정을 인터넷처리 - 전자적 고지 납부시스템은 국가재정통합관리시스템과 연계	재정경제부 (국세청)
교육행정정보시스템(NEIS)	- 학교, 교육청, 교육부간 학사·교육·행정자료의 온라인 유통체계 구축	교육인적자원부
4대 사회보험정보연계시스템	- 4대 사회보험 통합정보시스템 구축	보건복지부
정보통합전자조달시스템 (G2B)	- 업체등록, 입찰, 계약, 대금지급 등 조달관련 절차를 정보화	기획예산처
표준인사관리시스템	- 공무원의 인사정보를 DB화	중앙인사위원회
범정부 통합전산환경구축	- 부처별로 운영되는 전산실의 통합 - 재해·재난·사이버테러 등으로부터 전산자원의 보호	행정자치부 기획예산처 정보통신부

2. 정보화투자 규모

한국의 정보화에 대한 투자는 해마다 증가해 왔다. 〈표-5〉에서 보면 국민의 정부 들어 정보화 예산규모를 2배 이상으로 확대하여 세계 최고수준의 초고속망을 구축하여 정보통신산업 발전에 크게 기여하였다. 2003년도 정보화의 투자규모를 보면 27,403억원으로 12.7%를 보이고 있고, 정보화 예산도 16,750억 원으로 18.5%를 보이고 있다.[37]

정보화 예산은 예산안상의 각 부처의 정보시스템 구축 및 유지·보수를 위한 예산(예산과목 291~299세세항)과 정보통신부의 초고속망 구축 등의 예산(예산과목 455관: 기금전출금), 정보통신산업육성지원과 정보기술국제협력 예산을 의미한다(기획예산처, 2002).38) 정보화 투자는 정보화예산과 정보화촉진기금의 정보화관련 재원을 포함하는 것으로 정보화촉진기금은 일반계정과 R&D계정으로 구분되며, 일반계정은 정부출연금, 융자금 등을 수입원으로 하여 초고속 국가망 구축 등을 지원하며, R&D계정은 통신사업자 출연금을 수입원으로 하여 정보기술분야 기술개발, 정보기술인력양성 등을 지원한다.

---

37) 참고로 2004년 정부의 정보화 예산은 민자 1076억원을 포함해 총 3조199억원으로 지난해에 비해 10.1% 늘어났다. 정부는 또 광대역통합망(BcN) 구축, IT신성장 동력의 전략적 발굴 등을 통해 국민소득 2만달러 시대로 도약하고 세계 최고의 열린 전자정부를 구축한다. 정부는 재정정보화촉진시행계획(596억원), 교육정보화촉진시행계획(4653억원) 등 24개 분야별 2004년도 정보화촉진시행계획을 확정했다. 정보화촉진시행계획에 따르면 국가재정 종합정보분석 및 예측시스템 구축(재정부), 웹기반 국세통합시스템(국세청), 전자관세청 구축(관세청) 등 재정정보화에 596억원, 원격교육 및 e러닝 기반 구축과 교육행정정보시스템 보완 등 교육정보화에 4653억원 등을 투입한다. 또 국방정보망을 ATM으로 고속화, 광역화하고 통합전장관리체계 구축 등 국방정보화에 3579억원, 인터넷 민원서비스 확대, 행정문서처리 전 과정 전자화 등 행정정보화에 3921억원을 배정했다. 특히 정보화마을 확산, 지역주민 정보화와 주민등록 업무 전산화, 지방재정 업무 재설계 및 표준화 등 지역정보화에 1조162억원의 예산을 책정했다(전자신문).

38) 부처사업 중 291~299세세항이 아닌 주요사업(예: 정보화공공근로, 출연연구기관정보화사업 등) 또는 기본사업비(예산과목 199 세세항) 등 정보화촉진시행계획에 반영되지 않는 사업은 제외됨

〈표-5〉 연도별 정보화투자 예산규모

(단위: 억원, %)

구　분		'98	'99	'00	'01	'02	'03	연평균 증가율
정보화 투자		15,093	17,123	19,646	31,369	28,049	27,403	12.7
정보화 예산		7,150	8,562	12,155	15,029	16,114	16,705	18.5
부　처	정보통신부	2,564 (6.7)	4,236 (65.2)	6,220 (46.8)	6,884 (10.7)	7,091 (3.0)	7,450 (4.4)	23.6
	각 부처	4,586 (2.0)	4,326 (5.7)	5,935 (37.2)	8,145 (37.2)	9,023 (10.8)	9,300 (3.1)	15.2
정보화촉진기금		7,943	8,561	7,488	16,340	11,935	10,698	6.1

* 연구개발계정 사업비(9,828억원) 및 일반계정 자체사업비(870억원)
** ()는 전년도 대비 증가율
*** 자료: 기획예산처(2002)

　　2003년에는 정보격차완화사업과 정보기술위험을 통제하는데 많은 예산이 증액되었다(〈표-6〉 참조). 즉, 표를 보면 1,258억원에서 1,574억원으로 증액되었음을 알 수 있다. 2003년에는 크게 4개의 부문으로 나누어 살펴보면, 첫째, 국민정보화교육, 중고 PC 보급지원 등 정보격차를 지속적으로 완화하기 위한 사업에 952억원에서 1,206억원으로 증액하였다는 것이 특징이고, 둘째로는 해외 정보기술협력센터 설립지원, 외국인 교육훈련지원 등 국제간 정보격차를 완화하기 위한 사업을 병행하여 추진하는데 13억에서 90억원으로 증액되었다는 것을 알 수 있다. 그리고 셋째로는 컴퓨터를 이용하는데 어려움을 겪는 저소득층 학생들(5만명)을 위하여 인터넷 통신요금 등을 지속적으로 지원하는 사업에도 182억원에서 131억원으로 증액하여 혜택이 돌아가게 하였다. 마지막으로 정보기술의 위험을 극복하기 위한 물리적 위험을 극복하기 위한 사업 즉, 해킹·바이러스대응센터 운영 및 개인정보보호 등 정보화의 역기능 방지 강화를 위한 예산이 306억원에서 368억원으로 증액되었다.

〈표-6〉 정보격차의 완화와 정보화 역기능 방지 투자예산 규모

(단위: 억원, %)

구 분	'02	'03	비 고
정보인프라 확충 및 산업부문의 정보화	4,028	4,018	S/W 디지털콘텐츠 산업 육성, 전자카탈로그 표준화 등
전자정부 운영활성화 등	5,716	5,501	전자정부 11대 중점추진과제 등
사회 각 분야별 정보화	5,112	5,522	교육정보화 종합지원센터 건립, 국가지리정보체계 구축
정보격차 완화 및 정보화 역기능 방지	1,258	1,574	저소득층 학생 인터넷 회선료 지원, 해킹·바이러스 대응 등
정보화 총계	16,114	15,705	△3.7

자료: 기획예산처(2002)

3. 행정정보화투자의 문제점

1) 행정정보화 추진전략 측면

최근까지 행정정보화의 방향은 행정내부업무의 효율성에 역점을 두어 실시되어왔다(행정자치부, 1998). 이와 다르게 현재의 전자정부구축은 행정의 효율성과 대국민서비스의 질적인 개선을 목표로 추진하고 있는데, 실제적인 운영상에서는 그러하지 못하다.[39] 행정기관의 서비스는 일방적인 행정홍보와 민원정보 제공에 그치고 있고(권선필, 2001), 정보기술의 발전과 더불어 행정내부업무개선이 이루어지지 않고 있다. 38개 중앙행정기관의 정보화평가 결과에 따르면, 정보기술을 활용한 행정업무개선 점수는 56.2점에 불과했으며 21개(55%) 기관이 보통수

---

[39] 원스톱 서비스의 경우 여권발급에는 성공을 하였지만 4대 사회보험망(의료, 연금, 고용, 산재)의 경우는 소관 부처간 협조의 부재로 2개 망씩의 통합으로 후퇴하였으며, 현재 야심적으로 추진하는 시·군·구 행정종합정보화 사업은 아직은 성공여부가 불투명하다.

준 이하로 나타났다(김동현, 2000).

2) 행정정보화 추진체계 측면

행정정보화가 효과적이기 위해서는 각 정부기관의 통합과 연계는 필수적이며, 이를 조정하기 위한 체계도 필요하다. 현실적으로 통합과 연계, 조정이 부족하여 중복투자가 이루어지고 있고, 이로 인해 막대한 예산이 낭비되고 있다.[40] 또한 행정정보화 추진성과에 대한 평가체계가 정립되어 있지 못하다. 현 전자정부의 평가는 여러 부처에서 평가를 주관함에 따라 평가결과의 통합적 관리 및 평가결과의 활용이 미흡하다.[41] 이처럼 여러 갈래로 진행되는 정보화 평가의 결과는 정부의 정보화 추진체계와 통합되지 않음으로써 평가결과를 반영한 지식정보화 정책 추진이 되고 있지 못하다.

3) 행정정보화 지원체계 측면

행정정보화가 잘 이루어지기 위해서는 정보화 추진전략, 추진체계가 정립되어 있어야 하지만, 이러한 선상에서 조직, 인사, 예산, 법·제도

---

40) 정보화추진위원회는 국가정보화추진의 최상위 조직으로 정보화의 기본계획과 시행계획을 심의하고 정보화 사업 계획과 평가를 총괄하나 계획수립, 시행계획 심의, 평가이외에 조정기능이 결여되어 있고, 추진체계인 행정자치부는 정보화의 실제 운영적인 역할을 하지만 구심적 역할을 수행하기에는 역부족이다. 우선 정보화에 대한 기술능력과 전문인력이 부족하고, 전자정부 구현의 방향설정 및 상황적응적 궤도수정을 위한 정책마인드가 부족하여 주무부처로서 능력과 위상을 제대로 갖추고 있지 못하다. 또한 정보화 정책 담당부처 혹은 행정개혁 및 예산지원부처와의 협조체계도 미흡하다.
41) 연구결과에 따르면, 한국의 정보화 평가는 국무조정실, 기획예산처, 행정자치부, 정부통신부에서 부처 관련 평가사업을 주관하고 있으며 이들의 평가는 사업평가, 수준평가, 홈페이지평가 등으로 평가대상도 다양한 것으로 보고되었다(정명주, 2000).

등 지원체계의 확립이 필요하다.

첫째, 정부부처에서는 현재, 1인 1대의 컴퓨터나, 구내통신망(LAN) 등이 구축되어 있어 기술적인 측면은 정보화의 상위수준에 있으나 공무원의 컴퓨터 활용능력은 이에 못 미치고 있는 실정이다.

둘째, 일반 부처 차원에서도 정보화 추진 및 관리능력을 보유하고 있어야 하는데 부처별로 차이가 있기는 하지만 전반적으로 미진한 수준에 있다.42)

셋째, 정보화 관련 법령의 정비와 일반 법률 중 정보화 개념이 도입되어야 할 법률의 정비가 시급한데 이러한 법령정비의 추진속도가 느리다.

제2절 S시, J군, K시의 업무특성 및 일반여건

지방자치단체의 정보기술에 대한 투자규모나 관심은 그 지역의 주민수와 공무원 수, 재정규모 등에 의해서 많은 영향을 받고, 또한 조직특성이나 업무특성에 의해서 영향을 받을 수밖에 없다. 이에 대하여 간단히 살펴본다.

---

42) 1997년 행정자치부 지침에 의하여 각 부처는 정보화담당관(CIO)을 임명하도록 되어 있다. 정보화담당관은 부처 내 정보화 추진을 총괄하고 조직혁신의 임무를 부여받고 있다. 그러나 대부분의 정부기관 정보화담당관들은 비전문가인 기획관리실장 또는 기획관리관이 맡고 있어서 정보화담당관의 역할이 제한적이며 형식적으로 운영되는 경우가 많다.

1. 기초자치단체의 조직 및 업무 특성

우리나라 기초자치단체의 현황을 보면, 2002. 12. 31일 현재 전국에 232개의 市·郡·區가 있는데, 시가 72개, 군이 91개, 자치구가 69개로 3,589개의 읍·면·동(73개 출장소 포함)이 포함되어 있다.

시·군·구 업무의 구성을 보면, 중앙정부의 책임을 원칙으로 그 통제하에 수행하고 있는 위임사무와 지방자치단체의 책임 아래 자율적으로 수행하는 자치사무로 구성되어 있다. 전자를 수행할 때, 지방자치단체는 중앙부처의 하급 행정기관으로서 지위를 갖고, 중앙부처의 통제나 지원 대상이 되며, 관련 개별법에 근거하여 업무를 수행한다. 후자는 지방자치단체가 조례 등에 의해 자체적으로 규정하여 수행하는 업무로서 처리권한과 책임이 지방자치단체에 속하는 업무를 말한다.

시·군·구 업무의 특성으로는 국민과 중앙정부 사이에 위치, 민원 및 행정처리의 중추적 역할을 수행하는 조직으로서 행정개혁과 행정정보화의 기반이 되는 업무를 수행한다. 특히, 한국의 경우는 전국의 시·군·구가 동일한 법과 제도아래 동일하게 업무를 수행하는 특징을 가지고 있다. 시·군·구별로 도시지역, 농촌지역, 어촌지역 등 지역별 특성과 지역산업 기반에 따라 중요한 업무나 발생빈도가 높은 업무가 존재하고, 정책적 업무보다는 실행업무 중심으로 단순 반복적이고 전형적인 업무를 위주로 하고 있다.

2. 일반 여건

여기서 기초자치단체의 투자규모를 결정하는데 중요한 영향을 미친다고 생각할 수 있는 주민의 수와 공무원 수 등에 대해 살펴본다(〈표 -7〉 참조).

〈표-7〉 S시·J군·K구의 일반현황

(단위: 명, 개)

구　분		S시	J군	K구
소속기관공무원	정　원	2,196	421	1,387
	현　원	2,176	414	1,399
간부공무원	현　원	124	23	65
총인구수		946,445	26,349	535,138
주민대비 공무원 수		435:1	64:1	382:1
읍·면·동 수(개)		44	7	26

　　S시는 경기도 중심부에 위치해 있으며, 수도 서울과 접해있는 위성도시로서 인구수는 937,780 명으로 인구밀도가 6,612명으로 1.03 %의 인구 증가율을 보이고 있다. 세대수는 316,818세대로 세대당 2.9명이다. 총면적은 141.83㎢으로 행정구역은 3개 구 44개 동으로 구성되어 있다. 주택의 수는 186,803동으로 보급율은 77.1%이다. 재정규모는 1,004,986 백만원으로 90.1%의 재정자립도를 보이고, 1인당지방세부담액은 655천원으로 세대당 1,928천원이다. 공무원의 수는 2,165 명으로 1인당주민 433명이다.

　　J군은 전라북도 동부에 위치해 있으며 총인구의 수는 26,349명이고, 총가구수는 9,566이다. 면적은 남북이 44km, 동서가 20km로 전체 533.64 ㎢이며 1읍 6면 73리 197분리 283마을 455개 반으로 구성되어 있다. 여기서 주민대비 공무원 수를 보면, 공무원 1인당 주민수가 S시가 435명으로 가장 많고 다음이 K구로 382명, J군이 64명으로 나타났다.

제3절 S시, J군, K시의 정보화 투자규모

본 절에서는 S시, J군, K구의 정보화투자규모를 살펴본다. 일반적으로 자치단체에서 정보화의 수준은 행정정보화와 지역정보화를 구분하여 추진하는데, 행정능률의 향상과 대민서비스의 개선을 목표로 하고 있다. 하지만 그 규모는 재정규모나 여건에 따라서 차이를 보이고 있는데 이에 대해 살펴본다.[43]

1. 정보화 예산부문

여기서 정보화 예산이란 "정보기술을 활용하여 공공기관의 내부업무 또는 대국민서비스의 효율성을 제고하기 위한 예산과 초고속망 및 정보기술산업 육성 등 정보통신 기반구축을 위한 예산(기획예산처, 2002)"을 의미한다.

1) 정보화 예산

정보화 예산은 지방자치단체의 재정규모에 따라 달라지는데, 일반회계예산에서 정보화예산이 차지하는 비율을 보고 지방자치단체의 정보화의 수준을 가늠해 볼 수 있다.

기초자치단체의 예산의 규모는 S시, K구, J군의 순으로 많지만 여기서 정보화에 투자되는 예산의 비율을 보면 총예산규모와 비례하지 않는다는 것을 알 수 있다. 즉, K구가 3.96%, J군이 0.91%, S시가 0.75%로 K구가 예산에서 정보화 예산의 비중이 가장 높고, S시가 가장 낮다

---

43) 본 연구에서 이용된 자료는 자치정보화조합 사이트 「http://www.kali.or.kr/ 2002 정보화수준측정」의 데이터를 이용함.

(〈표-8〉 참조). 정보화예산은 시·군·구간에 차이를 보이고 있다.

　일반적으로 J군의 경우 재정력이 낮음에도 불구하고 정보화 예산을 확보하고 있는 것은 주민의 정보화 수요가 증가하고, 단체장의 정보화에 대한 관심의 정도가 증가하고 있기 때문으로 판단된다.

〈표-8〉 S시·J군·K구의 정보화 예산현황

(단위: 천원, %)

구　분		S시	J군	K구
2002년	일반회계예산	916,609,850	111,916,402	270,551,732
	정보화 담당부서 사업예산	2,999,953	722,037	6,628,781
	타부서 정보화 예산	3,955,644	299,516	4,093,036
	정보화 예산비율(%)	0.7588	0.9128	3.9629

2) 정보화 사업예산

　정보화 예산을 사업별로 보면, 지방자치단체에서 가장 역점을 두고 있는 부문에서 차이를 보이고 있다. 국가적으로 정보화에 대한 투자가 많이 이루어 졌음에도 아직도 대부분의 지방자치단체에서는 전반적으로 그 기반을 구축하는데 정보화 투자의 역점을 두고 있다. 지방자치단체의 재정규모나 여건에 따라 차이가 있으나 S시 26억 9천만원, J군 4억3천 2백만원, K구가 20억 6천만원을 정보화 기반을 구축하는데 투입하고 있다(〈표-9〉 참조).

〈표-9〉 S시・J군・K구의 정보화 사업예산

(단위: 천원)

구　　분	S시	J군	K구
기반구축	2,698,287	432,000	2,061,886
개　발	232,678	29,406	3,176,805
유지관리	1,396,137	28,540	1,081,283
주민교육	550,180	4,530	1,545,070
공무원교육	30,907	0	0
기　타	50,440	0	0

　　S시와 J군은 기반구축에 많은 투자를 하고 있지만 새로운 정보시스템을 개발하여 효율적인 업무처리와 질 좋은 대민서비스를 제공하기 위한 개발부문에서는 기대수준에 못미치고 있다. 그러나 K구의 경우는 개발비가 기반구축비를 앞지르고 있어 상당수준에서 투자되고 있다.

　　다음은 정보기술을 유지하고 관리하는데 많은 예산이 투자되고 있다. 물론 J군의 경우는 개발부문이 약간 높지만 유지관리와 비슷한 수준을 보이고 있다. 전체적으로는 K구의 정보화사업이 많이 진전되어 있고, J군의 경우 낙후되어 있을 것으로 판단된다.

　　정보화를 위한 공무원과 주민에 대한 교육에의 투자규모를 보면 K구가 많은 예산을 투입하고 있는 반면 S시와 J군은 그렇지 못함을 보여주고 있다. J군의 경우는 공무원에 대한 정보화 교육에 전혀 투자되고 있지 않다.

3) 정보화 영역별 예산

　　우리나라에서 정보화에 대한 투자를 영역별로 볼 때, 행정정보화란 정보통신기술을 기반으로 행정업무처리를 혁신하고 행정서비스의 질을 획기적으로 향상시키는 것을 의미하고, 지역정보화는 정보통신기술을 기반으로 행정업무처리를 혁신하고 행정서비스의 질을 획기적으로 향상시키는 행정정보화 부문과 중앙과 지방의 정보이용기술 즉, 소프트웨어의 공급력 격차를 시정하는 것으로 지역간 경제격차의 해소를 목적으로 하는 것이다.[44]

지방자치단체의 행정정보화에의 투자규모와 지역정보화에의 투자규모를 보면, 대도시의 K구는 이미 행정정보화와 지역정보화가 이미 이루어져 많은 예산이 투입되고 있지 않지만 S시나 J군과 같은 경우는 아직도 행정정보화나 지역정보화에 많은 역점을 두고 있음을 알 수 있다(〈표-10〉 참조).

〈표-10〉 S시 · J군 · K구의 정보화 영역별 예산

(단위: 천원)

구 분	S시	J군	K구
행정 정보화	3,416,502	626,472	43
지역 정보화	1,548,190	34,530	7
공 통	0	0	0

S시는 행정정보화에 3,416,502천원, 지역정보화에 1,548,190천원을 투자하고 있으며, J군은 행정정보화에 1,548,190천원, 지역정보화에 34,530천원을 투자하고 있음을 알 수 있다.

---

44) 지역정보화는 일본에서 처음 사용되었고, 사업도 가장 활발하게 이루어지고 있는 나라이다. 1980년대 초반 이후 지식집약적 산업으로 산업구조 자체의 전환과 함께 각 지역의 균형적 성장을 동시에 추구한다는 발상에서 등장한 용어이다(조찬형, 1998: 191-192).

4) 정보화의 재원

지방자치단체에서 재원을 마련하는 방법은 여러 가지가 있을 수 있지만, 그러한 방법 중에는 자체조달을 한다거나 국고보조금, 특별교부세, 기금, 市道비, 기타의 방법이 있다.

K구는 거의 자체적으로 조달하고 약간 국고보조금을 받고 있다. S시와 J군은 자체조달과 국가보조금, 市道비로 충당하고 있다(〈표-11〉 참조). 여기서 K구의 경우는 국고의 보조를 조금 받고 있지만 상급자치단체로부터는 지원을 받지 않고 있는 것이 특징이다.

〈표-11〉 S시·J군·K구의 정보화 재원

(단위: 천원)

구　　분	S시	J군	K구
자체재원	4,804,892	550,443	7,802,644
국고보조금	56,000	98,590	56,000
특별교부세	0	0	0
기　금	0	0	0
市·道비	103,800	17,948	0
기　타	0	0	0

2. 정보화 인력 및 지원 부문

1) 정보화 인력

각 기초자치단체의 정보화 인력을 보면, S시가 24명, J군 9명, K구가 21명이 있다. 전체 공무원수에서 차지하는 비율을 볼 때, 매우 낮은 것을 보여 주는데, 그 비율은 S시가 1.10%, J군은 2.17%, K구는 1.50%

이다(〈표-12〉 참조).

　J군의 경우 수적으로는 9명으로 적지만 공무원 수에 비교해서 볼 때, S시나 K구에 비해서 높다. 특히, K구와 J군의 경우 타부서 정보화 인력이 1명밖에 되지 않아 전적으로 정보화 부서 인력에 의존하고 있는 반면, S시의 경우는 타부서 정보화 인력이 많아 정보화 부서에의 의존정도가 약하다. 이는 정보화 인력이 일상적 A/S 수준을 벗어나 시스템의 개발이나 기타 중요한 문제를 고민할 시간이 많다고 할 수 있다.

〈표-12〉 S시·J군·K구의 정보화 인력

(단위: 명, %)

구　분		S시	J군	K구
정보화 부서 인력	행정직	4	1	8
	전산관련직	13	4	12
타부서 정보화 인력		7	1	1
합　계		24	6	21
정보화 인력비율(%)		1.10	2.17	1.50

2) 정보기술의 지원

　① 정보화 교육시간: 오늘날 기술은 매우 빨리 변하고 있다. 그러한 기술의 변화속도를 행정부문이 쫓아가는 것은 매우 쉽지 않다. 이러한 이유 중에 하나가 기술을 이용하는 최종사용자의 정보기술활용능력에 달려있기 때문이다. 이를 사용하는 최종사용자는 이러한 변화에 대응하기 위해서 시의적절하게 교육과 훈련이 이루어 질 필요가 있다.

　전문정보교육은 S시가 많이 실시하고 있으나 J군의 경우는 80시간으로 교육이 거의 실시되고 있지 않다. 특히 전문정보교육의 경우 S시나 J군, K구 할 것 없이 기초자치단체의 간부들을 상대로 한 교육이 전혀 없어(〈표-13〉 참조) 이들의 정보화에 대한 마인드에 의심이 간다. 따라서 간부들에 대한 교육 및 훈련이 필요하다고 판단된다.

〈표-13〉 S시·J군·K구의 정보화 교육

(단위: 시간)

구 분		S시	J군	K구
전문정보교육시간	일반공무원	6,507	80	524
	간부공무원	0	0	0
일반정보교육시간	일반공무원	5,738	6,260	14,008
	간부공무원	180	80	0

그러나 일반정보교육의 경우는 K구가 약 14,008시간을 실시함으로써 S시(5,738), J(6,260)에 비해 많이 실시하고 있다. K구의 경우 간부들에 대한 교육이 전문정보교육처럼 전혀 이루어지지 않는 데 많은 문제가 있다. 그러나 정보화에 있어서 관리층의 정보기술에 대한 인식은 중요한 의의를 갖는다.

② 정보화관련협의회 개최건수: 지방자치단체에서 정보화에 대한 의지를 파악해 볼 수 있는 또 하나의 객관적인 지표는 정보화와 관련된 협의회 개최가 얼마나 있었는가하는 것으로 판단해 볼 수 있다. 정보화촉진협의회의 경우 그 역할이 지역정보화기본계획 심의, 정보화사업 심사 등 자치단체의 정보화 정책결정과 관련하여 중요한 의미를 가지고 있다.

정보화촉진과 관련된 회의건수가 S시와 J군의 경우 거의 이루어지지 않았지만, K구의 경우는 2건이 있다. 또한 정보화와 관련된 기타협의회개최건수는 S시가 3건, K구가 7건으로 K구가 개최 건수가 많았으며 S시도 3건은 있었다. 하지만 J군의 경우 0건이었다(〈표-14〉 참조).

〈표-14〉 S시·J군·K구의 정보화 관련협의회 개최 건수

(단위: 건)

구 분	S시	J군	K구
촉진협의회 개최건수	0	0	2
기타협의회 개최건수	3	0	7
합 계	3	0	9

이는 정보화에 대한 투자가 현실적으로 이루어지고 있지만 K구를 제외한 자치단체에서는 주먹구구식으로 이루어 질 가능성이 많이 내재해 있다는 것을 말해 준다. 3개의 자치단체를 볼 때 정보화촉진협의회 개최건수가 낮아 아직 실효성 있는 업무를 수행하고 있지 못한 것으로 판단된다. 정보화 촉진 협의회 운영의 실질화를 위한 정책대안을 강구할 필요하다.

3. 정보화 설비 및 운영 부문

S시, J군, K구가 보유하고 있는 서버, PC, S/W, LAN구축, E-Mail 보급, 무인민원발급기 도입 등은 정보화설비 및 운영에 중요한 의미를 갖는다. 3개의 자치단체간에 이부문의 경우 상당한 차이를 보이고 있다. 이에 대해 살펴본다.

1) 정보화 설비

정보기술 중에서 가장 중요하고 그 기반이 되는 것은 퍼스널 컴퓨터이다. 이는 주요부분으로는 하드웨어와 소프트웨어로 구성되어 있다. 기초지방자치단체에서 퍼스널컴퓨터를 얼마나 도입하여 이용되고 있느

냐는 것은 정보화 수준의 척도가 된다고 할 수 있다. 일반적으로 하드웨어라고 하면 컴퓨터 본체를 의미한다.

① 하드웨어: 이는 컴퓨터의 중앙처리장치(CPU)·기억장치·입출력장치와 같은 전자·기계장치의 몸체 그 자체를 가리키는 것으로 각 자치단체별로 해마다 많은 수의 컴퓨터를 도입하고 있다(〈표-15〉 참조). 특히 S시의 경우가 2000년에 많은 도입을 하고 있고, K구의 경우는 2002년에 많은 도입을 하였으나 2002년에는 한 건도 없는 것이 특징이다. PC도입 대수로 볼 때 3개 자치단체에서 정보시스템 구축에 상당히 노력하고 있는 것으로 보인다.

〈표-15〉 S시·J군·K구의 연도별 PC 도입 현황

(단위: 대)

연도별 도입대수		S시	J군	K구
도입대수	1999년	726	166	286
	2000년	1,014	140	256
	2001년	709	125	592
	2002년	523	89	0

강남구의 경우 서버급 이상 주선산기 6대(UX1000) 2대, SUN Enterprise 5500 2대 등)을 보유하고 있고, 워크스테이션 20대(Compaq, Sun, Hp 등)를 보유하고 있다. 아직까지는 펜티엄급이 주류를 이루고 펜티엄Ⅲ는 250대를 보유하고 있다.

② 소프트웨어: 이는 하드웨어에 대응하는 것으로 크게 시스템 소프트웨어와 응용 소프트웨어로 나눈다. 시스템 소프트웨어는 어느 문제에나 공통적으로 필요한 프로그램들로서 운영체제(UNIX·DOS 등), 컴파일러(C·FORTRAN 컴파일러 등), 입출력 제어 프로그램 등이 여기에 속하며, 통상 컴퓨터를 제작하는 회사들이 만들어 공급한다.

응용 소프트웨어는 이러한 시스템 소프트웨어를 사용하여 실제 사회에서 일어나는 문제들을 풀어주는 프로그램들이며 사무자동화·수치연산·게임 등 다양하다. 업무지원용 상용 소프트웨어로 한글, MS-word, 엑셀, 파워포인트, 엑세스 등이 이에 해당한다. 이와 같은 소프트웨어의 보유 현황을 보면 K구가 16,194개로 가장 많이 보유하고 있고, S시가 12,546, J군이 3,724개를 보유하고 있다(〈표-16〉 참조).

〈표-16〉 S시·J군·K구의 S/W 보유현황

(단위: 개)

구 분	S시	J군	K구
기본 S/W	12,546	3,724	16,194

2) S시·J군·K구의 자치단체의 전자결재율

행정기관에서 중요한 변화 중에 하나는 서면중심의 결재를 전자결재로 전환한 것이다. 오프라인 시대의 관료제에서는 종이문서에 의해서 업무가 처리되는 것이 중요한 하나의 원리였다. 그러나 탈관료화 현상이 대두되고 행정부문에 컴퓨터가 도입되어 네트워크가 형성되면서 결재형식이 바뀌게 되어 업무의 신속한 처리가 가능해 졌다. 그것을 가능하게 한 것이 전자결재이다. 이는 종이없는 사무실을 실현하는 첩경으로 3개의 자치구 모두 높은 전자결재율을 보이고 있다. 특히, K구의 경우 99%, S시는 96.4%의 높은 결재율을 보이나 J군은 61.3%의 낮은 결재율을 보이고 있다.(〈표-17〉 참조). 그러나 평균적으로 이메일 보급률이 85.3%에 이르고 있지만 아직 이용의 활성화가 달성된 것으로 판단하기에는 이른데, 공무원에 대한 정보화 일반교육을 강화하고 정보화마인드를 확산시키기 위한 대안을 마련할 필요가 있다.

<표-17> S시·J군·K구의 전자결재율

(단위: 건,%)

구 분	S시	J군	K구
총결재건수	69,413	11,920	53,379
전자결재건수	66,946	7,311	53,121
전자결재비율(%)	96.4	61.3	99.5

특히, 보다 중요한 것은 이중작업을 하지 말아야 한다는 것이다. 전자결재는 전자결재대로 온라인 상에서 처리하고 오프라인상에서 종이문서에 의한 결재를 한다면 오히려 업무의 능률성과 낭비만이 있을 뿐이다.

3) 무인민원발급기

무인민원발급기의 측면에서도 K구에 비하면 S시와 J군은 상당히 부족한 수준을 보여 주고 있다. K구가 61개인 반면 S시 4개 J군은 2개이다(<표-18> 참조).

<표-18> S시·J군·K구의 무인민원발급 건수

(단위: 건, 대, 시간)

구 분	S시	J군	K구
무인민원발급건수	1,636	414	84,600
무인민원발급기대수	4	2	61
주민정보화교육참여시간	844,560	2,610	1,407,492

더군다나 J군의 경우 지리적으로나 교통수단의 측면에서 지역주민들이 기관에의 접근성이 S시나 K군에 비해 떨어질 수밖에 없는데 무인민

원발급기 등 KIOSK가 더 필요할 것이다. 이를 통해 K구는 84,600건을 처리함으로써 대민 서비스가 개선되었다고 할 수 있다. 이에 비해 S시의 경우 덩치에 비하여 1,636이라는 매우 작은 수치를 보여주고 있다.

4. 정보기술위험통제 부문

정보기술통제는 정보기술의 안정적이고 지속적인 이용을 가능하게 해주는 주요한 부문이다. 이러한 장치에는 통신설비를 이중화한다던가, 화재나 정전에 대비해 방화벽이나 백업장치를 구비해 놓는 것이 자치단체 수준에서는 중요하다고 할 수 있다.

하지만 자치단체에 근무하는 공무원의 경우 이러한 대규모의 시설에 대한 관심보다는 현재 공무원이 사용하는 컴퓨터의 오작동이나 바이러스감염, 프라이버시 등에 더 관심이 많을 수밖에 없다. 이러한 측면에서 기초자치단체의 공무원들이 정보기술위험통제에 대한 인식의 수준을 가름하게 해주는 것은 정보보호를 위한 보호장비, 정보보호 소프트웨어 등과 정보보호에 대한 교육의 실시여부일 것이다.

정보보호장비의 경우 기초자치단체에서 대부분 구입하고 있지만, 인구 90만이 넘는 S시는 1개의 종류만 구비하고 있어 J군의 2개보다 적다(〈표-19〉 참조).

S시와 J군은 정보보호를 위한 S/W의 수가 없고 K구는 94개를 보유하고 있어 정보보호에 관심이 높다.

<표-19> S시 · J군 · K구의 정보보호를 위한 설비

(단위: 개, 시간)

구　분		S시	J군	K구
정보보호	장비구비 종류 수	1	2	4
	S/W 수	0	0	94
	교육시간	188	0	568

　정보보호에 대한 교육은 K구가 568시간, S시가 188시간이나 J군의 경우는 0시간임을 볼 때, 대도시에서 지방의 군단위로 갈수록 이에 대한 관심이 부족하여 투자가 이루어지고 있지 않는 것 같다. 정보보호를 위한 장치가 K구를 제외하고는 상당히 미흡한 것으로 나타났다. S시와 J군의 경우 전산장비의 외형화는 증가에 비해 정보보호를 위한 노력은 제로수준에 머무르고 있다.

제4장 연구의 설계와 분석의 틀

제1절 연구의 설계

본 연구에서는 정보기술투자효과의 이론적 논의와 평가방법에 근거하여 연구모형을 설정하였다. 이때 기존의 연구에서 사용된 연구모형을 이용하여 본 연구의 모형을 설정하는데 토대로 삼았다. 정보기술투자효과의 평가와 관련한 선행문헌들과 평가이론 및 측정기법을 이용하여 변수를 선정하고 분석의 틀을 구성하였다.

1. 정보기술투자 효과평가의 무형적 지표에 대한 논거

본 절에서는 우선 정보기술투자효과의 협의의 개념인 효과와 능률의 평가라는 입장에서 유형의 효과측정과 무형의 효과측정으로 나누어 효과지표의 타당성을 논의해 본다. 유형의 효과는 계량화가 가능한 평가지표들을 발굴하여, 정보기술구축에 투입된 비용과 정보기술구축으로 발생한 효과를 공통의 금전적 가치로 계량화하여 평가한다. 그러나 보다 중요한 것은 무형의 효과를 어떻게 측정할 것인가 하는 것이다. 왜냐하면, 공공부문에서 무형의 편익을 계량화한다는 것은 매우 힘들기 때문이다. 본 연구에서는 주·객관적 지표를 통한 질문지 방법을 통해 무형의 효과를 분석하고 적용가능성을 살펴본다.

1) 본 연구에 있어 무형적 효과의 타당성 논거

모든 조직이 경제부문과 많은 관련을 맺고 있다는 것을 감안할 때, 정보시스템에 투입된 비용과 이로 인한 경제적 이익을 계량화하여 비교하는 유형적 효과측정이 바람직하다고 볼 수 있다. 그러나 실험실 연구환경을 제외한 현실 세계에서는 일반적으로 정보시스템의 효과(예를 들면, 고객 서비스의 향상, 비구조적 의사결정 지원 효과 등)를 계량화하기가 매우 어렵다. 또한 정보의 효과가 장기간에 걸쳐 발생하기도 하고, 정보의 인과관계가 불분명한 경우도 있다. 따라서 유형적 효과를 측정하는 것이 어려운 경우에는 무형적 효과를 측정하여 정보시스템의 효과를 평가한다.

무형적 효과측정은 조직행위론에서 조직의 효과 측정방법으로 제시한 내부 과정의 질을 평가하는 방법과 유사하다. 이 방법은 조직의 효과로 직장 삶의 질(quality of work life), 조직 구성원의 직무 만족도, 자기 만족 정도 등을 측정한다. 이와 마찬가지로 정보시스템의 무형적 효과는 정보시스템에 대한 사용자의 태도, 사용자 만족도 등을 측정하여 정보시스템과 관련된 조직 생활의 질을 평가하는 것이다. 그러나 이 방법은 조직의 기본적 존재 목적을 고려하지 않고, 외부 환경과의 관계를 포함시키지 않는다는 단점이 있다. 또한 측정 대상이 되는 현상을 객관적인 수치로 표현할 수 없기 때문에 응답자의 주관적 평가에 의해 좌우된다는 점이 제약 조건이다.

본 연구에서 정보기술투자효과를 유형적 측정보다 무형적 측정을 시도한 이유는 다음과 같다. 본 연구의 의도와 부합되게 많은 정보시스템 효과평가를 위한 연구들이 대부분 무형적 효과를 주로 하는 경향이 있다(Finnegan et al., 1999: 129-144).

첫째, 시·군·구 정보기술의 초기투자비용은 높은 편이다. 그러나 시·군·구 행정종합시스템 등은 중앙정부가 개발하여 일괄적으로 배포하였다. 그 효과는 단기적인 효과도 있겠지만, 상대적으로 근본적인 것에 대한 효과는 아주 오랜 기간에 걸쳐서 나타나므로 시스템 설치 이후 즉시 생산성을 측정하는 것은 정보시스템의 전반적인 효과보다는 가시적이고 피상적인 효과에 그칠 수 있다는 것이다.

둘째, 시·군·구 정보기술의 경우 복수의 목표를 가지고 있다. 또한 관련기관과의 연계 때문에 그와 관련한 수많은 변수들이 존재한다. 따라서 그 많은 변수를 찾아내어 모두 계량화한다는 것은 이상적일 수밖에 없다. 예를 들면, 의사결정 지원효과처럼 연구자의 주관성이 개입되기 쉬워 계량화하기가 어려운 변수들이 많이 상존한다는 것이다.

셋째, 일반적으로 연구를 진행하기 위해서는 변수를 통제하는 것이 가능해야 한다. 그러나 사회현상은 획일적이고 반복적인 자연현상과 달리 다양하고 복잡하기 때문에 변수를 통제하는 것이 어렵고 힘든 경우가 많다. 예를 들면, 시·군·구 행정종합시스템의 경우 정보시스템 자체의 유형적 효과를 분석하기 위해서는 조직성과에 영향을 미치는 많은 변수들을 통제해야 하는데 사실상 이것이 불가능하다. 연구의 결과가 조직의 성과가 있다고 판단될지라도 조직성과의 증가가 정보시스템 때문인지, 아니면 개인의 능력 때문인지 명확하게 구분할 수 없는 경우가 발생한다는 것이다.[45] 이러한 이유에서 본 연구는 유형적 효과보다는 무형적 효과를 평가하는데 중점을 두고 있다.

무형적 효과를 측정하기 위한 방법은 앞에서 살펴보았듯이 객관적 방법과 주관적 방법으로 나눌 수 있다. 전자의 방법은 시스템의 사용빈도를 측정하여, 사용자가 시스템을 많이 사용할수록 시스템 효과가 높다고 판단하는 것이다. 그러나 시스템 사용이 강제적인 경우에는 유용한 척도가 되지 못하는 단점이 있다(Locus, 1978: 27-42). 후자의 방

---

45) 특히 공공부문에서 조직성과와 시스템의 변수들간의 인과관계를 규명하는 것은 더욱 어려운 일이다(Aggarwal and Mirani, 1999: 20-28; Seneviratne, 1999).

법은 주로 사용자 태도와 사용자 만족 등이 많이 이용되고 있다. 최근
에는 사용자 태도를 사용자 만족도의 한 단면으로 보고 사용자 만족
도[46]를 종속변수로 사용하는 경향이 높다(Gelderman, 1998: 11-18;
Aladwani, 2002: 42-49). 그러나 두 개의 측정방법은 일장일단이 있기
때문에 정보시스템의 효과를 측정할 때는 객관적 효과와 주관적 효과
두 가지 방법을 상호보완적으로 사용하는 것이 바람직하다할 수 있다.
따라서 본 연구에서는 이 두 가지 방법을 함께 사용하여 측정지표를
구성하였다.

2) 정보기술투자효과의 무형적 효과지표

본 연구에서는 유형적 효과보다는 무형의 효과를 측정하는데 연구의
초점을 두고 있는데, 이러한 연구를 수행하기 위해서는 정보기술의 투
자효과를 측정하고 평가하기 위한 변수 및 지표의 개발이 중요하다.
따라서 이론적인 논의에서 살펴보았던 무형의 효과를 측정할 수 있는
평가방법에서 사용된 변수와 지표를 중심으로 하여 시·군·구에서의
행정종합시스템을 비롯한 정보기술을 측정·평가할 수 있는 지표들을
개발하였다.

정보기술의 효과는 개인이나 조직의 효과성 향상과 밀접한 관계를
갖는다. 이를테면 정보기술은 본원적으로 어떤 가치를 갖는 것이 아니
라, 그것이 개인이나 조직에 어떤 효과를 미칠 때 가치를 창출한다
(Emery, 1982: 1). 그리고 대개 정보와 정보기술을 사용하는 사용자들
에 의해서 발현된다. 이러한 이유 때문에 근래에 들어서 정보기술의
효과를 측정하는 대리효과로 가장 빈번하게 사용되어온 것은 사용자정

---

46) 다시 말해서, 현재 시스템 효과를 평가하기 위해 가장 많이 쓰이는 대리변
수는 무형적 효과를 측정하기 위한 주관적 방법의 사용자 만족도라고 할
수 있다(McHaney, et al., 2001).

보만족(UIS)이며, 인지된 유용성(PU), 주성공요인(CSF) 등이 자주 사용되고 있다.47) 본 연구에서는 이러한 3가지 대체효과를 측정하기 위해 대리지표 중에서 시·군·구 정보기술을 평가할 수 있는 측정지표와 시·군·구 정보기술의 고유속성에서 올 수 있는 측정지표를 개발하여 사용한다.

위에서 논의된 무형적 효과를 측정할 수 있는 연구모형들은 사용자 만족과 인지된 유용성, 주요성공요인에서는 주로 정보기술의 효과의 대체효과로 하여 논하고 있다. 예를 들면, 사용자 만족의 경우 사용자의 정보만족도가 높다는 것은 정보기술의 효과가 높다는 전제를 하고 있다. 또한 인지된 유용성이 높다는 것은 정보기술의 효과가 높다는 것을 가정하고 있는 것이다. 이론적 논의에서 살펴보았듯 많은 실증적 연구들이 이를 뒷받침해주고 있다.

본 연구는 위의 가정에 근거하여 사용자 만족도와 인지된 유용성, 그리고 주요성공요인 등 대체효과를 측정할 수 있는 변수와 그 측정지표들을 정보기술투자효과와 그 것에 영향을 미치는 요인으로 재구성하여 연구에 이용하였다.48) 이렇게 될 경우 정보기술투자의 효과를 연구

---

47) 객관적 지표의 하나인 정보기술의 사용빈도는 정보기술의 효과를 측정하는 데 자주 사용되었다. 하지만 이 지표는 사용자들의 정보기술사용이 자발적이지 못할 때 정보기술효과의 대리지표로서의 유효성이 없다. 또한 정보기술의 사용은 대개 정보기술에 대한 사용자의 만족에 의해 결정된다. 사용자가 만족하지 않는 정보기술은 사용자들에 의해서 효과적으로 활용될 수 없기 때문이다.

48) 사용자 태도와 사용자 만족도는 상호 상관관계가 있는 것으로 밝혀지면서 어느 것이 선행변수이고 어느 것이 종속변수인가에 대한 논쟁이 계속되고 있다(Mahmood and Swanberg, 1999: 359-364; Yoon, Guimaraes and O'Neal, 1995: 83-106; Igbaria and Toraskar, 1994: 271-292; Amoroso and Cheney, 1991: 63-89; Rivard and Huff, 1988: 552-561). 예를 들어, 시스템을 쉽게 사용할 수 있고 호의적인 태도를 보이는 사람이면 사용자 만족도가 높아지지만, 사용자 만족도가 높은 사람은 시스템에 호의적이고 또한 기꺼이 사용하려 한다는 것이다.

하는데 있어 변수들 사이에 있어 연구의 복잡성을 피할 수 있다.

따라서 많은 연구에서 이용하는 기본모델에 적용하는 것이다(〈그림
-5〉 참조).

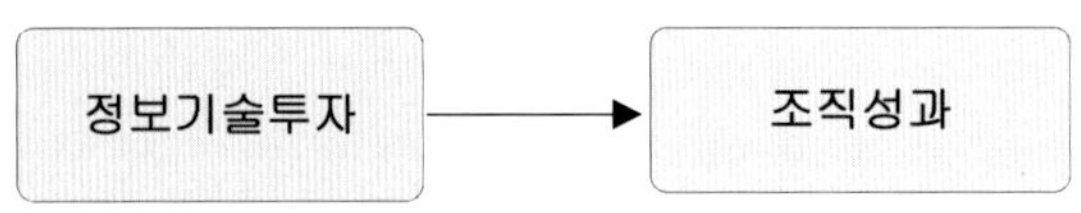

* 출처 Mckeen J. D. & Smith H.A., 1998: 7-8).

<그림-5> 기본 모델(basic model)

연구에서 사용된 대다수의 모델들은 기술과 성과측정 사이의 직접적인
연계를 사실 가정하고 있는 것이 많다. 이렇게 할 경우 대체효과의 특성
을 유지하면서 좀 더 직접적인 투자효과를 모색할 수 있기 때문이다.

3) 무형적 효과의 평가이론을 본 연구에 적용하는 문제

시·군·구 정보기술이 소기의 효율과 효과를 달성하기 위해서는 시
민이든 공무원이든 최종사용자가 원하는 정보를 시의적절하게 제공할
수 있어야 한다. 그러나 대부분 공공부문에 설치되는 시스템들은 수요
자의 요구에 바탕을 두고 개발되기보다는 공급자 중심으로 개발되는
경우가 많아 정보의 현장 적응성과 효용성 측면에서 문제를 보이고 있
다. 즉, 현재의 행정정보체계는 공급자 주도형으로 구축되어 있고, 정
보내용도 중복되거나 객관성이 결여되는 경우가 많아 시민들 또는 사
용자들이 신뢰성을 갖고 행정서비스의 제공에 활용하기가 어려운 실정
이다.

시·군·구 정보기술에 막대한 자원과 인력을 투자하고도 사용자의
입장에서 그 성과가 미흡하다고 평가한다면 향후 시·군·구 정보기술

의 효율적인 운영과 발전을 기대할 수 없다. 시·군·구 정보기술의 평가에 있어서 가장 고려해야 할 사항은 사용자인 공무원과 시민들의 정보화 욕구에 얼마만큼 부응하는 정보기술이냐 하는 것이다. 예를 들면, 행정종합시스템의 경우, 중앙정부에서 일괄 개발하여 획일적으로 각 기초자치단체에 정보시스템을 배포하다보니, 정보시스템의 구축단계에서 이용자들의 참여가 배제되었고, 또한 시스템의 운영관리단계에서도 이용자들의 평가결과가 반영되지 않아 유지보수체계가 경직성을 띠고 있는 경우가 많다. 그 결과 최종수요자인 시민이나 공무원들에게 객관성과 일관성이 결여된 정보를 제공함으로써 정보시스템에 대한 신뢰를 떨어뜨리는 원인이 된다.

시·군·구 정보기술의 활용도를 높이기 위해서는 양질의 데이터베이스를 개발하고 이용자의 편의를 고려한 시스템으로 개선하는 것이 중요하다. 예를 들면, 시·군·구 행정종합시스템을 통하여 얻은 정보가 행정의 불확실성을 줄이고 효과를 올리는데 기여했다면 그 정보는 가치가 있고, 이러한 가치가 있는 정보의 이용비율이 높으면 높을수록 그 정보시스템은 높게 평가되어야 한다. 정보를 이용하고 활용하는 정보이용자의 효용을 증가시킬 수 있는 수요자 중심형 정보망을 구축하는 것이 보다 중요하다.

따라서 공급자보다는 수요자의 입장에서 정보를 어떻게 활용하여 이를 생산성 향상에 이용할 수 있는가가 시스템의 평가지표로 제시되어야 한다. 사용자의 입장에서 본 유효성 여부에 평가의 비중을 둔다면 본 연구의 분석모델이 보다 의미가 있는 평가기법이라고 할 수 있다. 본 연구의 분석모델은 행정종합정보시스템을 비롯하여 관련 정보기술을 이용함으로서 느끼는 효용을 말하는데, 정보기술의 투자효과와 밀접한 관련이 있다.

본 연구의 분석모델은 정보기술/정보시스템의 문제점과 개선할 점을 파악해서 시·군·구 행정종합시스템을 비롯한 정보기술을 수정하고 보완하는데 기여할 수 있다. 이러한 평가방법은 정보시스템의 목표설정, 사용자 중심으로써의 개선, 사용빈도의 증가, 정보내용의 질적 개선, 궁극적인 생산성 향상과 비용의 감소로 행정개선에도 기여할 것으로 기대할 수 있다.

2. 변수의 선정 및 측정지표

본 연구에서는 정보기술투자효과에 영향을 미치는 독립변수를 객관성있게 추출하기 위하여 다음 〈표-20〉에서처럼 선행연구를 기초로 선정하였다. 선행연구의 결과 및 기초자치단체가 공공부문이라는 것을 고려하여 정보기술투자의 효과와 그에 영향을 미치는 요인을 선정하였다. 정보기술의 성과에 영향을 미치는 변수로 자주 이용되는 독립변수는 개인적 특성, 사용자의 태도, 정보기술활용능력, 최고관리자의 지원 등이 자주 이용되고 있다. 여기서 개인적 특성은 일반적으로 사회조사나 사회과학적 연구에서 개인적인 특성을 반영하기 위한 변수로 일반적으로 인식되고 있는 성별, 연령, 학력, 소속기관, 직렬, 직급과 재직기간 등과 정보기술부문에서 자주 이용되는 정보기술의 평균이용시간을 이용하였다.

〈표-20〉 변수선정에 이용된 선행연구

영향요인	참고자료	설문문항
개인적 특성(X_1)	Igbaria(1990), Kraemer et al(1993) 등 사회과학조사에서 일반적으로 이용되고 있는 성별, 연령, 학력 등을 이용함.	40, 41, 42, 43, 44, 45, 46, 47.
사용자 태도(X_2)	Ginzberg(1981), Igbaria(1990), Igbaria and Nachman(1990), Oya Culpan(1985), Rivard and Huff(1988)	1, 2, 3, 4,
정보기술활용능력(X_8)	Alivi(1984), Anderson(1985), Raymond et. al.(1998), Guimaraes(1988), Snitkin and King(1986), Sumnwe(1987), Zmud(1979)	22, 23, 24, 25, 26.
최고관리자지지(X_3)	Igbaria(1990), Kailashi Joshi(1990), Franz and Robey(1986), Kraemer et. al.(1993), Sanders and Courtney(1985)	5, 6
교육·훈련에 대한 지원(X_4)	Ives, Olson and Baroudi(1984), 심상용(2002), 한국행정연구원(1998)	7, 8, 9
정보시스템 산출정보(X_5)	Doll and Torkzad도(1998), Igbaria(1990), Kailashi Joshi(1990), Franz and Robey(1986), Kraemer et. al.(1993), Sanders and Courtney (1985), 홍형득·장시형(1994) 임영재(1997)	11, 12, 13, 14, 15
통합정보인프라(X_6)	심상용(2002), 정헌률(2003)	16, 17, 18
정보기술위험통제(X_7)	McFalan(1981), Engemann and Miller(1992), Hoffer and Straub(1989), Menkus(1991), Wood (1990)	19, 20, 21
정보기술투자효과(X_9)	Davenport(1993), Franz and Robey(1986), Kraemer et al(1993), 한윤경(1999), 한국행정연구원(1998)	27, 28, 29, 30, 31, 32, 33, 34, 35, 36, 37, 38

　지금까지 위에서 논의한 내용을 토대로 본 연구에서 사용될 평가영역, 측정변수, 그리고 측정지표를 정리하면 〈표-21〉와 같다.

〈표-21〉 정보기술투자평가의 변수 및 측정지표

변 수	평가영역	측정항목	측정지표	설문문항
독립변수	정보기술 사용자	개인적 특성 (X_1)	·성별	40
			·연령	41
			·최종 학력	42
			·소속기관	43
			·직렬	44
			·직급	45
			·재직기간	46
			·정보기술 평균이용시간	47
		사용자 태도 (X_2)	·정보기술에 잘 적응한다	1
			·정보기술을 사용할 때 긴장한다	2
			·정보기술의 사용으로 신체적 불쾌감을 경험한다	3
			·정보기술의 도입 및 이용에 저항 및 무관심하다	4
		정보기술 활용능력 (X_3)	·프로그래밍 활용능력이 어느 수준입니까	22
			·하드웨어 조작능력이 어느 수준입니까	23
			·컴퓨터 운영체제의 활용능력이 어느 수준입니까	24
			·범용패키지 활용능력이 어느 수준입니까	25
			·컴퓨터 통신 및 인터넷 활용능력이 어느 수준입니까	26
	정보기술 사용조직	최고관리자 지지(X_4)	·중요성을 인식하고 적극적으로 지지해주고 있다	5
			·정보기술의 사용을 고무시킨다	6
		교육·훈련에 대한 지원 (X_5)	·조직구성원에게 교육·훈련을 실시하고 있다	7
			·교육의 질은 우수한 편이다	8
			·교육에 참여할 기회가 있다	9
			·정보기술의 사용에 필요한 지식을 어디서 얻는가?	10
	정보기술 인프라	정보시스템 산출정보 (X_6)	·필요로 하는 정보를 정확하게 제공해 준다	11
			·필요한 정보를 정해진 시간에 제공해 준다	12
			·가장 최신의 정보를 제공해 준다	13
			·업무수행 때 가장 적절한 정보를 제공해 준다	14
			·업무수행 때 충분한 정보를 제공해 준다	15
		통합정보 인프라 (X_7)	·업무코드 등 표준화지침이 마련되어 있다	16
			·지식관리시스템이 도입되어 있다	17
			·전문화된 자료센터가 구축되어 있다	18
		정보기술 위험통제 (X_8)	·정보기술 안정성에 대한 확보장치가 마련되어 있다	19
			·컴퓨터 범죄에 대한 백업시설이 구축되어 있다	20
			·2중설비·통신경로가 구축되어 있다	21
종속변수	조직차원 효과	정보기술 투자효과 (X_9)	·업무처리시간이 단축되었다	27, 28
			·업무량이 감소하였다	29, 30
			·업무절차가 간소화되었다	31, 32
			·업무처리가 신속해졌다	33, 34
			·민원인의 대기시간이 줄어들었다	35, 36
			·기관의 신뢰수준이 높아졌다	37
			·업무처리의 투명성이 높아졌다	38
			·구축목표를 무엇이라고 생각하십니까?	39

평가영역으로는 정보시스템 사용자, 정보시스템 사용조직, 정보기술 인프라, 조직차원효과로 구분하였다. 측정변수로는 정보시스템사용자에서는 개인적 특성, 사용자의 태도와 정보기술활용능력을 측정변수로 사용하였고, 정보기술사용조직에서는 최고관리자의 지지와 교육·훈련에 대한 지원을 사용하였으며, 정보기술인프라에서는 정보시스템 산출정보, 통합정보인프라, 정보기술 위험통제를 사용하였다. 그리고 조직차원의 효과에서는 정보기술투자효과를 종속변수로 하였다.

각 변수의 선정이유와 개념의 조작적 정의는 다음과 같다.

1) 정보기술의 투자효과(X9)

정보기술투자의 효과지표는 실제적으로 정보시스템을 사용하여 개인이나 조직의 업무성과 향상이 나타날 때 이를 측정할 수 있는 지표이다. 일반적으로 좁은 의미에서 평가지표라고 할 때 이를 의미한다. 그러나 효과지표는 평가지표들 중 가장 중요하고 그만큼 성격 또한 복잡하다. 효과지표는 다시 분류 관점에 따라 개인적 효과지표와 전사적 효과지표로 구분할 수도 있고, 직접효과, 간접효과 및 전략적 효과지표로 구분할 수도 있다. 미국 조달청은 효과지표를 산출지표와 결과지표로 분류하기도 한다.[49]

---

[49] 기업의 측면에서 보면, 정보기술투자에 따른 기업의 수익성 측면에서 매출효과지표 및 비용효과지표로 구분하기도 한다. 종업원 1인당 매출액 증가나 고객수의 증가, 고객 1인당 매출액 증가 등이 대표적인 매출효과지표이고, 업무처리시간의 단축, 업무 산출물의 수 증가 등이 대표적인 비용효과지표로 볼 수 있다. 기업의 업무생산성 측면에서는 효과지표를 양적 효과와 가격 또는 질적 효과로 구분할 수 있다. 예를 들어, 정보기술투자에 따른 업무처리시간의 단축은 한 단위 산출물 생산을 위한 투입물량(시간)의 감소를 측정한 것이므로 대표적인 양적 효과지표이다. 한편, 고객 1인당 매출액의 증가는 고객 수(물량)의 변동이 아닌 서비스 질 증대에 따른 가격효과 지표이다.

산출지표는 조직의 업무효율성 개선을 측정하는 지표이며, 결과지표는 조직의 경영성과와 연결되는 지표이다. 이와 같이 조직의 정보기술투자는 조직의 업무생산성 향상과 밀접한 관련을 맺고 있는데, 정보기술투자평가는 이러한 생산성의 향상 효과를 추적하는 시스템이기도 하다. 효과측정 항목은 행정능률을 향상시키거나 대민서비스의 질을 향상시키는 긍정적 효과와 그 반대로 영향을 미치는 부정적 효과로 구분될 수 있다.

본 연구에서는 이를 가늠할 수 있는 효과지표로 행정의 대내적 측면에서 업무의 효율성과 관련된 변수를 사용하였고 대외적인 측면에서 기관의 이미지를 나타내 줄 수 있는 지표를 사용하였다.

본 논문에서는 ①업무처리시간이 얼마나 단축되었는가, ②업무량이 얼마나 감소하였는가, ③업무절차가 얼마나 간소화되었는가, ④업무절차가 얼마나 신속해 졌는가, ⑤민원인의 대기시간은 얼마나 단축되었는가, ⑥기관의 신뢰수준은 얼마나 높아졌는가, ⑦업무처리의 투명성은 높아졌는가 등을 사용하였다.

2) 개인적 특성(X1)

사회경제적 지위는 많은 연구에서 우선적인 지표로 이용되고 있는데, 본 논문에서는 이러한 지표들 중에서 개인적 특성을 반영하기 위한 지표들을 이용하였다. 본 연구에서 정보기술의 주관적인 투자효과를 측정하고 있다. 그 이유는 정보기술의 사용에 있어 비교적 안정된 개인의 성격을 반영하기 때문이다. 일반적으로 사용자의 나이, 성별, 그리고 교육수준 등을 사용자의 특성으로 사용하는데, 정보기술분야에서는 나이, 성별, 교육수준 이외에 대체로 전산능력, 전산경험, 조직 계층적 지위 등을 사용자 특성에 포함시켜 연구를 하고 있다.

본 연구에서는 개인적인 특성을 반영하기 위한 변수로 사회조사나 사회과학적 연구에서 중요한 변인으로 인식되고 있는 성별, 연령, 학력, 소속기관, 직렬, 직급과 재직기간, 정보기술 평균이용시간을 사용하였다. 이와 같은 지표들은 정보기술의 사용에서 발생할 수 있는 차이를 인지하는데 영향을 미치는 요인들이다.

먼저, 성별의 경우 전통적으로 여성과 남성이 어떤 기술이나 도구를 다루는데 있어 인식의 차이를 보인다고 가정할 수 있는데, 이 두 집단 사이에 정보기술의 인식에 차이가 있는지를 알아보기 위해서다. 둘째, 학력 또는 교육수준이다. 이들은 인간이 형성되어 가는 과정, 수단, 그리고 작용이라고 말할 수 있다. 즉, 개인이 교육을 받은 정도는 정보기술 사용자 개인적 태도 및 가치관을 형성하는데 중요한 영향을 미친다고 볼 수 있기 때문이다. 셋째, 정보기술의 평균사용시간이다. 이는 정보기술을 평균 얼마나 사용하느냐에 따라 정보기술사용자의 인식의 수준은 달라질 수밖에 없다. 예를 들면, 하루에 1시간 사용하는 공무원과 하루에 4시간을 사용하는 공무원이 정보기술의 투자로 인한 효과에 대해 서로 다르게 평가할 수 있다.

다음은 연령, 직급, 재직기간이다. 여기서 연령, 직급, 재직기간은 상호 밀접한 관련을 갖고 있다고 볼 수 있다. 즉, 재직기간이 길수록 직급은 올라가고 또한 연령이 많아질 수밖에 없다. 보다 중요한 의미를 갖는 것은 개인의 사적 가치체계는 시간 및 근무경험에 따라 변할 수 있는데, 재직기간에 따라 가치체계가 어떻게 변하여 투자효과에 영향을 미치는지를 파악하기 위하여 변수로 선정하였다. 특히, 전통적 행정체제에서의 공무원의 태도 및 의식과 정보화 시대에서 공무원의 태도 및 성격에 변화가 있는가를 판단하기 위하여 선정하였다.

본 연구에서는 개인적 특성 나타내는 지표로 ①성별, ②연령, ③최종학력, ④소속기관, ⑤직렬, ⑥직급, ⑦재직기간, ⑧정보기술의 평균이용시간 등을 사용하였다.

112

3) 사용자 태도(X2)

여기서 사용자는 기초지방자치단체에서 행정정보시스템을 비롯하여 전반적인 관련 정보기술을 사용하는 공무원을 의미한다. 따라서 사용자 태도는 기초자치단체의 공무원이 정보기술을 사용할 때의 태도를 의미한다.[50] 사용자들의 태도와 정보시스템에 대한 요구정도를 연구한 논문을 보면 긍정적인 영향을 미치는 경우와 반대로 부정적인 영향을 미친다고 하는 주장이 혼재한다(Mathieson and Ryan, 1994: 37-48).

긍정적인 영향으로는 먼저 조직구성원에게 개개인의 능력을 향상시킬 수 있는 기회를 가져다준다는 점이다. 정보기술의 활용은 업무수행에 필요한 시간과 노동의 양을 감소시켜, 남는 시간과 여력을 보다 생산적인 업무와 자기개발에 사용할 수 있게 되며 또한 컴퓨터 사용기술을 습득하게 됨에 따라 업무추진 뿐 아니라 자신의 능력개발에도 이용할 수 있게 한다. 개인의 업무와 관련해서는 업무수행이 신속해지고, 보다 정확해지며, 따라서 업무 성취감이 커지게 되어 보다 생산성이 향상된다. 또한 과거보다 정보획득과 활용이 용이하게 됨에 따라 조직의 의사결정에 참여할 기회가 많아지게 되고, 이로 인해 구성원의 사기앙양에 도움이 될 수 있다.

반면, 부정적인 영향으로는 새로운 기술에 대한 불안감, 정신적인 스트레스의 증가 등 컴퓨터 사용으로 인한 여러 가지 질병과 개인 프라이버시 침해의 문제 등을 들 수 있다. 나이가 많은 행정관료들은 새로운 정보기술에 대한 불안감을 갖고 있으며, 새로운 컴퓨터 기술을 습

---

50) 이때 구별을 하여야 하는 것이 사용자 참여, 몰입, 태도의 개념이다. 사용자 참여의 연구에서는 태도를 사용자의 심리적 몰입과 구분하지 않고 사용하기도 하나(Ives and Olson, 1984: 586-603), 사용자 태도와 참여, 그리고 몰입은 서로 구분되는 개념이다. 사용자 참여는 정보기술 사용자들의 행동에 의한 참여를 의미하고, 몰입은 사용자들 각 개인이 느끼는 심리적 중요도를 의미한다. 그리고 태도는 대상이나 사람에 대한 호감정도를 의미한다(Barki and Hartwick, 1994: 59-82).

득하는 것에 대한 두려움을 갖고 있다. 또한, 정보기술 사용의 증가로 인해 구성원들의 프라이버시 침해가 심각한 문제로 떠오르고 있는데, 조직이 네트워크 되어 감에 따라 개인신상정보의 유출이 어떤 문제보다도 심각성을 더해가고 있을 뿐 아니라, 정보기술을 통해 조직구성원들의 업무를 점검할 수 있게 되어 불필요한 간섭과 갈등의 가능성이 증폭되고 있다.

본 연구에서는 이를 측정하는 지표로 ①정보기술에의 적응정도, ②정보기술을 사용할 때의 긴장정도, ③정보기술을 사용할 때의 불쾌감을 느끼는 정도, ④정보기술의 도입과 이용에 있어 저항과 무관심 등을 사용하였다.

4) 정보기술 활용능력(X3)

여기서 정보기술의 활용능력은 정보기술의 사용자 즉, 기초자치단체의 공무원들이 정보기술을 얼마나 잘 다룰 수 있는가를 나타내는 정도를 의미한다. 정보기술의 활용측면에서 정보기술의 효과에 영향을 미치는 주된 요인으로는 정보기술에 대한 사용자의 활용능력을 들 수 있다. 따라서 정보시스템 사용자의 활용능력은 정보시스템의 이용수준을 결정하는 주된 요인으로 주장되고 있다.

선행연구들을 통하여 사용자 개인이 가지는 특성과 정보시스템 성과간에 유의미한 상관관계가 있는 것으로 나타났다. 특히, 사용자의 전산능력은 정보시스템의 사용수준을 결정하는 주된 요인으로 지적된다. 따라서 측정변수로 삼았다.

본 연구에서는 이를 측정하기 위한 지표로 ①프로그래밍 활용능력, ②하드웨어 조작능력, ③컴퓨터 운영체제 조작능력, ④범용패키지 활용능력, ⑤컴퓨터 통신, 인터넷, 전자결재 등의 활용능력 등을 사용하였다.

114

5) 최고관리자 지지(X4)

여기서 최고관리자는 기초지방자치단체의 장과 실·국장을 의미한다. 이들은 주요 정책을 결정할 때 참여하여 조직의 성과에 많은 영향을 미친다. 조직의 성과는 조직의 최고관리자(CEO)의 의지에 따라 달라질 수밖에 없다. 이러한 중요성에 비추어 많은 연구자들[51]은 최고관리자의 정보기술에 대한 지원의 중요성을 그 성공여부를 결정하는 중요한 요인으로 인식하고 있다.

최고관리자의 정보기술에 대한 지지는 정보기술의 활용이나 정보기술과 관련된 자원의 동원과 확보가 용이하고, 이를 사용하는 사용자들의 인식과 태도의 형성에 많은 영향을 미치는 중요한 독립변수이기 때문이다. 많은 연구에서 최고관리자의 지원은 정보시스템의 성공에 (+)의 영향을 미친다는 결과를 제시하고 있다.

본 연구에서는 최고관리자의 지지를 측정하는 지표로 ①최고관리자의 정보기술에 대한 중요성의 인식과 적극적인 지지정도, ②정보기술 이용의 고무정도 등을 사용하였다.

6) 교육·훈련에 대한 지원(X5)

최근 급변하는 정보화 환경 변화에 능동적으로 대처할 수 있는 정보시스템 이용자 및 관리인력과 정보시스템 구축에 소요되는 전문인력을 확보하기 위해서는 다양한 교육을 통하여 교육의 성과를 높이는 것이다(심상용, 2002). 선행연구결과물들을 보면, 정보시스템의 성공을 결

---

51) 최고관리자의 지원을 정보기술 성공의 결정요인으로 분석한 연구자들은 다음과 같다. Cheney, P., Mann, R.I. and Amoroso, K.L.(1986)﹔ Fuerst, W. and Cheney, P.(1982)﹔ Igbaria, M., Parasuraman, S. and Pavri, F.(1990)﹔ Leitheiser, R.L. and Wetherbe, J.C.(1986)﹔ Lucas, H.C.(1978)﹔ Sanders, L.G. and Courtney, J.F.(1985).

정하는 요인으로 해당 시스템에 대한 사용자의 교육을 들고 있다. 이에 따르면 정보시스템의 이용 성과가 낮은 이유는 그 시스템을 이용하는 사용자에 대한 교육이 잘 이루어지지 않았기 때문이라는 것이다.

특히 연구자들은 전산교육의 중요성을 강조하는데, 그 이유는 최종사용자 집단이 대부분 컴퓨터 비전문가이긴 하지만 전통적 자료처리시스템 사용자들보다 더 큰 역할이 최종사용자들에게 요구되기 때문이다. 관련 연구물을 보면 사용자 교육과 훈련은 정보시스템에 대한 저항을 줄이고 사용자의 호의적인 태도의 형성에 기여하는 것으로 밝혀졌다.

본 연구에서는 교육 및 훈련을 측정할 수 있는 지표로 ①교육 및 훈련의 실시여부, ②교육의 질에 있어 우수한 정도, ③교육 및 훈련에의 참여기회 정도 등을 사용하였다.

7) 정보시스템 산출정보(X6)

일반적으로 정보시스템의 품질을 평가할 때 많은 연구에서 정보지표와 시스템 지표를 구별하여 측정변수로 사용하는 경우가 많다. 그러나 본 연구는 정보지표를 정보시스템 지표에 포함하여 측정지표를 선정하였다. 이는 정보지표와 정보시스템 지표 사이에는 관련성이 매우 높다고 판단하였기 때문이다. 즉, 정보시스템의 질이 높으면 정보시스템 체제를 거쳐서 산출된 정보의 질이 높을 것이라는 가정에서 출발한다. 또한 정보시스템에서 중요한 변수가 될 수 있는 것은 정보시스템에 대한 사용자들의 만족도와 그에 대한 유용성을 인지하는 수준이 어느 정도인가에 따라 그 효과는 크게 달라질 수밖에 없다.

본 연구에서는 이를 측정하기 위한 지표로 ①필요로 하는 정보를 정확히 제공해 주는가, ②필요한 정보를 정해진 시간에 제공해 주는가, ③가장 최신의 정보를 제공해 주는가, ④업무를 수행할 때 적절한 정보를 제공해 주는가, ⑤업무를 수행할 때 충분한 정보를 제공해 주는가 등을 사용하였다.

8) 통합정보인프라(X7)

정보의 공동활용은 개인 또는 단위기관 뿐만 아니라 관련이 있는 모든 기관이 정보기술기반을 공동으로 활용함으로써 조직목표는 물론 국가 전체의 이익을 극대화하기 위한 것이다. 이러한 측면에서 볼 때 정보기술에 대한 통합적 정보인프라를 구축하는 것은 정보기술의 효과에 상당한 영향을 미칠 수밖에 없다.

통합정보인프라 구축은 하드웨어, 소프트웨어 등 운영체제에 대한 인프라를 구축하는 것으로부터, 전산시설, 관리문제, 보안문제를 고려하여 네트워크 통합운영, 더 나아가 전문화된 자료센터 구축, 지식관리체제 구축, 표준화에 이르기까지 고려해 볼 수 있다. 표준화 마련은 정보시스템과 관련된 소프트웨어, 하드웨어의 조달, 관리 및 유지를 효율적으로 수행하기 위한 이러한 관련분야에 대한 표준의 적용 및 제정을 의미한다(심상용, 2002). 전문화된 자료센터나 지식관리시스템 등은 정보를 공유하고 전산센터의 구축을 통해 전사적인 통합 데이터 베이스를 구축하여 정보시스템의 효율성을 높일 수 있다고 판단되어 측정변수로 사용하였다.

본 연구에서는 지표로 ①업무코드 등 표준화지침이 마련되어 있는가, ②지식관리시스템이 도입되어 있는가, ③전문화된 자료센터가 구축되어 있는가 등을 사용하였다.

9) 정보기술의 위험통제(X8)

정보기술은 불확실한 환경에 존재하기 때문에 급속한 기술변화, 역동적 비용관계, 그리고 종종 불명확한 편익 때문에 가장 복잡한 상황에 처하게 된다. 많은 연구에서는 이러한 정보기술의 위험요소를 중요하게 다루지 않는 경우가 종종 있다. 따라서 이는 주요 변수들을 무시하거나 서투른 의사결정을 야기할 수 있고, 정보기술의 효과에 상당히 부정적인 영향을 미칠 수 있다. 정보기술의 위험은 조직생존의 지속성을 유지하는 것과 관련되고 재난복구(disaster recovery), 정보보호와 밀접히 관련된다. 이러한 위험요인의 중요성을 생각하여 측정변수로 삼았다.

　본 연구에서는 이를 측정하기 위한 지표로 ①정보기술의 안정성에 대한 확보장치가 마련되어 있는가, ②컴퓨터 범죄 등에 대비한 백업시설 등을 구축하였는가, ③이중설비 및 통신경로 이중화가 구축되어 있는가 등을 사용하였다.

제2절 정보기술투자효과평가를 위한 연구의 분석틀

1. 연구의 분석틀

　변수간의 관계에서 볼 때, 종속변수(dependent variable)는 결과변수를 의미하고, 독립변수(independent variable)는 원인 또는 설명 변수를 의미한다. 본 연구의 종속변수는 정보기술투자의 효과이다. 이때 정보기술투자 효과를 측정하는 지표는 대내적인 측면에서 행정효율성을 측정할 수 있는 지표와 대외적인 행정의 이미지를 측정할 수 있는 지표들로 구성되어 있다. 대내적인 효과를 나타내 주는 지표로는 업무처리시간의 단축, 업무량 감소, 업무절차 간소화, 업무처리의 신속성, 민원인의 대기시간 단축, 업무처리의 투명성을 사용하였고, 대외적인 효과로는 기관의 신뢰수준을 사용하였다.

독립변수로는 사용자의 태도, 최고관리자의지지, 교육 및 훈련, 통합정보인프라, 안정성확보장치, 정보기술의 활용능력을 사용하였다. 본 연구의 목표는 이러한 변수들을 이용하여 정보기술의 효과에 영향을 미치는 주요 요인과 이들 요인들 사이의 논리적 관계를 규명하는 것이다(〈그림-6〉 참조).

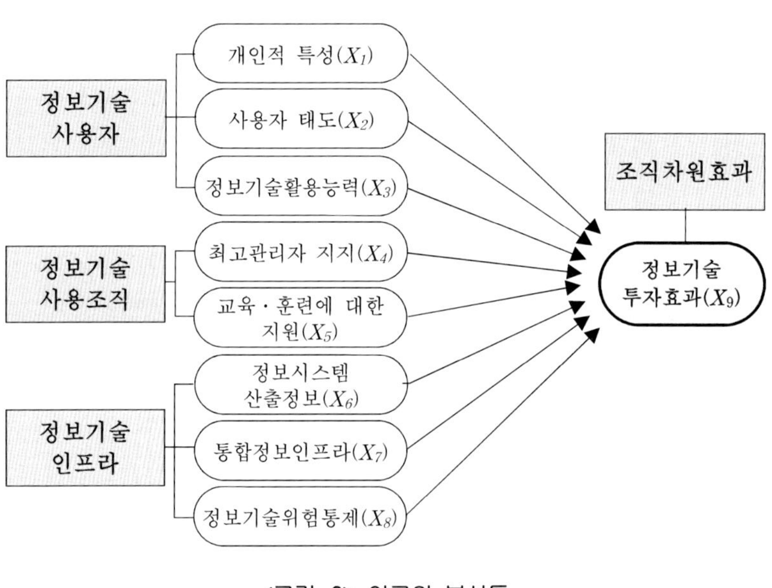

<그림-6> 연구의 분석틀

2. 가설의 설정

본 연구는 기존 문헌연구들을 기초로 하여 실증적 연구를 통해 상황에 맞는 정보기술의 효과를 평가하고자 한다. 가설의 설정은 정보기술투자의 효과에 영향을 미치는 영향요인과 효과요인 사이의 관계를 설명하기 위하여 영향요인과 효과요인 사이의 유의적 관계를 밝히려고 한다.

1) 개인적 특성(X1)

개인적 특성은 정보기술을 사용할 때 개인의 성격을 반영하고, 차이를 인지하는데 영향을 미친다. 이는 개인의 특성을 결정짓는 것으로 개인의 가치를 창출하고, 개인의 가치는 직무의 경험과 밀접한 관련이 있다. 따라서 정보기술의 효과에 많은 영향을 미친다고 판단할 수 있다.

이러한 것을 결정짓는 것으로 교육수준, 성별, 연령, 재직기간, 정보기술의 평균사용시간 등을 가지고 효과에의 영향을 판단해 볼 수 있다. 본 논문에서는 개인적인 특성으로 재직기간이 정보기술의 투자효과에 어느 정도 영향을 미치는가를 두고 가설을 세웠다. 이에 대한 가설은 〈가설1〉과 같다.

〈가설1〉 공무원으로서 재직기간이 길면 정보기술의 투자효과가 높다고 인식할 것이다.

2) 사용자 태도(X2)

이는 사용자가 정보기술에 잘 적응하고, 사용할 때 스트레스를 받지 않고, 정보기술을 사용할 때 시력저하, 어깨결림 등을 경험하는 경우도 적으며, 이러한 정보기술을 조직에 도입하여 사용하고자 할 때 무관심하거나 저항하지 않고, 오히려 업무처리에 더욱 적극적이고 능률적으로 대응할 경우 정보기술투자의 효과에 더욱 기여할 것이다라고 예측해 볼 수 있다. 이에 대해 가설을 세워보면 〈가설2〉와 같다.

〈가설2〉 정보기술의 이용에 대한 사용자의 태도가 긍정적일수록 정
　　　　보기술 투자효과가 높다고 인식할 것이다.

3) 정보기술의 활용능력(X3)

이는 개인의 정보기술 활용능력의 정도가 얼마나 높은가와 관련이
있다. 아무리 기관의 정보기술이 질 좋은 시스템으로 구축되었다고 하
더라도 그것을 이용하는 사용자가 충분히 활용할 수 있는 능력이 없다
면 고철에 지나지 않기 때문이다. 따라서 최종사용자들의 정보기술 활
용능력의 정도는 정보기술의 투자효과에 많은 영향력을 미친다고 판단
된다.

따라서 이의 정도를 파악하기 위해서 프로그래밍활용정도, 하드웨어
의 조작능력, 운영체제 활용능력, 범용패키지 활용능력, 컴퓨터 통신
및 인터넷 등의 활용능력을 가지고 파악할 수 있다. 따라서 정보기술
의 활용능력이 뛰어날수록 정보기술투자의 효과는 높다고 할 수 있다.
이에 대한 가설을 세워보면 〈가설3〉과 같다.

〈가설3〉 정보기술에 대한 사용자의 활용능력이 뛰어날수록 정보기술
　　　　투자효과가 높다고 인식할 것이다.

4) 최고관리자 지지(X4)

모든 조직은 최고관리자의 정책적 의지를 실현하는데 모든 노력을
집중한다. 또한 최고관리자는 정보기술과 관련된 자원을 동원하고 확
보하는데 결정적인 영향을 미친다.

따라서 최고관리자가 정보기술의 중요성을 인지하고 이를 적극적으
로 지지해 주거나 사용을 고무한다면 정보기술의 효과는 커진다고 예

측할 수 있다. 이에 대한 가설을 세우면 〈가설4〉와 같다.

〈가설4〉 최고관리자의 정보기술에 대한 지지가 높을수록 정보기술투
자효과가 높다고 인식할 것이다.

5) 교육·훈련에 대한 지원(X5)

교육 및 훈련은 조직을 항상 젊게 만들고, 공무원들이 새로운 업무
를 수행하는 것을 가능하게 하는 역할을 한다. 또한 최고관리층의 의
지를 조직차원에서 뒷받침하는 것이 바로 교육과 훈련이다. 따라서 정
보기술에 대한 교육·훈련이 자주 실시되고 또한 참여의 기회가 많아
지며, 교육과 훈련의 수준이 높으면 정보기술투자의 효과는 더 높아진
다고 예측을 할 수 있다. 이에 대한 가설을 세워보면 〈가설5〉와 같다.

〈가설5〉 사용자를 위한 정보기술의 교육·훈련에 대한 지원이 많을
수록 정보기술투자효과가 높다고 인식할 것이다.

6) 정보시스템 산출정보(X6)

기초지방자치단체에서 사용하는 정보기술 중에서 가장 대표적인 것
중 하나는 바로 시·군·구 행정종합시스템이라고 할 수 있다. 따라서
이 시스템의 질이 높으면 이를 사용하는 최종 사용자는 양적·질적으
로 높은 서비스를 제공할 수 있고, 또한 고객도 마찬가지로 이의 혜택
을 많이 누릴 수밖에 없다. 따라서 정보시스템 산출정보가 높으면 정
보기술의 투자효과가 커질 수 있다고 예측할 수 있다.

정보시스템의 품질이 높다고 판단할 수 있는 것은 업무를 처리할 때
필요로 하는 정보를 정확하게 제공해 줄 필요가 있고, 또한 제때에 정

보를 제공할 필요가 있다. 최신의 정보를 제공하고, 필요한 충분한 정보를 제공할 수 있어야 하며, 업무수행을 할 때 적절한 정보이어야 한다. 따라서 정보기술시스템이 잘 구축 될수록 정보기술의 투자효과는 클 것이다라고 예측해 볼 수 있다. 이에 대한 가설을 세워보면 〈가설6〉와 같다.

〈가설6〉 기초자치단체의 행정정보시스템 산출정보의 질이 좋을수록
정보기술투자효과가 높다고 인식할 것이다.

7) 통합정보인프라(X7)

오늘날 행정업무를 처리하는데는 많은 정보를 필요로 한다. 이는 단일기관의 능력으로는 불가능하고, 시·군·구의 재정상태를 볼 때 더욱 힘들다. 또한 고객들의 서비스 요구는 시공간을 초월하고 있다. 따라서 이러한 요구를 충족시키고 업무의 효율성을 높이기 위해서는 관련된 기관이 정보를 공유하고 공동으로 활용할 수 있는 통합정보인프라의 구축여부는 정보기술의 투자효과에 많은 영향을 미친다는 것을 예측해 볼 수 있다.

이를 측정하기 위해서는 업무코드의 표준화와 규격화가 되어있는지, 공동으로 정보를 공유할 수 있는 지식관리시스템이나 전문화된 자료센터가 구축되어 있는지를 파악해 보는 것은 중요하다.

따라서 통합정보인프라가 잘 구축 될수록 정보기술의 투자효과는 높다고 예측해 볼 수 있다. 이에 대한 가설을 세워보면 〈가설7〉과 같다.

〈가설7〉 정보기술에 대한 통합정보인프라가 잘 구축될수록 정보기술
의 투자효과가 높다고 인식할 것이다.

8) 정보기술의 위험통제(X8)

오프라인 시대의 전통적 정부와 온라인 시대의 전자정부와를 비교해 볼 때, 전자정부에서 가장 큰 특징 중에 하나는 정보기술의 위험통제라고 할 수 있다. 물론 오프라인 시대에도 정보위험의 피해는 인지되고 있지만 지금과 같은 온라인 시대와는 비교도 할 수 없다. 예를 들면 전자주민카드라든가 교육행정정보시스템(NEIS) 등이 이와 관련되어 실시되지 못한 점이 이를 시사해주고 있다.

관리적·물리적 위험을 어떻게 통제하는 가는 정보시스템이 구축된 이후 정보기술의 효과를 극대화하는 조건이 된다. 왜냐 하면, 정보기술을 통한 행정 서비스를 지속적으로 가능하게 해주는 요인이기 때문이다. 따라서 사생활보호, 범죄나 화재, 정전에 대비한 시설의 구축 등은 이와 관련해서 중요한 요인이 된다. 따라서 정보기술의 위험통제가 잘 이루어질수록 정보기술의 투자효과는 높다고 예측해 볼 수 있다. 이에 대한 가설을 세워보면 〈가설8〉과 같다.

〈가설8〉 기초지방자치단체의 정보기술에 대한 위험통제가 잘 이루어질수록 정보기술투자효과가 높다고 인식할 것이다.

제5장 정보기술투자효과의 분석과 해석

제1절 자료의 수집 및 분석방법

1. 표본의 선정

본 연구는 시·군·구 기초자치단체의 정보시스템을 비롯하여 정보기술투자효과의 인식정도를 평가하고, 이에 긍정적으로 영향을 미치는 주요성공요인과 그 영향력의 정도를 알아보는 것이다. 그러나 전국의 기초지방자치단체의 모든 공무원을 대상으로 조사하는 것이 바람직하겠지만 여건과 시간·비용의 제약으로 문제가 있다.

따라서 기초지방자치단체들 중에서 시·군·구 행정종합시스템을 이용하고 있는 시·군·구의 공무원들을 대상으로 가능한 한 무작위 표출에 가까운 효과를 낼 수 있도록 직급, 직렬 등이 골고루 포함될 수 있도록 표본을 구성하였다. 표본은 S시·J군·K구에서 200명을 추출하여 600명에게 설문을 실시하였다. 이 중 552명(회수율 92%)의 설문지가 회수되었으나 30명의 설문은 사용에 부적합하여 설문지 분석에는 최종 522부를 표본으로 채택하였다.

수집된 설문지 중에서 유효한 설문지는 기초자치단체별로 보면 S시의 경우 164명, J군의 경우 171명, K구의 경우 187명이다. 설문대상인 기초지방자치단체 및 부서별 인원은 다음 〈표-22〉와 같다.

<표-22> 표본의 기초자치단체 및 부서별 인원

(단위: 명, %)

지자체 \ 부서(인원)	행정직	전산/정보 통신직	기술직	기타 (보건직 등)	합 계 (%)
S시	101 (61.6)	22 (13.4)	8 (4.9)	33 (20.1)	164 (100.0)
J군	63 (36.8)	5 (2.9)	69 (40.4)	34 (19.9)	171 (100.0)
K구	120 (64.2)	1 (0.5)	38 (20.3)	28 (15.0)	187 (100.0)
합 계	284 (0.54)	28 (0.05)	115 (0.22)	95 (0.18)	522 (100.0)

2. 자료의 수집

본 논문에서는 정보기술투자의 무형적 효과를 평가하기 위한 지표를 선정하기 위하여 우리나라의 기초지방자치단체에서 직접 행정종합시스템을 사용하고 있는 공무원들을 대상으로 하여 총30부의 질문지를 미리 배포하여 사전조사를 실시하였다. 사전조사결과 나타난 지표들 중에서 표현이 잘못된 점이라든가 잘못 선정한 요인 등에 대한 문제점을 수정하여 본 연구를 진행하기 위한 질문지를 구성하였다.

정보기술투자효과는 개인적 특성, 사용자의 태도, 최고관리자의 지지, 교육·훈련에 대한 지원, 정보기술의 활용능력, 통합정보인프라, 정보시스템 산출정보, 정보기술의 위험통제, 정보기술의 투자효과의 변수와 관련된 측정지표를 이용하여 질문지를 구성하였고, 이를 위해서 종속변수와 독립변수에 대해 조작적 정의(operational definition)를 하였다. 종속변수로 정보기술투자효과를 위하여 47개의 질문항목을 사용하였다. 개인적 특성을 나타내는 지표에는 성별, 나이 등 8개 문항을 사용하여 질문지를 작성하였다.

질문지는 2003년 4월 20일에서 5월 20일까지 30일 동안 기초자치단체들 중 3개의 S시·J군·K구를 선정하여 기초자치단체 공무원들을 대상으로 600명에게 배부하였고, 그 중 552부가 회수되었다. 이 중에서 응답에 신뢰성이 없거나 설문에 많은 응답을 하지 않은 설문지 등 충실하지 못한 설문지 30부는 제외하였고, 최종적으로 522부가 분석에 이용되었다.

3. 자료의 분석방법

본 논문은 수집된 자료를 Eviews와 SPSS를 사용하여 분석을 시도하였다. 자료의 분석내용을 구체적으로 살펴본다.

첫째, 변수선정의 타당도를 분석하기 위해서 요인분석(factor analysis)을 실시하였고, 복수 측정지표를 하나의 대표값으로 축약하여 다중회귀분석에 이용하기 위하여 요인점수(factor score)를 구하여 이를 이용하였다.

둘째, 설문지의 신뢰성을 검증하기 위하여 신뢰도 분석(reliability analysis)을 실시하였다. 이 때 문항분석의 대표적인 방법인 크론바하 알파(cronbach's alpha) 계수값을 이용하였다.

셋째, 수집된 자료를 분석할 때 중요한 것은 자료의 특성을 먼저 파악하는 것이 중요하다. 이를 위해 빈도분석을 실시하였는데, 도수분포표를 작성하여 원자료의 분포현황을 파악하였다. 또한 정보기술투자의 전반적인 내용과 경향을 알아보기 위하여 주요 변수들의 기술통계량과 분산분석(ANOVA)을 하였다. 이에 따라 주요 변수들의 산술평균과 표준편차를 알아보고, 평균값의 크고 낮은 정도로 효과에 대한 인식정도를 측정하였다.

넷째, 독립변수들과 종속변수 사이의 관계의 정도를 파악하여 대략적인 회귀 계수값을 예측하고, 또한 독립변수들 사이의 상관관계의 정도를 검정하였다. 다섯째, 다중회귀분석을 실시할 때 기본적인 가정의 충족여부를 검증하기 위하여 모형의 적합도에 관한 F검정, 독립변수

사이의 다중공선성 문제를 검증하기 위한 모수추정치에 대한 허용도
(tolerance)값과 분산팽창인자(VIF) 분석, 이분산성 문제를 검증하기
위한 잔차의 산점도 분석, 자기상관 문제를 검증하기 위한 더빈-왓슨
d 검증 등을 실시하였다.

4. 변수의 타당도와 신뢰도 검증

1) 요인분석

본 논문은 주요 변수의 타당도를 검증하기 위해서 요인분석을 실시
하였다. 32개 측정지표를 투입하여 요인분석한 결과를 보면, 〈표-23〉에
서처럼 통계적으로 서로 독립적인 7개의 요인으로 묶였다. 이론적 논
의를 기초로 하여 설정하였던 8개의 요인이 7개의 요인으로 요인의 수
가 줄어들어 요인들간의 측정지표들 사이에 조정이 이루어졌다.

이론적 논의에서 설정하였던 변수들과 거의 비슷하게 요인이 그룹화
되었으나 최고관리자의 지지와 교육·훈련에 대한 지원이 한 개의 요
인으로 그룹화된 것이 특징이다.

위에서 측정지표들이 요인별로 묶였다는 것은 그 요인들이 새로운
등간척도로 새롭게 만들어 진 것이다.

본 연구에서는 새롭게 만들어진 요인들을 변수로 이용하기로 한다.
이에 대한 요인분석결과와 요인부하값을 정리하면 다음과 같다.[52]

---

52) 측정의 타당성 평가에서는 내용의 타당성이 중요하다고 할 수 있다(김태
　　일, 2002). 그러나 내용의 타당성은 통계적으로 검증이 어려우며 전문가의
　　판단이나 관련이론을 통해서 질적인 판단을 할 수밖에 없다. 따라서 본 논
　　문에서는 내용의 타당성을 확보하기 위하여 기존 연구 및 경험적 연구의
　　검토부문에서 종속변수와 종속변수를 측정하는 지표들에 대해서 이론적으
　　로 깊이 검토해 보았다.

〈표-23〉 요인분석결과 및 요인부하 값

요인 성 분	요인1 시스템 산출정보	요인2 정보기술 활용능력	요인3 정보기술 투자효과	요인4 정보기술지원	요인5 통합정보 인프라	요인6 정보기술 위험통제	요인7 사용자 태도
산출정보의 최신성	0.794000	0.103000	0.245000	0.178000	0.202000	0.141000	-0.010320
산출정보의 적절성	0.793000	0.065410	0.205000	0.183000	0.251000	0.122000	0.011110
산출정보의 적시성	0.770000	0.120000	0.124000	0.178000	0.059660	0.163000	0.025020
산출정보의 충분성	0.760000	0.061410	0.225000	0.177000	0.228000	0.235000	0.027980
산출정보의 정확성	0.585000	0.054790	0.239000	0.355000	0.151000	0.131000	0.012940
운영체제의 활용능력	0.116000	0.855000	0.039520	-0.000322	0.021620	0.006802	0.063200
하드웨어의 활용능력	0.088700	0.801000	0.011600	-0.065600	0.043290	0.090560	-0.065020
범용패키지의 활용능력	-0.011760	0.796000	0.138000	0.109000	-0.058040	0.037990	0.072780
통신,인터넷의 활용능력	0.008905	0.785000	0.095530	0.037720	0.008935	0.057970	0.097040
프로그래밍의 활용능력	0.122000	0.717000	0.044310	0.066840	0.157000	0.085760	-0.099140
기관의 신뢰수준	0.228000	-0.006521	0.741000	0.215000	-0.061940	0.155000	0.036050
민원대기시간단축	0.195000	0.052870	0.729000	0.199000	-0.011540	0.015250	-0.050670
업무처리 투명성	0.173000	0.051360	0.686000	0.136000	-0.044710	0.209000	0.011590
업무처리시간단축	0.123000	0.024090	0.657000	0.075480	0.264000	0.029290	0.101000
업무저차 간소화	0.095490	0.185000	0.623000	0.120000	0.195000	0.134000	0.107000
업무량의 감소	0.089900	0.088790	0.564000	-0.087320	0.323000	-0.095700	0.068720
업무처리의 신속성	0.149000	0.341000	0.373000	0.238000	0.298000	0.138000	0.152000

요 인 성 분	요인1 시스템 산출정보	요인2 정보기술 활용능력	요인3 정보기술 투자효과	요인4 정보기술지원	요인5 통합정보 인프라	요인6 정보기술 위험통제	요인7 사용자 태도
최고관리자의 적극지지	0.140000	-0.009169	0.051760	0.750000	0.088790	0.081970	0.063270
최고관리자의 사용고무	0.097210	0.017020	0.114000	0.720000	0.168000	0.030520	0.032880
교육훈련의 실시	0.303000	0.066910	0.254000	0.618000	0.083830	0.122000	0.093620
교육참여기회의 증대	0.383000	0.081740	0.272000	0.590000	0.167000	0.094840	0.002536
교육·훈련의 질	0.439000	0.092780	0.153000	0.559000	0.180000	0.115000	0.088050
지식관리체제의 구축	0.308000	-0.021730	0.139000	0.232000	0.701000	0.147000	0.065390
전문화된 자료센터의 구축	0.284000	0.066690	0.182000	0.194000	0.699000	0.177000	-0.052630
업무의 표준화	0.200000	0.113000	0.138000	0.218000	0.622000	0.211000	0.080710
이중설비의 구축	0.202000	0.053330	0.060730	0.039300	0.176000	0.764000	0.027820
백업시설의 구축	0.155000	0.097590	0.192000	0.050390	0.074910	0.748000	0.038170
정보기술의 안정성 확보	0.205000	0.113000	0.072630	0.241000	0.168000	0.560000	-0.031440
시스템 도입 및 이용에 저항	0.041260	-0.051690	0.072920	0.233000	-0.145000	-0.027320	0.700000
정보기술사용시 불쾌감	-0.091430	-0.202000	0.081640	-0.123000	0.182000	0.079720	0.658000
정보기술사용시 긴장정도	-0.016350	0.314000	-0.021460	-0.012670	0.058910	-0.113000	0.646000
정보기술에의 적응정도	0.228000	0.115000	0.112000	0.181000	0.036750	0.200000	0.402000

* Extraction Method: Principal Component Analysis.
* Rotation Method: Varimax with Kaiser Normalization.
* Rotated Component Matrix: Rotation converged in 8 iterations.

① 요인 1: 이는 주로 정보시스템과 관련된 지표들로 정보시스템 산출정보의 정확성, 정보시스템 산출정보의 적절성, 정보시스템 산출정보의 적시성, 정보시스템 산출정보의 충분성, 정보시스템 산출정보의 정확성 등의 지표들로 그룹화되었다. 이는 정보시스템이 산출하는 정보내용의 질을 측정할 수 있는 지표들이다. 따라서 변수명을 정보시스템 산출정보이라고 정했다.

② 요인 2: 이는 정보기술을 사용할 때 이를 활용할 수 있는 정도를 측정하고자 하는 지표들로 그룹화되었다. 즉, 운영체계 활용능력, 하드웨어 조작 능력, 범용패키지 활용능력, 컴퓨터 통신 및 인터넷 활용능력, 프로그래밍 능력 등이다. 따라서 변수명을 정보기술 활용능력이라고 하였다.

③ 요인 3: 이에는 업무절차의 간소화, 업무처리의 신속성, 업무처리 시간의 단축, 업무량감소, 민원인의 대기시간 감소, 기관의 신뢰수준, 업무처리의 투명성 등이 그룹화되었다. 이는 정보기술의 투자효과를 의미한다. 따라서 변수명을 정보기술 투자효과라고 명명하였다. 이는 본 논문에서 종속변수로써 이용된다.

④ 요인 4: 이는 이론적 논의에서 논의되었던 2개 변수, 즉 최고관리자의 지지와 교육·훈련에 대한 지원이 하나의 요인으로 그룹화되었다. 최고관리자의 지지에는 최고관리자가 정보기술의 중요성을 인식하고 적극적으로 지지하는지, 또한 정보기술의 사용을 고무시키는지의 측정지표이다. 교육·훈련에 대한 지원과 관련된 지표로는 교육·훈련의 실시여부, 교육에의 참여기회, 교육수준의 질과 관련된 지표들이다. 따라서 이 요인명을 정보기술의 지원이라고 정하였다.

⑤ 요인 5: 이는 지식관리시스템, 전문화된 자료센터, 표준화가 그룹화되었다. 이는 주로 개별적인 수준에서 정보기술을 이용하기 위한 지표라기보다는 관련된 기관이 공동으로 정보기술을 사용하기 위한 지표들로 그룹화되었다. 이에는 시스템들 사이에 있어 관련 정보를 공유하

기 위한 내용을 갖추었는가를 인지하기 위한 지표들이다. 따라서 통합정보인프라라고 요인명을 정하였다.

⑥ 요인 6: 이는 주로 정보기술의 안정성을 시스템간의 호환성, 이용자의 프라이버시 보호, 화재, 정전에 대비한 설비 등이 관련되어 있다. 즉, 정보기술의 위험과 관련된 것들로써 정보시스템의 안정성확보 장치, 백업시설 구축, 이중 설비 등을 갖추었는가를 인지하는 것이다. 따라서 요인명을 정보기술위험통제라고 정하였다.

⑦ 요인 7: 이는 정보기술을 사용하는 사용자와 관련된 것으로 정보시스템의 도입 및 이용에 저항하거나 무관심한지, 정보기술을 사용할 때 어깨결림 등 불쾌감을 느끼는지, 정보기술을 사용할 때 긴장하는지, 정보기술에 잘 적응하는지 등이 그룹화되었다. 따라서 요인명을 사용자 태도라고 정하였다.

2) 타당도의 검정

타당도는 측정하고자 하는 것을 제대로 측정할 수 있는 정도를 의미한다(박용치, 1997: 340-341).[53] 그리고 자료수집에서 제시한 바와 같이 요인분석을 하기 위해 일반적으로 요구되는 요인분석 대상 항목수에 비해 4~5배 이상의 표본수가 확보되어야 하는 요건을 충족하였다. 분석에 있어서는 연구모형에서 제시한 각 영역별 요소들을 망라하여 고유값(eigenvalue)[54]이 1.0 이상이 요인을 추출하였다. 요인회전은 베

---

53) 타당도는 "우리가 측정하려고 하는 것을 측정하고 있는가"하는 것이다. 이에는 집중타당도와 판별타당도가 있는데 전자는 동일한 개념간의 상관관계가 높아야 하는 것을 의미하고, 후자는 상이한 개념간의 상관관계는 낮아야 하는 것을 의미한다. 따라서 요인을 구성하는 항목 사이에는 전자가 적당하고, 요인들 사이에는 후자가 중요한 평가 기준으로 이용된다. 그리고 타당도를 평가하기 위해 동일개념에 대해 2개 이상의 항목으로 측정하였을 때에는 다속성 측정법을 사용하고, 상이한 개념에 대해 각각 다른 항목을 이용하여 측정한 경우에는 요인분석이 사용된다.

리맥스(varimax) 회전방법[55]을 이용하였다.

독립변수들에 대한 요인분석의 적절성 검증결과는 KMO 척도값이 0.913로 높았으며 Bartelett 구성형 검증에서도 유의확률 $p=0.000$으로 1%내에서 통계적으로 유의미한 것으로 나타났다(〈표-24〉 참조).

〈표-24〉KMO와 Bartlett의 검정

표준형성 적절성의 Kaiser-Meyer-Olkin 측도		0.913
Bartlett의 구형성 검정	근사 카이제곱	8963.989
	자유도	703
	유의확률	.000

3) 신뢰도의 검정

신뢰도(reliability)는 시간적 간격을 두고 동일한 조건 아래 있는 측정 대상을 반복하여도 측정하였을 때 각 반복 측정치들 사이에 나타나는 일관성의 정도로 측정도구의 정확성이나 정밀성을 의미한다고 할 수 있다(박용치, 1997: 322-325).[56]

본 논문에서는 신뢰도를 측정하는데 가장 많이 사용되고 있는 내적

---

54) 고유치(eigenvalue)란 각 요인이 기존 변수의 정보를 어느 정도 설명하고 있는 지를 나타내는 지표이다. 이는 몇 개의 요인을 다음분석에 사용할 것 인가의 기준을 제시해 준다.

55) 각 열의 요인적재량을 제곱한 값의 분산을 최대화시켜 각 요인을 극소화 하는 방법으로 각 요인의 요인적재량이 0이나 1에 가깝도록 만들어진다. 따라서 각 열마다 요인적재량이 높은 변수의 수를 최소화시키는 방법이라 고 할 수 있다.

56) 신뢰도는 반복 측정하였을 때도 중요하지만 단 한번을 측정하였을 때도 비체계적인 오차를 줄이느냐가 중요한 문제다. 비체계적인 오차는 개인적 인 변화나 상황적인 변화, 즉 모집단의 변화나 측정과정의 변화로 인하여 반복측정에서 상이한 결과가 도출될 수 있는 것을 의미한다.

일관성 방법의 크론바하 알파(a) 검정을 이용하여 신뢰도 계수를 측정하였다. 즉, 동일한 변수를 측정하기 위해 한 변수를 여러 문항으로 질문하여 문항간에 유사한 값을 지니는지 측정하여 신뢰도를 저해하는 문항을 측정도구에서 제외시켜 신뢰도를 높이고자 하였다.

〈표-25〉 주요 변수들의 신뢰도 분석

평가영역	변 수	항목	Cronbach's a 값	표준화된 Cronbach's a 값
정보기술 사용자	사용자 태도	4	0.4796	0.4827
	정보기술 활용능력	5	0.8657	0.8659
정보기술 사용조직	최고관리자 지지	2	0.6812	0.6815
	교육·훈련에 대한 지원	3	0.8211	0.8212
	정보기술지원	5	0.8139	0.8174
정보기술 인프라	산출정보	5	0.9006	0.9003
	통합정보인프라	3	0.7847	0.7838
	정보기술 위험통제	3	0.6536	0.6553
조직차원 효과	행정업무 효율성 측면	5	0.7470	0.7493
	기관 이미지 제고 측면	2	0.7678	0.7678
	정보기술투자효과	7	0.8147	0.8166

전체 변수들에 대한 신뢰도를 검증한 결과, 대부분의 변수에 대한 Cronbach a값과 표준화된 항목의 a값이 각각 0.9036, 0.9069로 높은 수준을 보이고 있다. 하지만 사용자 태도 항목의 사용자 태도에 대한 크론바하 a값과 표준화된 항목의 a값이 각각 0.4796과 0.4827로 상대적으로 낮은 신뢰도를 보이고 있다.[57] 그러나 대부분의 신뢰계수가 양호한

---

57) 크론바하 알파의 경우 개별측정항목과 다른 측정항목들 사이의 상관관계를

것으로 나타났기 때문에 변수들의 응집력이 강할 것으로 보이고 집단화하더라도 별 문제가 없을 것으로 보인다(〈표-25〉 참조).

변수별로 해당문항의 합산한 값을 문항수로 나눈값을 변수값으로 사용하기로 한다. 여기서 최저값은 1이고 최고 값은 5로 1은 아주 동의하지 않음을 나타내고, 5는 아주 동의함을 나타낸다.

4) 연구의 설계 수정

요인분석과 변수의 타당도 및 신뢰도 분석을 실시한 결과 연구의 내용을 수정해야 하는 문제가 발생되었다. 즉, 요인분석결과 변수(요인)의 수가 줄어 그에 따른 새로운 변수가 창출되어 변수를 수정하고 분석의 틀 및 가설을 변경할 필요성이 제기되었는데 이를 정리하면 다음과 같다.

(1) 주요 측정변수의 수정

위의 분석 내용에 기초하여 본 연구에서 사용될 수정된 변수의 주요 구성요소 및 그 측정지표를 정리해 보면 〈표-26〉과 같다.

요인분석에서 7개의 요인으로 그룹화된 것을 대표값으로 활용하였는데, 사용자 태도, 정보기술 활용능력, 정보시스템 산출정보, 정보기술투자효과, 통합정보인프라, 정보기술위험통제 등은 그대로 그룹화되었

말한다고 볼 수 있다. 그런데 본 항목의 경우 크론바하 알파 값이 낮아 항목이 상이한 개념으로 측정되었다고 보고 이를 제거하여 전체항목의 신뢰도를 높일려고 시도하였으나 의미가 없었다. 여기서는 0.5에 근접하여 그대로 사용하기 로 하였다(크론바하 알파의 값은 이론적으로 0에서 1의 범위내의 값을 지닌다. α계수는 일반적으로 탐색적 조사의 경우에는 0.5내지 0.6이상의 값이, 기초조사의 경우는 0.8 이상의 α값이면 신뢰성이 높다고 말할 수 있다.) 일반적으로 요인 부하량이 의미를 갖기 위해서는 문항 전체 수준인 경우 α계수가 0.5이상, 개별 문항수준인 경우 0.9이상이면 신뢰도가 높다고 할 수 있다(심상용, 2002: 109).

으나 최고관리자의 지지와 교육·훈련에 대한 지원이 하나의 요인으로 묶여 새로운 대표값을 가지게 되었다.

따라서 정보기술의 지원이라고 하였는데, 이를 측정하는 지표로는 ①최고관리자의 중요성 인식 및 적극적인 지지, ②정보기술의 사용고무, ③교육·훈련 실시여부, ④교육·훈련의 질, ⑤교육·훈련에의 참여기회 등이 사용되었다.

이를 정리하면 이전의 9개의 변수가 최고관리자의 지지와 교육훈련에 대한 지원이 하나로 그룹화됨으로써 8개로 변수의 수가 줄어든 것이 특징이다.

〈표-26〉 수정된 변수의 주요 구성요소 및 지표

변수	평가영역	측정 항목	측정지표	설문문항
독립변수	정보기술 사용자	개인적 특성 (X1)	·성별	41
			·연령	42
			·최종 학력	43
			·소속기관	44
			·직렬	45
			·직급	46
			·총 근무기간	47
			·정보기술 평균이용시간	48
		사용자 태도 (X2)	·정보기술에 잘 적응한다	1
			·정보기술을 사용할 때 긴장한다	2
			·정보기술의 사용으로 신체적 불쾌감을 경험한다	3
			·정보기술의 도입 및 이용에 저항 및 무관심하다	4
		정보기술 활용능력 (X3)	·프로그래밍 활용능력이 어느 수준입니까	22
			·하드웨어 조작능력이 어느 수준입니까	23
			·컴퓨터 운영체제의 활용능력이 어느 수준입니까	24
			·범용패키지 활용능력이 어느 수준입니까	25
			·컴퓨터 통신 및 인터넷 활용능력이 어느 수준입니까	26
	정보기술 사용조직	정보기술 지원 (X4)	·중요성을 인식하고 적극적으로 지지해주고 있다	5
			·정보기술의 사용을 고무시킨다	6
			·조직구성원에게 교육·훈련을 실시하고 있다	7
			·교육의 질은 우수한 편이다	8
			·교육에 참여할 기회가 있다	9
	정보기술 인프라	행정정보시스템 산출정보 (X5)	·필요로 하는 정보를 정확하게 제공해 준다	11
			·필요한 정보를 정해진 시간에 제공해 준다	12
			·가장 최신의 정보를 제공해 준다	13
			·업무수행 때 가장 적절한 정보를 제공해 준다	14
			·업무수행 때 충분한 정보를 제공해 준다	15
		통합정보 인프라 (X6)	·업무코드 등 표준화지침이 마련되어 있다	16
			·지식관리시스템이 도입되어 있다	17
			·전문화된 자료센터가 구축되어 있다	18
		정보기술 위험통제 (X7)	·정보기술 안정성에 대한 확보장치가 마련되어 있다	19
			·컴퓨터 범죄에 대한 백업시설이 구축되어 있다	20
			·이중설비·통신경로가 구축되어 있다	21
종속변수	조직차원 효과	정보기술 투자효과 (X8)	·업무처리시간이 단축되었다	27
			·업무량이 감소하였다	29
			·업무절차가 간소화되었다	31
			·업무처리가 신속해졌다	33
			·민원인의 대기시간이 줄어들었다	35
			·기관의 신뢰수준이 높아졌다	37
			·업무처리의 투명성이 높아졌다	38

(2) 연구의 분석틀 수정

분석의 틀에서 최고관리자의 지지와 교육·훈련에 대한 지원을 각각
의 변수로 설정하였으나 요인분석결과 두 변수가 하나의 요인으로 그
룹화되어 분석의 틀을 수정할 필요성이 제기되었다. 요인분석결과를
토대로 분석의 틀을 수정하면 다음 〈그림-7〉와 같다.

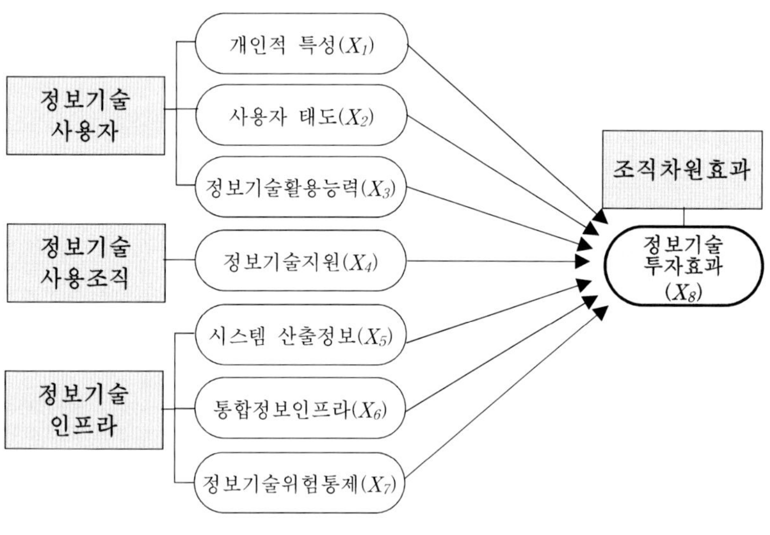

<그림-7> 수정된 연구의 분석틀

(3) 연구의 가설 수정

요인분석결과 최고관리자의 지지와 교육·훈련이 하나의 요인으로
묶임으로써 가설의 수정이 필요하게 되었다. 최고관리자의 지원과 교
육·훈련에 대한 지원은 조직차원과 관련이 있다. 조직의 최고관리자
의 신념은 바로 교육·훈련을 통해서 먼저 실현된다. 즉, 정보기술에
대한 교육과 훈련은 이에 대한 사용자들의 호의적인 태도를 형성이나
정보기술 이용, 정보활용능력에 영향을 미친다.

어느 조직이든지 조직의 성과는 조직의 최고관리자(CEO)의 의지에 따라 영향을 받을 수밖에 없다. 정보기술투자의 효과도 예외일 수 없다. 이러한 중요성에 비추어 많은 연구자들[58]은 최고 관리자의 정보기술에 대한 지원의 중요성을 그 성공여부를 결정하는 중요한 요인으로 인식하고 있다.

따라서 이는 정보기술투자의 지원이라고 요인명을 정하였다. 최고관리자의 지지와 교육훈련에 대한 지원에 대한 정보기술지원(X4)과 정보기술효과(X8)와의 관계에 대한 가설을 설정하면 다음과 같다.

〈수정된 가설〉 기초자치단체의 정보기술에 대한 지원이 많을수록 정보기술투자효과가 높다고 인식할 것이다.

이상에서 논의 한 연구의 가설을 종합적으로 정리해 보면 다음 〈표-27〉과 같다.

---

58) 최고관리자의 지원을 정보기술 성공의 결정요인으로 분석한 연구자들은 다음과 같다. Cheney, P., Mann, R.I. and Amoroso, K.L.(1986); Fuerst, W. and Cheney, P.(1982); Igbaria, M., Parasuraman, S. and Pavri, F.(1990); Leitheiser, R.L. and Wetherbe, J.C.(1986); Lucas, H.C.(1978); Sanders, L.G. and Courtney, J.F.(1985).

<표-27> 연구의 가설 정리

가설번호	연구가설의 정리
<가설1>	공무원으로서 재직기간이 길면 정보기술의 투자효과가 높다고 인식할 것이다.
<가설2>	정보기술의 이용에 대한 사용자의 태도가 긍정적일수록 정보기술 투자효과가 높다고 인식할 것이다.
<가설3>	정보기술에 대한 사용자의 활용능력이 뛰어날수록 정보기술투자효과가 높다고 인식할 것이다.
<가설4>	기초자치단체의 정보기술에 대한 지원이 많을수록 정보기술투자효과가 높다고 인식할 것이다.
<가설5>	기초자치단체의 행정정보시스템 산출정보의 질이 좋을수록 정보기술투자효과가 높다고 인식할 것이다.
<가설6>	정보기술에 대한 통합정보인프라가 잘 구축될수록 정보기술의 투자효과가 높다고 인식할 것이다.
<가설7>	기초지방자치단체의 정보기술에 대한 위험통제가 잘 이루어질수록 정보기술투자효과가 높다고 인식할 것이다.

제2절 각 변수에 대한 응답분포

1. 응답자의 개인적 특성

분석결과를 해석하기에 앞서 검토하고 넘어가야 할 것은 응답자들의 개인적 특성이다. 응답자들의 개인적 특성은 바로 질문지의 응답에 상당한 영향을 미치기 때문이다.

〈표-28〉 개인적 특성에 대한 응답분포

변 인 \ 구 분		빈도(명)	비율(%)
성 별	남	373	71.5
	여	149	25.5
연령별	20~29세	52	10.0
	30~34세	129	24.7
	35~39세	117	22.4
	40~44세	116	22.2
	45~49세	74	14.2
	50세 이상	34	6.50
학력별	고졸이하	132	25.3
	전문대졸	147	28.2
	4년제 대졸	228	43.7
	대학원졸 이상	15	2.90
직렬별	행정직	284	54.4
	전산/정보 통신직	28	5.40
	기술직	115	22.0
	기타(보건직 등)	95	18.2
직급별	9급	122	23.4
	8급	143	27.4
	7급	162	31.0
	6급	78	14.9
	5급 이상	17	3.30
재직기간	1년 미만	19	3.60
	1~3년	45	8.60
	4~5년	34	6.50
	6~10년	136	26.1
	11~15년	140	26.8
	16~20년	56	10.7
	21년 이상	92	17.6
사용시간	30분 미만	8	1.50
	30~60분	25	4.80
	1~2 시간	62	11.9
	2~4 시간	155	29.7
	4~8 시간	272	52.1
관찰치 합계		522	100

성별로는 남성공무원(71.5%)이 여성공무원의 두 배 이상을 나타내고 있고, 연령별로는 30~34세 정도가 24.7%로 높으나 고른 분포를 보이고 있고, 학력별로는 4년제 대학 졸업 이상이 49.8%로 약 절반 가량을 나타내고 있다. 직렬별로는 행정직이 54.4%, 직급별로는 7급 이하의 공무원 응답자가 81.8%를 보이고 있다. 재직기간별로는 비교적 고른 분포를 보이고 있다. 정보기술사용시간에 따라서는 81.8%가 하루에 최소한 2시간 이상을 정보기술을 이용하고 있는 것으로 나타났다(〈표-28〉 참조).

2. 각 변수에 대한 응답분포

각 변수에 대한 빈도와 평균과 표준편차를 보여주고 있는데, 1은 최저값으로 부정적인 인식을 의미하고 5는 최고값으로 긍정적인 인식을 의미한다. 단, 정보기술의 활용능력에서 1은 정보기술활용능력이 낮은 것을 의미하고, 5는 활용능력이 뛰어남을 의미한다.

1)정보기술투자효과에 대한 분석

정보기술투자의 효과를 측정하기 위한 지표로는 업무처리의 신속성, 업무절차의 간소화, 업무처리시간의 단축정도, 업무량의 감소정도 등 주로 행정 대내적인 효과에 대한 인지정도를 묻는 질문과 민원인의 대기시간이 얼마나 줄었는가, 기관의 신뢰수준은 높아졌는가, 업무처리의 투명성은 어느 정도인가 등 주로 행정의 대외적인 효과를 묻는 지표들로 구성하였다(〈표-29〉 참조).

〈표-29〉 정보기술투자효과에 대한 응답분포

(단위: 명, %)

변 수 명		아주 동의안함	동의안함	보통 (중립)	동의함	아주 동의함	기술통계		합 계 (%)
							평 균	표준편차	
정보기술 투자효과 (X8)	업무처리의 신속성	2 (0.4)	42 (8.0)	226 (43.3)	223 (42.7)	29 (5.6)	3.45	0.74	522 (100)
	업무절차의 간소화	0 (0.0)	46 (8.8)	205 (39.3)	238 (45.6)	33 (6.3)	3.49	0.74	522 (100)
	업무처리시간단축	2 (0.4)	25 (4.8)	169 (32.4)	302 (57.9)	24 (4.6)	3.61	0.67	522 (100)
	업무량의 감소	6 (1.1)	72 (13.8)	208 (39.8)	224 (42.9)	12 (2.3)	3.31	0.78	522 (100)
	민원인의 대기시간 단축	4 (0.8)	32 (6.1)	151 (28.9)	288 (55.2)	47 (9.0)	3.66	0.76	522 (100)
	기관의 신뢰수준 향상	5 (1.0)	30 (5.7)	201 (38.5)	267 (51.1)	19 (3.6)	3.51	0.70	522 (100)
	업무처리의 투명성	4 (0.8)	30 (5.7)	183 (35.1)	286 (54.8)	19 (3.6)	3.55	0.69	522 (100)

(1) 업무처리시간의 단축정도

"업무처리시간이 얼마나 단축되었습니까"라는 질문에 대하여 62.5%
긍정적으로 답을 하였고, 그들 중에서 "업무처리시간이 단축되었다면
몇 %나 단축시켜주었다고 생각하십니까"하는 질문에 대해서는 50%이
상 단축되었다가 15.1%이고 대부분이 20%이상 단축되었다고 인식하
고 있다(〈표-30〉 참조). 이는 현재 기초자치단체에서 정보기술의 이용
으로 업무처리시간이 비교적 많이 단축되긴 하였지만 아주 많이 단축
되고 있는 상황은 아닌 것으로 판단된다.

<표-30> 업무처리시간 단축

(단위: 명, %)

변 수 명	제외된 응답*	10% 미만	10~19%	20~29%	30~39%	40~49%	50% 이상	합 계
업무처리시간 단축	197 (37.7)	3 (0.6)	23 (4.4)	84 (16.1)	58 (11.1)	78 (14.9)	79 (15.1)	522 (100)

주): 여기서 *은 27번 문항에서 ①, ②, ③에 응답한 경우임

이는 새로운 컴퓨터 등 정보기술의 시설비용과 유지비용이 많이 소요되는 것과 이러한 예산을 활용하는데 예산의 경직성이 있기 때문으로 판단된다. 앞으로 이미 구축되어 시행 중에 있는 시·군·구 행정종합정보시스템을 아주 효율적으로 이용하고 예산의 신축성을 확보하면 투자의 효과는 커질 것으로 예상된다. 특히, 업무의 표준화문제, 코드체계 표준화, 문서서식의 표준 등의 문제 때문에 나타나는 현상으로 파악된다.

(2) 업무량의 감소정도

"우리 기관(시·군·구)은 정보기술이 도입되기 이전보다 보고서 작성 많은 업무량이 줄어들었다."라는 질문에 45.2%가 긍정적으로 답을 하였는데, 이들 중 "업무량이 몇 %가 줄었다고 생각하십니까?"라는 질문에 50%이상 감축되었다가 11.5%로 대부분 10%이상 줄었다고 생각하는 것으로 나타났다(<표-31> 참조).

〈표-31〉업무량 감축

(단위: 명, %)

변 수 명	제외된 응답*	10% 미만	10~19%	20~29%	30~39%	40~49%	50% 이상	합 계
업무량의 감축	285 (54.6)	2 (0.4)	24 (4.6)	61 (11.7)	39 (7.5)	51 (9.8)	60 (11.5)	522 (100)

주): 여기서 *은 29번 문항에서 ①, ②, ③에 응답한 경우임

이는 업무량이 크게 감소된 것으로 파악되지 않는다. 정보기술이 도입된 이후에도 보고서 작성 등 手작업, 再작업이 지속적으로 이루어지고 있음을 말해준다. 문서화된 자료를 중시하는 관료사회의 문화를 반영하고 있는 것으로 관리층이 문서화된 자료를 많이 요구함으로써 "종이 없는 사무실"의 실현과 거리가 멀다. 따라서 관리층부터 전자문서에 익숙해지고 전자결재를 중요시하는 풍조가 필요하다.

(3) 업무절차의 간소화정도

"우리기관(시·군·구)의 정보기술은 업무절차를 간소하게 해주었다"라는 질문에 51.9%가 긍정적으로 응답을 하였고, 추가질문에서 "그렇다면 어느 정도나 간소하게 해주었다고 생각하십니까?"에서는 50% 이상이 감소되었다가 19.3%로 나타났다(〈표-32〉 참조). 이를 볼 때, 51.9%가 간소화되었다고 인식하고 있고 19.3%가 50%이상 감소되었다고 생각해 업무의 간소화는 크게 개선되지 않은 것으로 판단된다.

이는 공공부문에 일상적인 업무와 반복적인 업무의 경우 공식화를 통하여 처리하고 구비서류를 줄여 많은 규제를 완화하는 방향으로 행정서비스가 실현되고 있으나 기대에 미치지 못하는 것으로 판단된다.

<표-32> 업무절차의 간소화

(단위: 명, %)

변 수 명	제외된 응답*	10% 미만	10~19%	20~29%	30~39%	40~49%	50% 이상	합 계
업무처리의 간소화	253 (48.5)	2 (0.4)	14 (2.7)	48 (9.2)	41 (7.9)	63 (12.1)	101 (19.3)	522 (100)

주): 여기서 *은 31번 문항에서 ①. ②. ③에 응답한 경우임

(4) 업무처리의 신속성

"우리기관(시·군·구)은 정보기술은 업무처리를 신속하게 처리해 주었다"라는 질문에 긍정적인 답을 한 경우는 48.3%이고, 그들 중 "그렇다면 어느 정도나 신속해졌다고 생각하십니까?"라는 질문에서 50%이상 신속해 졌다고 응답한 경우가 24.5%를 나타나 났다(<표-33> 참조).

<표-33> 업무처리의 신속성

(단위: 명, %)

변 수 명	제외된 응답*	10% 미만	10~19%	20~29%	30~39%	40~49%	50% 이상	합 계
업무처리의 신속성	273 (52.3)	0 (0.0)	7 (1.3)	35 (6.7)	32 (6.1)	47 (9.0)	128 (24.5)	522 (100)

주): *은 33번 문항에서 ①. ②. ③에 응답한 경우임

이러한 결과로 볼 때, 정보기술의 도입으로 업무처리의 신속성이 증가된 것으로 보인다. 이는 시·군·구 행정종합시스템 등의 유관 기관과의 연계와 온라인의 통한 업무의 처리가 확대됨으로서 오프라인에서 처리할 때와 비교할 때 시간과 공간을 초월하는 업무처리가 가능해 졌기 때문으로 판단된다.

(5) 민원인의 대기시간 단축

"우리기관(시·군·구)의 정보기술은 민원인의 기다리는 시간을 단축시켜주었다"라는 질문에 64.2%가 긍정적인 답을 하여 어느 정도 대민서비스가 개선된 것으로 보인다. 그 들 중 "그렇다면 평균 기다리는 시간은 몇 %나 단축시켜주었다고 생각하십니까?"라는 질문에 50%이상이 14.8%로 나타났다(〈표-34〉 참조). 기초자치단체는 종합행정을 통한 서비스를 제공하고 있다. 따라서 주민의 실생활과 관련된 많은 대민서비스를 제공하게 되는데 이를 위해서 많은 정보시스템이 구축되고 온라인을 통하여 업무를 처리함으로써 대기시간이 단축되는 것으로 보인다. 기초자치단체의 경우 주민생활과 관련된 각종 증명을 발급하고, 각종자료를 주민에게 제공하며 열람 등이 업무 내용인데 정보시스템의 도입과 컴퓨터가 이를 신속하고 정확하게 처리해주기 때문이다.

〈표-34〉 민원인의 대기시간 단축

(단위: 명, %)

변 수 명	제외된 응답*	10% 미만	10~19%	20~29%	30~39%	40~49%	50% 이상	합 계
민원인의 대기 시간 단축	185 (35.4)	5 (1.0)	37 (7.1)	96 (18.4)	60 (11.5)	62 (11.9)	77 (14.8)	522 (100)

주): 여기서 *은 35번 문항에서 ①, ②, ③에 응답한 경우임

(6) 업무처리의 투명성

"우리기관(시·군·구)은 정보기술의 이용으로 업무의 투명성이 증가되었다"라는 질문에 긍정적인 응답이 58.4%로 나타났다. 이를 볼 때, 업무처리의 투명성이 정보기술, 특히 정보시스템의 도입으로 많이 증대된 것으로 보인다. 이는 특히 오늘날 공직사회의 부정부패와 관련하여 중요성이 더해가고 있는데 새로운 정보시스템의 도입 및 이용으로

담당공무원이 민원인과 직접적인 접촉의 기회가 줄어들고 또한 담당공
무원이 업무를 처리할 때 업무처리상황이 공개됨으로서 자의적인 행동
의 여지가 줄어 공직부패의 소지가 감소하였기 대문으로 파악된다.

(7) 기관의 신뢰수준

"우리기관(시·군·구)에 정보기술을 도입한 이후 시·군·구민들의
우리기관에 대한 신뢰수준이 높아졌다."라는 질문에 긍정적인 답을 한
경우가 54.7%,로 나타났다. 이는 행정기관의 대외적인 신뢰도와 관련
된 문항으로 많은 정보기술의 도입효과를 토대로 보아야 한다. 앞에서
논한 각종 정보기술투자효과에 대해 공무원들이 긍정적인 효과가 있는
것으로 답하고 본 문항에 대한 답도 비교적 긍정적인 반응을 보여 정
보기술의 도입으로 기관의 신뢰수준이 전반적으로 상승되었다고 판단
해 볼 수 있다.

(8) 정보기술의 구축목표

오늘날 업무를 처리하는데 정보시스템이 도입되고 이와 관련된 기타
정보기술들이 많이 도입되고 있다. 이러한 것은 물론 목표가 다양하게
존재할 수 있다. 또한 도입의 목표가 분명히 있다. 따라서 업무의 효율
성을 극대화하기 위해서는 이러한 목표를 분명히 인식하는 것이 중요
하고, 또한 그런 목표들 사이의 우선순위를 정하는 것이 중요하다. 이
러한 목표를 인지하기 위해 다음과 같이 질문하였다(〈표-35〉 참조).

〈표-35〉 정보기술의 구축목표

(단위: 명, %)

변 수 명	경비절감	행정서비스 질적 향상	업무수행의 편리성	조직 및 구성원 통제	업무처리 시간 절감	기 타	합 계
정보기술 구축목표	9 (1.7)	222 (42.5)	170 (32.6)	11 (2.1)	101 (19.3)	9 (1.7)	522 (100)

"귀하께서는 정보기술(IT)의 구축목표는 무엇이라고 생각하십니까?" 질문에 응답자들은 정보기술의 도입목표 중 가장 우선순위를 두어야 할 것으로 행정서비스의 질적인 향상과 업무수행의 편리성을 높게 들고 있고, 조직 및 구성원 통제나 경비절감 등은 낮게 나타나 행정서비스 질의 제고에 정보기술이 도입·활용되어야 할 것으로 보인다.

2) 정보기술투자효과의 영향요인에 대한 분석

(1) 사용자 태도

정보기술에 잘 적응한다가 47.7%로 나타나 적응을 잘 못하는 것으로 나타났고, 정보기술을 사용할 때도 긴장하는 것(45.4%)으로 나타났다. 또한 불쾌감도 많이 느끼고, 정보기술의 도입 및 이용에 저항하거나 무관심한 것으로 나타났다(〈표-36〉 참조). 따라서 기초자치단체에서는 정보기술에 대한 지속적인 교육과 훈련을 제공하고 이를 위한 예산을 확보할 필요가 있다. 정보기술의 1차적 산물은 컴퓨터 모니터를 통해서 산출된다.

〈표-36〉 사용자 태도

(단위: 명, %

변 수 명		아주 동의안함	동의안함	보통 (중립)	동의함	아주 동의함	기술통계		합 계 (%)
							평균	표준편차	
사용자 태도 (X2)	정보기술에의 적용정도	3 (0.6)	31 (5.9)	239 (45.8)	227 (43.5)	22 (4.2)	3.45	0.70	522 (100)
	사용할 때 긴장정도	3 (0.6)	60 (11.5)	222 (42.5)	198 (37.9)	39 (7.5)	3.40	0.81	522 (100)
	사용할 때 불쾌한 정도	4 (0.8)	137 (26.2)	146 (28.0)	193 (37.0)	42 (8.0)	3.25	0.96	522 (100)
	도입·이용할 때 저항/무관심	5 (1.0)	53 (10.2)	194 (37.2)	239 (45.8)	31 (5.9)	3.46	0.79	522 (100)

공무원이 여러 시간을 사용하다보면 구역질, VDT 증후군 등 신체적인 불쾌감을 느낄 수가 많다. 이는 고른 분포를 보이나 보통이상을 응답한 경우가 63.8%가 긍정하고 있는 것으로 보아 심각성이 크다. 따라서 이에 대한 예방교육이 필요하고 장시간 이용을 금지한다거나 도한 어깨결림 등을 해소하기 위해서 인간공학적인 사무기기를 갖추는데 예산을 투입할 필요가 있다.

(2) 정보기술의 활용능력

프로그래밍 활용능력 26.2%, 하드웨어 조작능력 16.6%, 운영체제 조작능력23.5%, 범용패키지 조작능력 36.0%, 그리고 통신 및 인터넷 활용능력 35.4%로 전반적으로 정보기술 활용능력이 높지 않은 것으로 나타났다(〈표-37〉 참조).

〈표-37〉 정보기술 활용능력

(단위: 명, %)

변 수 명		아주 낮은편임	낮은 편임	보통 (중립)	높은 편임	아주 높은편임	기술통계 평 균	기술통계 표준편차	합 계 (%)
정보기술 활용능력 (X7)	프로그래밍의 활용능력	21 (4.0)	88 (16.9)	276 (52.9)	106 (20.3)	31 (5.9)	3.07	0.88	522 (100)
	하드웨어의 조작능력	41 (7.9)	148 (28.4)	246 (47.1)	69 (13.2)	18 (3.4)	2.76	0.90	522 (100)
	운영체제의 조작능력	25 (4.8)	111 (21.3)	263 (50.4)	103 (19.7)	20 (3.8)	2.97	0.87	522 (100)
	범용패키지의 조작능력	16 (3.1)	58 (11.1)	260 (49.8)	162 (31.0)	26 (5.0)	3.24	0.83	522 (100)
	통신/인터넷의 활용능력	10 (1.9)	76 (14.6)	251 (48.1)	155 (29.7)	30 (5.7)	3.23	0.84	522 (100)

따라서 정보기술사용자의 정보기술의 활용능력은 정보기술투자효과에 영향을 미치는 중요한 변수 중에 하나로써 그 활용수준을 높일 수 있는 대책이 시급한데, 이를 위해 공식적 교육과 비공식적 교육을 통

해 활용능력을 키울 필요가 있다.

(3) 정보기술의 지원

정보기술에 대한 지원은 크게 최고관리자의 적극적인 지지와 교육·훈련에 대한 지원과 관련된 것이다. 최고관리자의 지원에 대한 질문에서는 최고관리자가 정보기술의 중요성을 인지하고 적극적으로 지지해 준다가 50.8%, 정보기술, 즉, 전자메일 등의 사용을 고무시킨다가 52.3%가 긍정하였다. 이는 최고관리자가 적극적인 관심을 보인다고 할 수 없는데, 이를 이들에게 정보기술의 중요성을 부각시킬 필요가 있다. 이들이 관심을 갖게 하려면 특히, CIO에게 순환보직에서 제외하여 전문성을 심어주고 또한 독립성을 주어 의욕적으로 일을 할 수 있게 해 주어야 하며, 부서에 힘을 실어주어 자신있게 업무를 수행할 수 있도록 할 필요도 있다.

그리고 교육·훈련은 정보기술의 효율적인 운영에 중요한 역할을 하는데, 교육·훈련의 실시 60.1%, 교육훈련의 질 46.8%, 교육참여의 기회 64.0%으로 나타나(〈표-38〉 참조) 교육·훈련에서 교육참여의 기회도 증대하고 있으나 교육·훈련의 질은 높지 않은 것으로 판단된다.

<표-38> 정보기술의 지원

(단위: 명, %)

변 수 명		아주 동의안함	동의안함	보통 (중립)	동의함	아주 동의함	기술통계		합 계 (%)
							평균	표준편차	
정보기술 지원 (X3)	최고관리자의 적극지지	10 (1.9)	68 (13.0)	179 (34.3)	188 (36.0)	77 (14.8)	3.49	0.96	522 (100)
	최고관리자의 사용고무	9 (1.7)	66 (12.6)	174 (33.3)	206 (39.5)	67 (12.8)	3.49	0.93	522 (100)
	교육훈련의 실시	8 (1.5)	51 (9.8)	152 (29.1)	263 (50.4)	48 (9.2)	3.56	0.85	522 (100)
	교육·훈련의 질	3 (0.6)	64 (12.3)	211 (40.4)	205 (39.3)	39 (7.5)	3.41	0.82	522 (100)
	교육에의 참여기회	8 (1.5)	52 (10.0)	128 (24.5)	282 (54.0)	52 (10.0)	3.61	0.85	522 (100)

이를 반영하듯 정보기술에 대한 지식습득에 대해서 자신이 직접 다루면서 배우거나 관련지식이 풍부한 동료를 통해서 배운다가 많은 것으로 나타났다(<표-39> 참조).

업무 중 자신의 컴퓨터를 직접 다루면서 배운다가 41.8%, 관련지식이 풍부한 많은 동료 조직 구성원을 통해서 배운다가 35.2%로 공식적 교육보다는 비공식적으로 지식을 습득하고 있는 것으로 나타났다.

따라서 공식적인 교육의 질을 높일 수 있는 교육프로그램이 절실히 요구되고, 공식적 교육을 보완하는 차원에서 자신이 직접배우는 경우가 다수를 차지하니 만큼 충분한 시간을 줄 수 있는 방법과 동료직원을 통해서 배우는 경우는 조직 내에서 조직적으로 지원해 줄 수 있는 제도를 마련하는 것이 요구된다. 요컨대 공식적 교육과 비공식 조직이 상호보완적으로 이용될 필요가 있다.

〈표-39〉 정보기술에 대한 지식습득 경로

(단위: 명, %)

변 수 명	측정지표	빈도 (%)
정보기술에 대한 지식습득	업무 중 자신이 컴퓨터를 직접 다루면서 스스로 배운다.	218 (41.8)
	가정에서나 혹은 다른 특별 수업(예. 학원 등)을 통해 배운다.	32 (6.1)
	관련 지식이 많은 동료 조직구성원을 통해 배운다.	184 (35.2)
	조직에서 행하는 공식적인 교육을 통해 배운다.	75 (14.4)
	기타	13 (2.5)

* n=522

(4) 정보시스템 산출정보

〈표-40〉은 정보시스템 산출정보에 대한 지표들의 빈도분석결과이다. 정보시스템은 기초자치단체의 정보기술 중에서 가장 핵심적인 내용이다. 왜냐하면, 기초자치단체의 업무처리가 지금은 대부분 이를 통해서 이루어지기 때문이다. 이에 대한 응답분포는 산출정보에 대해 37.2%~43.3%만이 긍정적으로 답해 전반적으로 정보시스템의 산출정보의 질이 높지 않은 것으로 나타났다.

154

〈표-40〉 정보시스템 산출정보

(단위: 명, %)

변 수 명		아주 동의안함	동의안함	보통 (중립)	동의함	아주 동의함	기술통계		합 계 (%)
							평균	표준편차	
정보시스템 산출정보 (X4)	산출정보의 정확성	6 (1.1)	59 (11.3)	243 (46.6)	196 (37.5)	18 (3.4)	3.31	0.76	522 (100)
	산출정보의 적시성	6 (1.1)	76 (14.6)	246 (47.1)	181 (34.7)	13 (2.5)	3.23	0.77	522 (100)
	산출정보의 최신성	8 (1.5)	58 (11.1)	228 (43.7)	206 (39.5)	22 (4.2)	3.34	0.79	522 (100)
	산출정보의 적절성	4 (0.8)	55 (10.5)	222 (42.5)	219 (42.0)	22 (4.2)	3.38	0.76	522 (100)
	산출정보의 충분성	6 (1.1)	70 (13.4)	235 (45.0)	182 (34.9)	29 (5.6)	3.30	0.81	522 (100)

이는 주로 시·군·구에서 가장 대표적인 시스템은 행자부가 배포한 시·군·구 행정종합시스템인데, 이의 실행이 얼마 안되어서 나타나는 현상일 수 있지만 중앙에서 획일적으로 배포하다가 보니 지역의 문화나 여건을 고려하지 않았기 때문에 나타나는 현상일 수 도 있다. 또한 지속적인 보완이나 업그레이드가 이루어지지 않기 때문일 수도 있다. 특히, 표준화문제가 있을 수도 있다. 따라서 이에 대한 전반적인 개선이 필요하다. 또한 교육과 훈련이 덜 되어 있어서 그럴 수도 있으니 이에 대한 대책도 요구된다.

(5) 통합정보인프라

통합정보인프라와 관련된 지표들에 대해서는 31.2%～51.3% 사이에서 긍정하고 있는데 표준화가 51.3%로 가장 높고, 전문화된 자료센터의 존재의 인식정도를 묻는 질문이 31.2%로 가장 낮았다(〈표-41〉 참조). 이를 볼 때 통합인프라 수준에 대해서 높지 않게 인식하고 있는 것으로 판단된다. 통합정보인프라는 단위기관이 아닌 관련 기관들 사이의 정보를 공유함으로써 행정의 효율성을 극대화하기 위한 것이다. 따라서 정보시스템 등 정보기술과 관련된 도구들이 상호 호환되고 공동으로 활용할 수 있는 설비와 장치가 구축 될 필요가 있다.

<표-41> 통합정보인프라

(단위: 명, %)

변 수 명		아주 동의안함	동의안함	보통 (중립)	동의함	아주 동의함	기술통계		합 계 (%)
							평균	표준편차	
통합정보 인프라 (X6)	업무지침 등 표준화	2 (0.4)	56 (10.7)	196 (37.5)	245 (46.9)	23 (4.4)	3.44	0.76	522 (100)
	지식관리센터 구축	5 (1.0)	86 (16.5)	239 (45.8)	172 (33.0)	20 (3.8)	3.22	0.80	522 (100)
	전문화된 자료센터 구축	8 (1.5)	102 (19.5)	249 (47.7)	143 (27.4)	20 (3.8)	3.12	0.82	522 (100)

또한 정보의 독점을 방지하기 위해 부처간의 연계사업의 활성화시킬 필요가 있다. 또한 아웃소싱에 의하여 구축하는 경우, 정확한 표준화나 구축 이후의 운영·유지보수를 위한 가이드라인이 없어 시간이 흐름에 따라 발생하는 비용과 서비스 문제에 대비하지 못하는 경우도 있다. 이를 위해서는 법제화를 하여 법에 의해 집행되게 하고, 비용이 발생할 때 아웃소싱 업체가 기관에 전문기술자를 배치하기보다는 초급자를 배치함으로써 문제대처능력에 한계를 갖게 하는 것에 대비해야 한다.

(6) 정보기술의 위험통제

정보시스템의 안정성 확보장치에 대해서는 긍정적으로 답한 경우가 50%을 넘지 못하고 있는 것으로 보아 많은 공무원들이 이에 대해 회의적인 생각을 가진 것으로 보인다(<표-42> 참조).

<표-42> 정보기술의 위험통제

(단위: 명, %)

변 수 명		아주 동의안함	동의안함	보통 (중립)	동의함	아주 동의함	기술통계		합 계
							평균	표준편차	
정보기술 위험통제 (X5)	정보기술의 안정성 확보	5 (1.0)	63 (12.1)	205 (39.3)	213 (40.8)	36 (6.9)	3.41	0.82	522 (100)
	백업시설의 구축	4 (0.8)	54 (10.3)	241 (46.2)	195 (37.4)	28 (5.4)	3.36	0.77	522 (100)
	이중설비의 구축	9 (1.7)	90 (17.2)	274 (52.5)	129 (24.7)	20 (3.8)	3.12	0.79	522 (100)

이는 서비스를 생산할 때 안정적이고 지속성을 확보해 주는 역할을 하고 행정의 가외성을 확보하는 차원에서도 중요하다. 따라서 재난복구 및 정보보호를 위한 제도적·물리적 장치를 확보하는 것이 필요하다. 특히 공무원 개인이나 민원인의 사생활보호를 위한 장치도 함께 요구된다. 이때 물론 주의해야 할 것은 정보보호차원에서 비공개에 초점을 두어서는 안되고 적극적인 보호를 위한 정보공개에 초점을 두어야 한다.

제3절 응답자의 특성별 인식의 차이분석

1. 정보기술투자효과의 인식차이

여기서는 정보기술투자효과(X8)에 대한 집단간의 인식수준을 분석해 본다. 본 연구에서는 각 변수들에 대한 차이를 분산분석(ANOVA)을 통해 그 차이에 대한 해석을 하였다. 최저값은 1로서 부정적인 인식(아주 동의하지 않음)을 의미하고 최고값은 5(아주 동의함)로 긍정적인 인식을 의미한다. 단, 정보기술의 활용능력에서 1은 정보기술활용 능력이 낮은 것을 의미하고, 5는 활용능력이 뛰어남을 의미한다.

① 소속기관에 따른 인식정도를 통계적으로 볼 때, $F=12.925$, $p=0.000$ 으로 유의수준 1%내에서 차이가 있는 것으로 나타났고, 평균은 K구 3.9946, S시 3.9512, J군 3.7251로 나타났다. 이러한 평균의 차이는 각 지자체에서는 정보화에 발맞춰 많은 인적·물적 투입을 하였지만 그 투자효과는 정보기술을 다루는 기초자치단체 공무원의 활용수준과 이용도에 따라 다를 수 있다는 점을 시사해 주고 있다(〈표-43〉 참조). 중소도시보다는 대도시의 자치단체에서 정보기술투자효과를 더 긍정적으로 인식하고 있다고 볼 수 있다.

〈표-43〉 정보기술투자효과(X8)의 소속기관간의 차이 비교

소속기관		사례수	평 균	표준편차	F 값	유의도
정보기술투자효과 (X8)	S시	164	3.9512	0.552		
	J군	171	3.7251	0.521	12.925	0.000
	K구	187	3.9946	0.524		
	합계	522	3.8927	0.544		

② 직렬에 따른 인식의 정도를 통계적으로 볼 때, $F=2.130$, $p=0.095$ 로 유의수준 5%내에서 차이가 없는 것으로 나타났고, 평균의 차이를 보면, 행정직이 가장 높게 인식하고 있는 것으로 보이고(3.8522), 전산/정보통신직 3.9286, 기술직 3.8522이 비슷한 수준을 보이고 있고, 기타(보건직 등)가 평균 3.7895로 다른 직렬에 비해 낮게 인식하고 있는 것으로 보인다(〈표-44〉 참조).

이는 기초지방자치단체의 공무원들의 경우 직렬을 구분할 것 없이 정보기술의 도입으로 기존의 업무처리방식보다 비교해 볼 때 업무처리

상의 효과가 있다고 일반적으로 인식하고 있기 때문인 것 같다.

<표-44> 정보기술투자효과(X8)의 직렬간의 차이 비교

직 렬		사례수	평 균	표준편차	F 값	유의도
정보기술투자효과 (X8)	행정직	284	3.9401	0.5113	2.130	0.095
	전산/정보통신직	28	3.9286	0.6627		
	기술직	115	3.8522	0.5810		
	기타(보건직 등)	95	3.7895	0.5437		
	합계	522	3.8927	0.5437		

예를 들면, 행정종합시스템처럼 온라인상의 업무처리는 직접적인 대민 접촉에서 오는 스트레스를 줄이거나, 또한 유관기관과의 정보공유로 업무처리를 위한 정보탐색비용이 줄었기 때문인 것으로 판단된다.

③ 직급에 따라서는 직급이 높을수록 정보기술의 투자효과를 긍정적으로 인식하고 있는 것으로 나타났다. 직급에 따른 집단간의 차이를 보면 $F=1.427$, $p=0.224$으로 집단간에 통계적으로 차이가 없는 것으로 나타났다. 그리고 평균은 3.387~3.573의 사이에 있다(<표-45> 참조).

직급간의 인식수준을 좀 더 면밀히 보면 7급 이상이 높게 인식하고 있는데 직급이 낮은 9급은 공직에의 근무경험이 부족하고 업무를 정확하게 파악하지 못해서 나타나는 결과로 판단된다. 어느 정도 행정업무처리에 숙련된 7급 이상의 공무원이 정보기술투자효과에 긍정적인 것 같다.

〈표-45〉 정보기술투자효과(X8)의 직급간의 차이 비교

직 급		사례수	평 균	표준편차	표준오차	F 값	유의확률
정보기술투자효과 (X8)	9급	122	3.467	.510	.046	1.427	.224
	8급	143	3.476	.497	.042		
	7급	162	3.573	.520	.041		
	6급	78	3.551	.446	.051		
	5급이상	17	3.387	.507	.123		
	합계	522	3.512	.501	.022		

④ 재직기간에 따른 집단간의 차이를 보면 $F=1.138$, $p=0.339$로 통계적으로 차이가 없는 것으로 나타났고, 평균은 3.7353~3.9783 사이에 있다. 가장 높은 평균값을 보이는 요인은 21년 이상 근무한 공무원이고 그리고 6년 이상 근무한 공무원이 비교적 긍정적인 것으로 생각하고 있는 것으로 생각되고 정보기술이 점차 안정화를 찾고 있는 것 같다(〈표-46〉 참조).

〈표-46〉 정보기술투자효과(X8)의 재직기간간의 차이 비교

재직기간		사례수	평 균	표준편차	표준오차	F 값	유의도
정보기술투자효과 (X8)	1년 미만	19	3.7368	0.5620	0.1289	1.138	0.339
	1-3년	45	3.9111	0.5144	0.0767		
	4-5년	34	3.7353	0.5110	0.0876		
	6-10년	136	3.8824	0.5586	0.0479		
	11-15년	140	3.9000	0.5790	0.0489		
	16-20년	56	3.8929	0.5618	0.0751		
	21년 이상	92	3.9783	0.4683	0.0488		
	합계	522	3.8927	0.5437	0.0238		

⑤ 연령에 따라 차이가 있는가를 통계적으로 볼 때 $F=1.776$, $p=0.116$ 으로 5%내에서 유의하지 않아 차이가 없다. 평균은 3.7949 이상을 보이고 있다. 평균의 차이를 볼 때 40대의 공무원들이 정보기술의 투자효과에 대해 3.9655 이상으로 긍정적으로 보는 것 같다(〈표-47〉 참조).

〈표-47〉 정보기술투자효과(X8)의 연령간의 차이 비교

연 령 별		사례수	평 균	표준편차	표준오차	F 값	유의도
정보기술투자효과 (X8)	20-29세	52	3.8077	0.5954	0.0826		
	30-34세	129	3.8992	0.5130	0.0452		
	35-39세	117	3.7949	0.5951	0.0550		
	40-44세	116	3.9655	0.5738	0.0533	1.776	0.116
	45-49세	74	3.9730	0.4674	0.0543		
	50 이상	34	3.9118	0.3788	0.0650		
	합계	522	3.8927	0.5437	0.0238		

수치만을 볼 때 50세 이상이 가장 높게 인식하고 있고, 20~29세가 낮게 인식하고 있다. 특히, 연령이 낮은 20~29세의 경우는 공직에 몸담은지 얼마 되지 않아 업무를 파악하거나 처리하는데 아직까지 숙련된 비교적 연령이 높은 30세 이상의 공무원들과 인식에서 차이를 보이고 있는 것 같다. 이러한 인식이 나타나고 있는 이유는 행정업무처리와 관련된 정보기술을 습득하는 데 연령별로 흡수력이 다르기 때문이라고 생각된다.

연령간의 인식의 차이는 조직내에서 새로운 갈등의 요소로 작용할 수 있는데 세대와 세대간의 단절이나 갈등으로 나타날 소지가 있으니만큼 이러한 차이를 미리 해소하는 것에 지방자치단체는 관심을 가질 필요가 있다.

⑥ 성별에 따른 집단간의 인식의 수준을 보면, $t=-.349$, $p=0.727$로

통계적으로는 유의수준 5%내에서 차이가 없는 것으로 나타났다. 평균은 남자의 경우 3.8954이고, 여자의 경우는 3.8859를 보이고 있다(〈표-48〉 참조).

〈표-48〉 정보기술투자효과(X8)의 성별간의 차이 비교

성 별		사례수	평 균	표준편차	표준오차	t 값	유의도
정보기술투자효과 (X8)	남	373	3.8954	0.5461	0.0283		
	여	149	3.8859	0.5394	0.0442	-.349	0.727
	합계	522	3.8927	0.5437	0.0238		

이는 여성이 과거에 비해 정보기술의 이용능력이 높아지고, 정보접근 및 점유기회의 격차가 과거에 비해 많이 해소되었다는 것을 의미한다. 따라서 평균을 보더라도 남녀간 인식의 수준에는 큰 차이가 없다고 판단할 수 있다. 그 이유는 남자나 여자 모두 동일한 업무를 처리하는데 같은 정보기술을 이용하고 과거와 달리 여성들의 사회진출의 노력의 일환으로 남자의 전유물처럼 여겨지던 기술의 활용능력을 습득하고 이용하는 데 적극적인 자세를 취하고, 또한 우리 공무원들의 학력수준이 높아진 것을 고려해 볼 때 학교교육을 통한 정보기술활용능력이 상당한 높아졌기 때문으로 이해된다.

⑦ 학력에 따른 집단간의 인식의 수준을 보면, 학력에 따른 차이를 통계학적으로 보면 $F=1.162$, $p=0.324$로 통계적으로는 차이가 없다고 할 수 있다. 평균은 고졸이하 3.8182로 전체 평인 8.8927에도 못미치는 것으로 나타났다(〈표-49〉 참조).

〈표-49〉 정보기술투자효과(X8)의 학력간의 차이 비교

학력		사례수	평 균	표준편차	표준오차	F 값	유의도
정보기술투자효과 (X8)	고졸 이하	132	3.8182	0.5771	0.0502		
	전문대학 졸	147	3.9252	0.5501	0.0454		
	4년제 대졸	228	3.9167	0.5202	0.0344	1.162	0.324
	대학원졸 이상	15	3.8667	0.5164	0.1333		
	합계	522	3.8927	0.5437	0.0238		

　이는 학력에 따른 정보화의 격차가 공직사회에도 존재하고 있음을 보여준다. 학력이 높을수록 정보기술의 활용능력은 높다고 볼 수 있고, 학력이 낮을수록 정보기술의 활용능력이 낮다고 인식함을 의미한다.[59] 학력은 학교교육을 통해서 지식습득, 훈련, 연습 등을 거친 후 성취한 결과로 볼 수 있다. 따라서 교육수준이 높은 사람은 비교적 장기간, 다양한 지식습득을 통해 발달, 형성된 능력으로서, 비교적 안정성이 있고 보편적인 능력을 갖추어 정보기술의 습득이나 업무처리에 뛰어날 수밖에 없다. 하지만 보다 중요한 것은 학교교육수준이 낮더라도 현대 사회의 고도로 전문화·기술화에 대응하려는 노력과 지식이 더 중요하다.

　정보기술분야에 대한 지식을 습득하고 탄탄히 쌓아 가는 것이 중요한데, 교육의 기회를 공평하게 주어, 즉, 재교육을 받을 수 있는 기회를 제공해야 한다는 것이다. 기초적인 정보화 교육 이외에 전자상거래, 정보처리, 정보통신기기 운용, 정보 통신망 구축 등 교육을 위하여 민간 정보 통신업체 등에서 현장실습위주의 교육을 실시해 보는 것도 생각해 볼 수 있다.

---

59) 이는 2002년 여성개발원의 연구에 따르면 대졸 이상인 남녀의 정보화 지수를 100.0으로 했을 때 중졸 이하는 절반에도 못 미치는 49.6인 것으로 나타나 그 격차는 50.4% 포인트에 달하는 것으로 조사됐다(2002. 1. 31 연합뉴스). 정보화격차의 가장 큰 요인은 학력이다라라고 할 수 있다.

⑧ 정보기술사용시간에 따른 집단간의 인식의 수준을 보면, 정보기술사용시간에 따른 차이를 보면 $F=1.250$, $p=0.289$로 통계적으로 유의수준 5%내에서 차이가 없는 것으로 나타났는데, 평균을 보면 4~8시간이 3.9 이상을 보이고 있고, 30분 미만이 3.6정도를 나타내고 있다. 이는 정보기술을 사용하는 시간이 긴 공무원일수록 긍정적으로 평가하고 있다고 볼 수 있다(〈표-50〉 참조).

〈표-50〉 정보기술투자효과(X8)의 정보기술사용시간간의 차이 비교

사용시간		사례수	평 균	표준편차	표준오차	F 값	유의도
정보기술투자효과 (X8)	30분 미만	8	3.6250	0.5175	0.1830	1.250	0.289
	30-60분	25	3.8000	0.6455	0.1291		
	1-2시간	62	3.8065	0.5383	0.0684		
	2-4시간	155	3.9161	0.5578	0.0448		
	4-8시간	272	3.9154	0.5263	0.0319		
	합계	522	3.8927	0.5437	0.0238		

업무를 처리할 때 정보기술활용능력이 낮은 공무원에 비해 좀 더 효율적으로 업무를 처리함으로써 시간을 단축시켜 줄 수 있는 조건을 갖추게 되기 때문으로도 판단된다. 정보기술을 많이 사용하는 경우 관련지식습득에 유리하고, 관심이 많으며, 누적되어 활용능력에서 차이를 보인다고 할 수 있다.

활용능력이 높아진다는 것은 자신감이 생기고 새로운 기술에 호기심을 갖음으로써 항상 적극적인 태도를 취함으로써 정보기술의 도입과 이용에 사용자의 저항과 무관심을 해소하고, 정확한 정보기술의 사용으로 산출정보에 만족하기 때문이라고 판단된다. 따라서 공무원 스스로 정보기술에 대한 적극적인 자세와 활용능력을 높이려는 노력이 요

구되고 기관에서는 이를 뒷받침해줄 수 있는 교육·훈련의 체계를 갖추어야 한다.

2. 정보기술투자효과의 영향요인에 대한 인식 차이

1) 사용자 태도(X2)의 인식차이

사용자 태도에 대한 소속기관에 따른 인식의 수준을 보면, $F=5.457$, $p=0.005$로 통계적으로 5% 유의수준에서 집단간에 차이가 있는 것으로 나타났고, 여기서 평균은 K구가 3.834, S시가 3.768, J군이 3.643으로 나타났다. 대도시의 K구가 가장 높고, S시, J군의 순서로 평균이 낮아지고 있다(〈표-51〉 참조).

대도시의 경우를 보면 비교적 재정자립도가 높아 어느 정도 재정이 넉넉하여 군단위의 자치단체에 비하여 정보기술의 이용환경과 사무환경을 개선하는데 상대적으로 많은 예산을 할당하기 때문인 것으로 보인다.

〈표-51〉 사용자태도(X2)의 소속기관간의 차이 비교

소속기관		사례수	평 균	표준편차	표준오차	F 값	유의도
사용자 태도 (X2)	S시	164	3.768	0.582	0.045		
	J군	171	3.643	0.538	0.041	5.457	0.005
	K구	187	3.834	0.538	0.039		
	합계	522	3.751	0.557	0.024		

이는 지방 소도시의 경우보다 정보기술을 활용도를 높이고 사용자의 정보기술에 대한 적응도를 높이며, 도한 컴퓨터 관련 질병에 대한 걱

정을 줄여줄 수밖에 없다. 따라서 사용자태도를 긍정적으로 전환하기 위해서는 인간공학적인 사무환경으로 업무환경을 개선하는데 자치단체가 예산 등을 배정하고 지원해주어야 한다.

2) 정보시스템 산출정보(X4)의 인식차이

정보시스템 산출정보는 기초자치단체에서 가장 핵심적인 정보기술 중의 하나이다. 이는 공무원 자신이 업무를 처리하기 위해서 사용하지만 그 결과는 시민을 위한 서비스의 질과 관련되기 때문이다. 산출정보에 대한 소속기관에 따른 인식의 수준을 보면, $F=27.662$, $p=0.000$으로 통계적으로 1%내에서 차이를 보이고 있다. 평균은 K구가 3.866, S시가 3.518, J군이 3.351로 K가 높게 나타났다(〈표-52〉 참조).

이러한 차이는 다양한 이유에서 기인한다. 첫째, 컴퓨터의 기종에 따라 차이를 보일 수 있고, 정보시스템을 다루는 공무원의 활용능력, 태도 등에 따라 차이를 보일 수 있다. 기초지방자치단체의 행정종합시스템의 경우 행정자치부에서 개발하여 지방자치단체에 획일적으로 배포하는 시스템으로 투입은 행정자치부가 하였으나 결과(산출)는 시스템의 최종사용기관의 업무환경에 따라 달라질 수밖에 없다는 것을 보여주고 있다. 따라서 컴퓨터 기종을 성능이 우수한 것으로 교체하거나, 지속적인 업그레이드를 할 필요가 있으며, 이를 사용하는 공무원에 대한 공식적·비공식적 교육을 실시하고, 업무환경을 개선하는 등의 조치가 요구된다.

〈표-52〉 산출정보(X4)의 소속기관간의 차이 비교

소속기관		사례수	평　균	표준편차	표준오차	F 값	유의도
정보시스템 산출정보 (X4)	S시	164	3.518	0.678	0.053	27.662	0.000
	J군	171	3.351	0.690	0.053		
	K구	187	3.866	0.646	0.047		
	합계	522	3.588	0.704	0.031		

　둘째, 기초자치단체의 정보시스템, 특히 시·군·구 행정종합시스템 같은 것이 중앙부처의 사업으로 추진되어 각 기초자치단체의 규모나 조직 또는 지역문화와 능력을 고려하지 않고 추진되어 시스템 또는 컨텐츠가 획일적이어서 지방의 도시에서는 정작 필요한 시스템이나 컨텐츠가 없는 경우가 있다. 따라서 중앙정부의 사업이더라도 기초자치단체의 상황에 맞게 개발될 필요가 있다.

3) 정보기술활용능력(X3)의 인식 차이

　① 정보기술 활용능력에 대한 소속기관별로의 차이는 $F=19.125$, $p=0.000$으로 1%내에서 통계적으로 차이가 있는 것으로 나타나는데, 평균은 K구가 3.578, S시가 3.463, J군이 3.123이다(〈표-53〉 참조). 전반적으로 낮은 수준을 보이는데, 지방으로 갈수록 정보기술활용능력이 낮은 것으로 판단된다.

　정보기술의 활용능력은 조직차원의 공식적인 훈련과 교육이 중요하다. 그러나 개인이 얼마나 적극적으로 정보기술을 접하고 이용하느냐와 동료들에 의한 지식습득도 중요하다. 따라서 지방자치단체는 공식적, 비공식적 훈련 및 교육 프로그램을 개발할 필요가 있다.

<표-53> 정보기술활용능력(X3)의 소속기관간의 차이

소속기관		사례수	평 균	표준편차	표준오차	F 값	유의도
정보기술활용능력 (X7)	S시	164	3.463	0.738	0.058	19.125	0.000
	J군	171	3.123	0.729	0.056		
	K구	187	3.578	0.686	0.050		
	합계	522	3.393	0.742	0.032		

② 정보기술 활용능력에 대한 직급, 재직기간, 연령에 따른 인식 수준을 인식수준과 차이를 통계적으로 차이가 있는지를 보고 전체적으로 결과를 해석해 보도록 한다. 일반적으로 직급과 재직기간, 연령은 비례관계에 있다고 할 수 있는데, 재직기간이 길면 직급이 올라가고 또한 연령도 높아진다고 볼 수 있다. 이러한 관계에서 정보기술활용능력과의 인식의 차이를 살펴본다.

첫째, 정보기술활용능력에 대한 직급에 따른 인식수준을 보면 $F=9.864$, $p=0.000$으로 유의수준 1%내에서 매우 차이가 있어, 직급에 따라 활용능력에 차이가 있는 것으로 나타났다. 직급에 따른 정보기술활용능력의 평균은 $2.353 \sim 3.246$에 있다(<표-54> 참조).

<표-54> 정보기술활용능력(X3)의 직급간의 차이 비교

직 급		사례수	평 균	표준편차	표준오차	F 값	유의도
정보기술활용능력 (X7)	9급	122	3.246	.786	.071	9.864	.000
	8급	143	3.112	.586	.049		
	7급	162	3.044	.655	.051		
	6급	78	2.813	.631	.071		
	5급 이상	17	2.353	.835	.203		
	합계	522	3.053	.696	.030		

다시 말해서 일반인들이 인식하고 있는 것처럼 공무원들의 직급이 올라갈수록 정보기술의 활용능력이 낮은 것으로 나타났다. 비교적 9급이 정보기술활용능력이 높고, 직급이 올라갈수록 정보기술활용능력이 낮아짐을 알 수 있다.

둘째, 정보기술활용능력에 대한 재직기간에 따른 인식의 수준을 보면 $F=8.680$, $p=0.000$으로 유의수준 1%내에서 유의하게 나타났다. 따라서 재직기간에 따라 활용능력에는 차이가 나는데, 평균은 전체 3.3927이고 6년 이상의 경우 이를 밑돌고 있다. 1년 미만이 가장 긍정적으로 보고, 21년 이상이 부정적으로 보는 것으로 판단된다. 따라서 장기근속자들에 대한 교육·훈련프로그램이 필요하다(〈표-55〉 참조).

〈표-55〉 정보기술활용능력(X3)의 재직기간간의 차이 비교

재직기간		사례수	평 균	표준편차	표준오차	F 값	유의도
정보기술활용능력 (X7)	1년 미만	19	3.7368	0.8057	0.1848	8.680	0.000
	1-3년	45	3.7333	0.8090	0.1206		
	4-5년	34	3.6176	0.5513	0.0945		
	6-10년	136	3.5515	0.7285	0.0625		
	11-15년	140	3.2857	0.6816	0.0576		
	16-20년	56	3.3393	0.6404	0.0856		
	21년 이상	92	3.0326	0.7479	0.0780		
	합 계	522	3.3927	0.7415	0.0325		

셋째, 정보기술활용능력에 대한 차이를 보면, $F=13.830$, $p=0.000$으로 유의수준 1%내에서 매우 유의하여 연령에 따라 정보기술활용능력에 차이가 있다고 판단된다. 평균을 보면 2.7647~3.9423까지 있으나 연령이 높을수록 정보기술활용능력에 대한 평균도 낮게 나타나고 있다(〈표-56〉 참조).

<표-56> 정보기술활용능력(X3)의 연령간의 차이 비교

연령별		사례수	평 균	표준편차	표준오차	F 값	유의도
정보기술활용능력 (X7)	20-29세	52	3.9423	0.6977	0.0968		
	30-34세	129	3.5194	0.7082	0.0624		
	35-39세	117	3.3675	0.7022	0.0649		
	40-44세	116	3.3190	0.7052	0.0655	13.830	0.000
	45-49세	74	3.2297	0.5863	0.0682		
	50세 이상	34	2.7647	0.8549	0.1466		
	합 계	522	3.3927	0.7415	0.0325		

　연령이 높을수록 정보기술활용능력이 낮고, 반대로 부정적 경우는 연령이 높을수록 증가하고 있다. 연령이 높을수록 낮게 인식하고 있다. 반면, 연령이 높을수록 부정이 많았다. 요컨데, 직급, 재직기간, 연령에 대한 해석을 전체적인 의미에서 내려보면 다음과 같다. 정보기술투자효과와 관련하여 특징적인 것은 정보기술활용능력(X3)에 대한 인식에 있어서 직급, 재직기간, 연령이 같은 결과를 보여주고 있다는 것이다. 본 연구의 결과를 보면 직급, 재직기간, 연령이 유의수준 5%에서 모두 유의미하여 차이가 있는 것으로 나타나고 있다. 이는 이론적 기초와 매우 부합하는 결과를 보이고 있다. 연령, 직급, 재직기간은 정보기술활용능력에서 서로 밀접한 관련을 갖고 있는 것으로 판단된다.

　일반적으로 재직기간이 길수록 직급은 올라가고 또한 연령이 많아지는 것은 우리 공무원 사회에서 일반적인 현상이다. 연구결과는 직급이 높고, 재직기간이 길며, 연령이 높을수록 정보기술활용능력이 낮은 것으로 나타나고 있다. 이는 정보화 시대에 걸맞는 네티즌 세대의 정보기술활용능력이 비교적 직급, 근무기간, 연령이 높은 공무원 세대보다 높다는 특징을 보여주고 있다. 여기서 직급이 낮고, 근무기간이 짧고, 연령이 적다는 것은 바로 네티즌 세대를 의미한다. 이들은 이미 대학교육 및 고등학교 교과과정에서 이미 많은 정보기술활용능력을 함양하였고, 많은 정보기술을 다루면서 성장한 세대이기 때문에 비교적 직급, 재직기간, 연령대가 높은 세대와 차이를 보이고 있는 것으로 판단된다.

3. 정보기술투자효과에 대한 인식의 차이 요약

각 집단들과 정보기술투자효과(X8)와의 인식의 차이를 요약하여 볼 때, 중립적인 응답이 많고, 소속기관에 따라 차이가 있음을 알 수 있었다. 즉, 대도시의 K구(區)가 정보기술의 투자효과가 가장 높게 나타났고 다음이 S시, J군의 순서로 나타났고, 학력과 사용시간에 따라 차이를 보이고 있는 것으로 나타났다. 학력수준이 높을수록 정보기술투자효과를 높게 인식하고 있고, 사용시간이 길수록 정보기술투자효과를 높게 평가하고 있었다. 소속기관에 따라 K구, S시, J군의 순서로 긍정적인 반응을 보여 사용자의 태도에도 차이가 있는 것으로 나타났다. 특히 정보기술활용능력의 경우 소속기관에 따라 K구, S시, J군의 순서로 활용수준이 높은 것으로 나타났는데 지방보다는 도시에 이러한 능력이 뛰어난 인력이 임용되고 공식적·비공식적 교육에 접할 기회가 많기 때문인 것으로 보인다. 이밖에도 정보기술지원(X4), 산출정보(X5), 통합정보인프라(X6), 정보기술의 위험통제(X7) 등에서도 소속기관에 따라 차이를 보이고 있다(〈표-57〉 참조).

〈표-57〉 정보기술투자효과의 인식차이에 대한 통계분석결과 요약

구 분	정보기술 투자효과 (X8)	사용자 태도 (X2)	정보기술 활용능력 (X3)	정보기술 지원 (X4)	산출정보 (X5)	통합정보 인프라 (X6)	정보기술 위험통제 (X7)
소속기관	○	○	○	○	○	○	○
직렬	○	×	×	○	×	×	×
직급	×	×	○	×	○	×	○
재직기간	×	×	○	○	○	×	○
연령	○	×	○	○	○	○	○
성별	×	○	×	×	×	×	○
학력	○	○	○	×	×	×	×
사용시간	○	×	○	○	×	×	○

* ○ : $p < 0.05$ 에서 평균의 차이가 있음(통계적으로 유의미함),
* × : $p < 0.05$에서 평균의 차이가 없음(통계적으로 유의미하지 않음)

정보기술의 투자효과에 미치는 요인은 많지만 일반적으로 대도시의 자치단체와 중소도시의 자치단체간에는 차이를 보이고 있는데 이러한 차이를 분명히 인식하여 특히, 중소도시의 경우는 이에 대한 인적·물적 지원이 대도시 수준으로 확대되어야 할 것으로 보인다. 또한 무엇보다 중요한 것은 교육과 훈련으로 정보화에 따른 행정환경이 급속히 변해가는 지금 기초자치단체 공무원들의 매너리즘을 타파하는 것은 앞으로 정보기술분야의 중요성을 감안할 때 필연적이다.

제4절 가설검정과 변수의 영향력 검토

상관관계분석이 단일변수만을 고려하는데 비하여 회귀분석은 관련변수들 사이의 관계를 고려할 때 유의미성이 어떻게 달라지는가를 파악할

수 있는 장점이 있다. 일반적으로 다중회귀분석을 사용하는 목적은 종속변수 값을 예측하거나 그 변화를 설명하는 것이다(남궁근외, 1993: 64-65). 본 논문에서는 후자인 설명이 주된 목적이다. 독립변수와 종속변수의 관련 여부, 관계의 방향 및 강도를 확인하는 것이 중요하다. 이를 위해 우선 고전적 회귀분석에 의한 가정에 대한 검정을 해본다.

1. 주요변수들 사이의 상관관계분석

본 논문은 가설을 검증하기에 앞서 분석에 사용된 두 연속 변수들간의 관련성을 분석하기 위하여 상관관계분석을 실시하였다. 요인분석을 통하여 얻은 각 변수의 대표값을 활용하여 하나의 변수가 다른 변수와 어느 정도 밀접한 관련성을 갖고 변하는지 각 변수의 관계의 정도를 분석하였다. 상관관계분석에서 대부분 이용하고 있는 모수적 상관계수인 피어슨 상관계수를 이용하였는데, 대상변수들의 측정에 사용된 척도가 등간·비율척도일 때 하나의 변수와 다른 변수와의 관련성을 분석하는데 자주 이용되기 때문이다. 변수들간의 상관관계를 분석한 상관계수 r값과 유의수준을 제시하면 다음 〈표-58〉과 같다.[60] 〈표-58〉은 8개 요인간의 상관계수와 유의수준을 보여주는데, 대부분이 유의미하

---

60) 상관관계 분석결과는 종속변수와 독립변수들 사이의 (+)나 (-)의 상관관계 정도만을 설명해 준다. 즉, '허위적 변수의 배제'원칙은 지켜지지 않는다. 허위적 변수의 배제원칙이란 어떤 사건이나 현상 사이의 인과관계의 추론이 타당성을 갖기 위한 조건 중에 결과는 원인변수에 의해서만 설명되어야 하고, 다른 변수에 의한 설명가능성은 배제되어야 한다는 것이다(남궁근: 1995). 상관관계 자체로는 두 변수간의 인과관계를 규명해 낼 수 없고 전체독립변수들이 결합해서 종속변수의 영향을 미치는 독립변수들간의 상호관계도 설명하지 못한다. 이는 다중회귀분석을 통해서 잠정적인 인과관계를 검증해야 한다. 물론 X와 Y 사이의 관계에 영향을 미치는 교란변수(또는 허위변수)가 존재하지 않는다면 단순상관관계 분석에서도 인과관계의 추론이 가능하다(오강탁, 1999: 74).

다고 해석할 수 있으며,[61] 거의 (+)의 상관관계를 갖고 (-)의 상관관계를 갖는 것은 활용능력과 사용자 특성 사이의 관계와 사용자 태도와 사용자 특성 사이의 관계가 (-)의 관계로 나타났다.

<표-58> 변수(요인)들간의 상관관계

변수명	X1	X2	X3	X4	X5	X6	X7	X8
재직기간(X1)	1.000							
사용자태도(X2)	-0.031	1.000						
정보기술활용능력(X3)	-.302**	.091*	1.000					
정보기술지원(X4)	.173**	.205**	.158**	1.000				
산출정보(X5)	.151**	.121**	.216**	.637**	1.000			
통합정보인프라(X6)	.097*	.160**	.169**	.511**	.592**	1.000		
정보기술위험통제(X7)	.098*	.106*	.212**	.393**	.508**	.457**	1.000	
정보기술투자효과(X8)	0.073	.220**	.258**	.496**	.542**	.466**	.371**	1.000

**: $p<0.01$, *: $p<0.05$

두 변수간의 상관관계를 살펴보면, 산출정보와 정보기술의 지원의 상관관계가 0.637로 가장 높고, 통합정보인프라와 정보시스템 산출정보 사이의 상관관계가 0.592로 높으며, 다음으로 정보기술투자효과와 정보시스템 산출정보가 0.542, 통합정보인프라와 정보기술지원이 0.511, 정보기술 위험통제와 정보시스템 산출정보가 0.508의 순서로 나타났다. 상관관계가 낮은 것으로는 정보기술 활용능력과 사용자 태도로 0.091로 나타났고, 정보기술투자 효과와 사용자 특성이 0.073, 사용자 태도와 개인적 특성이 -0.31의 계수값을 가지나 5%에서 유의미하지 않은 것으로 나타났다. 그러나 상관관계 분석에서 검토해야 하는 것은 상관관계가 지나치게 높을 때이다. 상관관가 지나치게 높으면 다중공선성

---

61) 표를 보면, r값에 (*)가 붙어있는데, 이는 $p<0.05$, $p<0.01$로 5%, 1%내에서 통계적으로 유의미함을 나타낸다.

174

(multicollinearity)의 문제가 야기될 수 있기 때문인데, 여기서는 0.80이하로 이에 훨씬 못미처 회귀분석을 실시하여도 무관하다고 판단할 수 있다.[62)

2. 고전적 회귀분석의 가정에 대한 검정

본 연구는 독립변수의 수가 여러 개인 다중회귀분석을 실시하였는데, 회귀모형이 갖추어야 할 기본적인 가정이 충족될 필요가 있다.[63) 일반적으로 다중회귀방정식은 다음 식과 같다.[64)

---

62) 두 변수간의 상관계수와 회귀상관계수의 분산 사이의 관계는 그림과 같다(Gujarati, 1988: 292). 두 변수간의 상관관계가 대략 0.8이상을 넘어서게 되면 회귀계수의 분산이 증가하기 시작하여 0.9이상을 넘어서게 되면 회귀계수의 분산에 급속히 커짐을 알 수 있다. 따라서 독립변수들 사이의 상관관계분석을 통하여 다중공선성의 여부를 확인할 수 있다(윤상호, 2002).

<그림-8> 독립변수간 상관관계와 회귀계수의 분산간의 관계

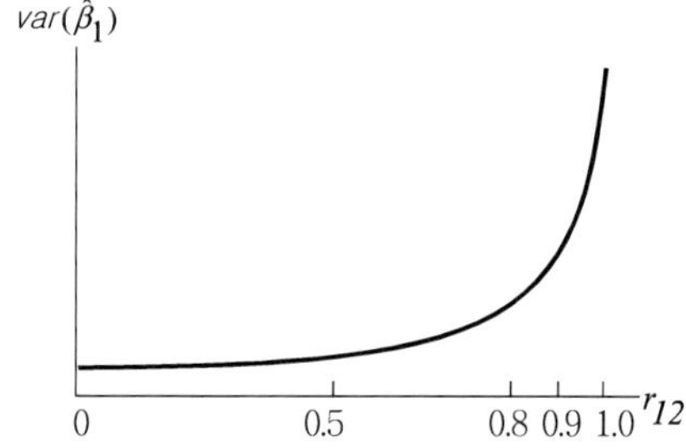

63) 다중회귀방정식은 단순회귀방정식과 비교해 볼 때 다음과 과 같은 특징을 가지고 있다. 즉, ⅰ)오차항 ε_i들은 독립적이여야 한다. ⅱ)오차항 ε_i들은 동일한 분산을 가지고 있어야 한다., ⅲ)오차항 ε_i들의 평균은 0이며 정규분포를 따르고 있다. ⅳ) $X_{1i} \Lambda X_{ki}$들은 i번째 관측값에 대한 독립변수들의 값이며 상수이다. ⅴ) k의 독립변수들은 서로 독립적이라는 것이다.

64) 이는 단순회귀모형 설정에 관한 가정과 비교하여 보면 오차항의 가정과 각각의 독립변수에 대하여는 동일하나, 독립변수들 사이에는 독립적이라는

$$Y_i = \beta_0 + \beta_1 X_{1i} + \beta_2 X_{2i} +, \Lambda ,+ \beta_k X_{ki} + \varepsilon_i$$

여기서 회귀모형의 고전적 가정에 적합한지를 검정함으로서 모형의 적합도를 살펴보면 다음과 같다.

첫째, 회귀모형은 계수에 있어 선형관계를 이루어야 하고, 정확하게 표기될 필요가 있으며, 정(+)의 오차항(ε_i)을 가지고 있어야 한다. 본 논문은 기본적으로 OLS(ordinary least squares)추정을 이용하기 때문에 1차 함수의 선형관계를 전제로 하였다.[65] 본 논문에서는 회귀모형의 선형관계를 확인하기 위하여 정규확률도표를 통하여 확인하였다.

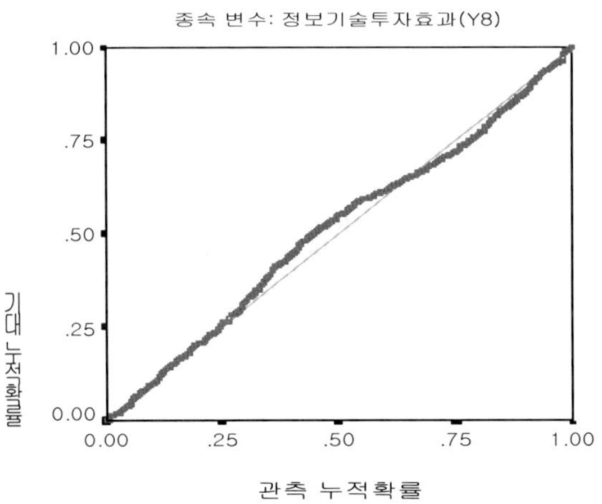

<그림-9> 회귀표준화 잔차의 정규도표

<그림-9>를 보면, 부분적으로는 다소 곡선의 형태를 띠기도 하지만 전반적으로 관찰값이 증가함에 따라 기대값이 증가하는 선형관계를 이

사실이 추가된다.
65) 1999 만일 이와 같은 가정을 만일 충족하지 못한다면 GLS(genaralised least squares) 등 다른 분석방법을 이용해야 한다.

룬다. 따라서 OLS를 사용할 수 있다.

다음으로 함수형태에 있어 빠진 변수나 부적절한 변수가 포함되어서는 안되는데, 정확하게 표기될 필요가 있다.[66] 어떤 변수가 회귀방정식에 포함되어야 하는가를 판단하는 기준으로 가장 중요한 것은 이론적인 토대 위에서 구축하였느냐의 여부이나 그밖에도 t값의 부호가 예상 방향과 일치하는가 여부, 당해 변수가 식에 포함되었을 때 조정된 결정계수(R^2)가 향상되는지 여부, 편의(bias)가 의미있게 변화하는가 여부 등을 따져보아야 한다. 아울러 OLS를 이용한 회귀분석에 있어서는 부가적인 오차항을 가질 필요가 있는데, 이 조건을 충족시키기 위해 일반적으로 상수항을 포함한다(Studenment, 2001). 본 연구는 충분한 이론적 연구를 수행한 후에 구축한 것이며 t값의 부호가 (+)의 방향이고, 결정계수(R^2)도 높으며, 회귀식에 상수항을 포함시킴으로써 변수선정 기준을 모두 충족하였다.

둘째, 오차항 ε_i들의 평균은 0이며 정규분포를 따라야 한다. 이는 오차항의 정규성에 관한 가정인데, 특히 정규분포를 따라야 하는 것은 OLS추정에서 반드시 요구되는 것은 아니지만 회귀분석을 사용하는 가설검정에서는 반드시 충족되어야 한다(Studenmund, 2001). 회귀모형의 표준화된 잔차분포의 히스토그램을 보면 〈그림-10〉과 같다.

---

66) 중요변수가 모형에서 빠지게 되면 빠진 변수편차(omitted variable bias)를 야기하여 R^2를 증가시키고 추정치의 기대값을 모집단의 실제값과 멀어지게 함으로써 추정된 회귀방정식을 믿지 못하게 한다. 그리고, 부적절한 변수가 포함되면 bias가 발생하는 것은 아니지만, 추정치들의 분산을 증가시킴으로써 t값의 절대치를 감소시키고 수정된 R^2를 감소시킨다(Studenmund, 2001).

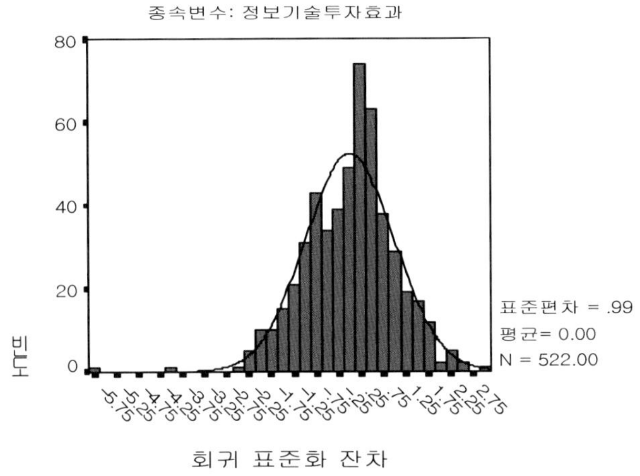

<그림-10> 잔차분포 히스토그램

전체 관측치는 522이고, 평균이 0.00이고 표준편차가 0.99여서 거의 정규분포에 가까워 오차항의 정규성 가정을 충족한다고 할 수 있으며, 따라서 가설검정의 기본요건을 갖추었다고 볼 수 있다.

셋째, 모든 독립변수는 오차항과 관련이 없고, 오차항 ε_i 들은 동일한 분산을 가지고 있어야 한다는 것이다. 이는 등분산 가정에 관한 것으로 잔차플롯을 통해 검토해 볼 수 있는데, 설명변수를 X축, 그리고 잔차를 수직축 평면위에 그린 결과 0을 중심으로 무작위 적으로 퍼져 있으면 등분산성 가정이 충족되었다고 볼 수 있다(손상호, 2000).[67]

본 논문에서는 회귀모형에 대한 분산의 동질성 검증을 위해 산점도를 검토해 보았다. 〈그림-11〉에서 보듯 X축의 예측치가 커져도 Y축상의 오차의 분산이 커지거나 작아지지 않는 것으로 나타남으로써 오차항의 분산이 동질적인 것으로 확인되었다.

---

67) 검토결과 이분산성이 드러났을 경우에는 반응변수에 대하여 로그 변환 등을 취한 후 다시 선형회귀분석을 하거나 가중최소법(WLS) 등을 사용해야 한다(Maddals, 1992).

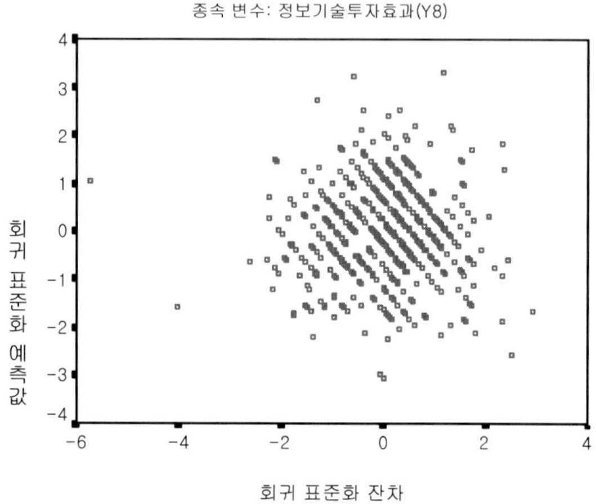

<그림-11> 회귀분석의 잔차산점도

넷째, 오차항의 관찰치들은 서로 관련성이 없어야 한다. 오차항 ε_i 들은 독립적이어야 한다는 것을 의미하는 것으로 독립성을 가정하고 있는 것이다. 다시 말하면, 자기상관(autocorrelation)에 관련된 것으로[68] 더빈-왓슨 통계량으로 검사되는데, 본 본문에서는 1.828738로 자기상관이 거의 없다.

다섯째, 한 독립변수는 다른 변수와 완전한 선형함수가 아니라야 한다. 이는 다중 공선성에 관한 것으로서 둘 이상의 독립변수들 사이에 아주 강한 선형함수의 관계를 갖는 것으로 이 경우에 회귀계수가 추정값들이 관찰값의 작은 변화에도 민감하게 반응하며 선형회귀모형에서 한 설명변수를 제거하거나 추가할 경우 매우 민감한 반응을 보이게 된다. 더군다나 회귀계수 추정치의 표준오차가 매우 커지므로 그러한 선

---

68) 이는 주로 시계열분석에서 문제가 된다. 자기상관이 있으면 t값, F값, R2 가 지나치게 큰 값을 갖게되어 낙관적인 결론에 이르게 할 수 있기 때문에 자기상관이 검출되는 회귀모형은 시차변수(lagged variable)를 고려하여 시계열 분석을 해야한다(Studenmund, 2001).

형모형을 바탕으로 한 통계적 추론은 정확도나 예측의 신뢰도를 크게 떨어뜨린다(Studenmund, 2001).

다중공선성으로 인한 편차를 줄이기 위해서는 공선성진단을 통하여 분산팽창인자(VIF)가 10을 넘거나 분산허용치(tolerance)가 0.1 이하인 인자를 제거하고 회귀분석을 다시 해야 한다(손상호, 2000). 본 연구에서 다중 공선성 검증결과를 제시하면 다음 〈표-59〉와 같다. 분산팽창인자가 1.057~1.1187 사이에 존재하고 분산허용치도 0.842~0.946 사이에 있으므로 공선성의 문제가 없다.

〈표-59〉 변수간 다중공선성 검증결과

Variance	Tolerance	VIF
개인적 특성(X1)	0.842	1.187
사용자 태도(X2)	0.946	1.057
정보기술활용능력(X3)	0.819	1.221
정보기술지원(X4)	0.545	1.835
정보시스템 산출정보(X5)	0.454	2.202
통합정보인프라(X6)	0.589	1.698
정보기술위험통제(X7)	0.690	1.449

a 종속변수: 정보기술투자효과(X8)

3. 분석결과와 그 해석

본 연구는 위에서 회귀모형의 고전적 가정에 적합한지를 검토해 보았다. 계수에 있어 선형관계를 이루고 있고, t값의 부호가 (+)의 방향이며, 결정계수(R^2)는 0.584로 설명을 해주고 회귀식에 상수항을 포함시킴으써 변수선정기준을 충족하였다. 또한 더빈-왓슨 통계량이 1.828로 자기상관

(autocorrelation)이 거의 없고, 분산팽창인자가 1.057~1.1187 사이에 존재하고 분산허용치도 0.842~0.946 사이에 있으므로 다중공선성의 문제가 없는 것으로 나타났다.

본 연구의 정보기술투자효과에 대한 다중회귀분석의 결과는 〈표-60〉에 나타나 있다. 이를 중심으로 모형의 타당성과 독립변수의 유의성을 검정한 후 각 독립변수에 대한 검정을 하였다.

〈표-60〉 정보기술투자효과에 대한 다중회귀분석결과

Dependent Variable: IT Investment Effect(X8)
Method: Least Squares
Date: 07/23/03   Time: 15:23
Sample: 1 522
Included observations: 522

구 분	Variable	Coefficient	Std. Error	t-Statistic	Prob.
상수항	상수(C)	1.158	0.167	6.916	0.000
정보기술 사용자	개인적 특성(X1)	0.008	0.011	0.671	0.502
	사용자 태도(X2)	0.107	0.034	3.084	0.002
	정보기술활용능력(X3)	0.096	0.027	3.477	0.000
정보기술 사용조직	정보기술지원(X4)	0.136	0.035	3.873	0.000
정보기술 인프라	산출정보의 질(X5)	0.201	0.039	5.146	0.000
	통합정보인프라(X6)	0.113	0.034	3.316	0.001
	정보기술위험통제(X7)	0.044	0.034	1.305	0.192
R-squared	0.584	Adjusted R-squared		0.575	
F-statistic	45.724	Prob(F-statistic)		0.000	

* 종속변수: 정보기술투자효과(X8)
** 이를 회귀식으로 나타내면 다음과 같다.
$X_8 = 1.158 + 0.107X_2 + 0.096X_3 + 0.136X_4 + 0.201X_5 + 0.113X_6$

1) 모형의 타당성 검정

모형의 타당성은 F 값으로 판단해 볼 수 있는데, 이 값이 클수록 모형의 설명력이 크다고 할 수 있다. 이때 가설의 유의미한지 또는 유의미하지 않은지는 확률($Pro.,\ F\text{-}statistic$)을 따르는데,[69] 본 연구에서는 F 값은 45.72380이고, F 확률은 0.001로 유의수준 5% 내에서 아주 유의하다고 할 수 있다.[70] 따라서 모형의 타당도가 있다고 할 수 있다 (〈표-60〉 참조).

2) 독립변수의 유의성

독립변수의 유의성을 검정하는 대표적인 방법은 회귀분석으로 〈표-60〉은 다중회귀분석의 결과를 보여주고 있다. 위 부분은 추정된 계수값, 확률)이 나타나 있다. 확률은 유의수준(p)의 값을 보여주는 것으로, 0.05보다 작다는 것은 유의수준 5% 내에서 유의미하지 않다는 것으로 이는 독립변수의 유의성을 의미한다. 아래 부분은 결정계수(R^2), 조정된 결정계수(Adjusted R^2), F 값, 확률 등이 나타나 있다. 여기서 결정계수는 회귀분석이 종속변수를 얼마나 잘 설명하는지를 나타내 주는데,[71] R^2 =0.583742로 전체 분산 중에서 약 58%를 설명해 주고 있다. 조정된 결정계수는 조정된 상관관계를 의미하며, 조정된 R^2 =0.575350으로 나타났다 (〈표-60〉 참조).[72]

---

69) 이는 F 값에 의한 p값을 의미한다.
70) 여기서 제곱합은 종속변수의 자승합(130.911)을 모형이 설명해주는 부분 (50.236)과 설명되지 않는 부분(80.675)으로 나눈 값이다. 그리고 제곱평균 7.177은 제곱합 50.236을 자유도 7로 나눈 값이다. F비는 제곱평균의 곱을 구한 값이다. 이는 7.177/0.157＝45.72380이다.
71) 하나의 지표로 독립변수들에 의해 설명되는 종속변수의 변이의 부분 (fraction)으로 구해진다. 만일 상수항이 없이 회귀분석을 실시하거나 2단계최소제곱(2SLS)의 방법을 사용하면 음수가 나오기도 한다.

3) 각 독립변수의 검정

개인적 특성(X1), 사용자 태도(X2), 정보기술활용능력(X3), 정보기술지원(X4), 산출정보(X5), 통합정보인프라(X6), 정보기술위험통제(X7)의 7가지 독립변수가 종속변수인 정보기술의 투자효과(X8)에 정(+)의 영향을 미친다는 가설을 설정하여 검정하였다. 이제 각 변수들의 종속변수인 정보기술의 투자효과(X8)에 대한 영향력의 정도를 검토하기 위하여 다중회귀모델을 추정하였다(〈표-60〉 참조).

(1) 〈가설1〉: (X1)→(X8)

〈가설1〉은 『공무원으로서 재직기간이 길면 정보기술의 투자효과가 높다고 인식할 것이다□□였다. 이는 개인적 특성(X1)을 반영한 것으로 이론적 기대에 부합하는 (+)의 부호를 가지고 있고, 회귀계수(β)는 0.008, $t=0.671$이나 유의수준 5%($p=0.5023$) 내에서 통계적 유의성을 갖지 않는 것으로 나타났다.

본 연구에서는 개인적 특성을 반영하는 변수들 중에서 재직기간을 사용하였는데, 연구가설이 유의미하지 않은 것으로 나타났다. 전통적인 행정체제에서처럼 정보화시대의 행정체제에서도 여전히 공무원들은 재직기간이 길수록 보수적이고 현상유지적인 성향을 가지고 있다고 볼 수 있다. 정보기술은 조직의 수평화와 관련이 있어 직급이 올라갈수록 전통적인 사고 방식에 크게 영향을 받아 정보기술의 도입과 이용에 저항적인 태도를 갖고, 오랫동안 근무할수록 업무의 내재적 가치나 권력 및 수직적인 관계를 중시하는 경향이 오늘날의 공무원 행태에서도 그대로 반영되고 있다. 이는 외생변수로써 그 속성을 변경하기가 어려운

---

72) 독립변수의 수가 계속 증가해도 결정계수의 값은 줄어들지 않는다는 문제를 보완하기 위하여 제시된 값이다. 추가된 독립변수가 종속변수에 대한 설명력을 높이지 못할 경우 조정된 결정계수의 값은 줄어든다.

데 조직내에서 근무기간이 길수록 새로운 기술을 도입할 때 재적응, 재학습의 노력이 요구되어 많은 부담을 느끼는 것으로 해석된다.

(2) 〈가설2〉: (X2)→(X8)

〈가설2〉는 『정보기술의 이용에 대한 사용자의 태도가 긍정적일수록 정보기술 투자효과가 높다고 인식할 것이다□□이다. 〈가설2〉는 사용자 태도(X2)가 정보기술투자효과(X8)의 인식에 어느 정도 영향을 미치는가를 보기 위한 것으로 회귀계수(β)가 0.107, $t=3.084$로 유의수준 5%($p=0.002$)내에서 통계적으로 유의미하여 정보기술투자효과에 정(+)의 영향을 미치는 것으로 나타났다.

사용자 태도가 종속변수에 영향을 미치는지를 확인한 연구는 Ginzberg(1981: 459-478), Rivard와 Huff(1988: 552-561), Lucas(1978: 27-41), Robey(1979: 527-538), Igbaria와 Parasurman(1989: 189-196) 등을 들 수 있는데, 이들의 연구결과도 정(+)의 상관관계가 있음을 확인하였다. 사용자 태도는 정보기술활용의 능력을 높임으로써 성과에 영향을 미친다는 것이다. Davis(1989: 319-339) 등은 정보기술의 사용형태를 예측하는데 사용자 태도와 신념의 개념을 사용한 것이 특징이고, Maish(1979), Lucas(1978: 27-41)와 Ein-Dor, Segev와 Steinfeld(1981) 등의 연구는 전산직원(사용자)의 태도가 정보기술사용빈도에 강한 정(+)의 영향을 미친다는 것을 확인하였다. 본 연구의 결과와 다른 연구의 결과가 확인해 주듯이 사용자 태도가 정보기술의 사용에 대해 긍정적이면 긍정적일수록 정보기술의 투자효과의 인식정도는 높아진다고 말할 수 있다.

(3) 〈가설3〉: (X3)→(X8)

〈가설3〉은 『정보기술에 대한 사용자의 활용능력이 뛰어날수록 정보기술투자효과가 높다고 인식할 것이다□□이다. 〈가설3〉은 사용자의 정보기술활용능력(X3)이 정보기술투자효과(X8)의 인식에 미치는 정도를 파악하기 위한 것으로 회귀계수(β)가 0.096, $t=3.477$로, 1%($p=0.001$) 유의수준에서 통계적으로 유의미하고 정보기술투자효과의 인식에 정(+)의 영향을 미치는 것으로 나타났다.

Oya Culpan(1995: 167-176), Amoroso(1988: 49-57)[73]의 연구도 동일한 결과를 보여주고 있다. Lee(1986: 313-315)는 정보기술의 활용능력이 높고 컴퓨터의 사용경험이 많은 사용자는 일반사용자보다 컴퓨터를 이용하는 시간이 많고 정보기술에 대한 만족도가 높다는 것을 확인하였다. 특히, Brancheau와 Wetherbe는 사기업 조직에서 최종사용자 전산기술의 확산과정을 조사한 결과를 보면, 정보기술을 먼저 사용한 직원이 나중에 사용한 직원에 비하여 정보기술활용능력이 높다는 사실을 확인하였다. 이러한 연구물들은 본 연구의 결과와 마찬가지로 사용자의 정보기술활용능력에 따라 정보시스템의 효과에 대한 평가를 다르게 내릴 수 있다는 사실을 보여주고 있고, 정보기술투자효과의 인식에 영향을 미치는 중요한 변수라는 것을 제시해 주고 있다.[74]

(4) 〈가설4〉: (X4)→(X8)

〈가설4〉는 『기초자치단체의 정보기술에 대한 지원이 많을수록 정보기술투자효과가 높다고 인식할 것이다□□이다. 〈가설4〉는 정보기술지원(X4)이 정보기술투자효과(X8)의 인식에 어느 정도 영향을 미치는가를

---

73) 전산능력이 높은 사람들은 조직내 전산부서의 스텝과의 원활한 의사소통이 가능해 정보기술의 개발과정에 적극적으로 참여함으로서 자신들의 요구를 구체화할 수 있기 때문이다(Alavi, 1984: 556-563).
74) 물론, 그렇지 않은 결과도 있다. 정헌률(2003: 120-124)은 우리나라에서 전자정부를 구축하는데 있어 전산기능의 미숙에 대한 회귀분석에서 5%($p=0.943$) 유의수준에서 통계적으로 유의미하지 않은 결과를 보여주고 있다.

확인하기 위한 가설로 회귀계수(β)가 0.136, $t=3.873$으로 1%(p=0.000) 유의수준에서 통계적으로 유의성을 갖고, 정보기술투자효과(X8)에 정(+)의 영향을 미치는 것으로 나타났다.

최고관리자의 정보기술에 대한 지원정도와 조직의 정보기술에 대한 교육·훈련의 지원 정도가 많으면 정보기술투자효과(X8)의 인식 정도도 높아질 수 있다는 것이다. Tor Guimaraes, et al.(1992), Rudelius, Dicson와 Hartley(1982: 115-590)의 연구결과도 정보기술을 잘 사용하지 않게 되는 주된 원인으로 최고관리자가 정보기술에 적절히 지원해 주지 않기 때문이라는 결과를 보여주며 정보시스템의 성공에 정(+)의 영향을 주는 주요변수라는 것을 확인시켜주었다. Lee(1986: 313-315)도 최고관리자의 정보기술에 대한 지원부족은 정보기술의 효율적인 사용을 저해하는 주요 장애요인이라는 결과를 보여준다.

그리고 조직의 교육·훈련에 대한 측면에서 사용자에 대한 전산교육은 정보기술에 대한 사용자들의 호의적인 태도를 형성하고(Igbaria, Parasuraman and Pavri, 1990: 1-4), 사용자들의 정보기술의 사용을 고무시키며(Lee, Kim and Lee, 1995: 189-202), 정보기술의 활용능력에 영향을 준다(Nelson and Cheney, 1989: 399-405)는 결과를 보여주고 있다. 특히, Lucas(1973), Bruwer(1984), 그리고 Igbaria(1990, 637-652)의 연구 결과도 전산부서나 정보기술의 사용자에 대한 조직의 지원정도가 높을 때 정보기술에 대한 사용자의 태도는 우호적으로 변한다고 하였다. 정보기술에 대한 조직의 지원은 정보기술투자효과(X8)의 인식에 영향을 주는 중요한 변수라고 할 수 있다.

(5) 〈가설5〉: (X5)→(X8)

〈가설5〉는 『기초자치단체의 행정정보시스템 산출정보의 질이 좋을수록 정보기술투자효과가 높다고 인식할 것이다□□이다. 이는 정보시스템

186

으로부터 산출되는 정보의 질(X5)이 정보기술투자효과(X8)의 인식에 어느 정도 영향을 미치는가를 확인하기 위한 것으로 회귀계수(β)가 0.201, t=5.146으로 1%(p=0.000) 유의수준에서 통계적으로 유의성을 갖고, 정보기술투자효과(X8)에 정(+)의 영향을 미치는 것으로 나타났다.

Kramer(1986)의 연구도 최종사용자들에게 제공되는 정보시스템으로부터 산출되는 정보의 질이 향상될수록 조직의 목표달성에 기여하는 요인임을 확인하였다. 조직의 성공적인 정보기술의 수용에 중요한 변수라는 것이다. 이러한 결과로부터 정보시스템의 산출정보의 질이 높을수록 정보기술투자효과는 높아진다고 해석할 수 있다.

(6) 〈가설6〉: (X6)→(X8)

〈가설6〉은 『정보기술에 대한 통합정보인프라가 잘 구축될수록 정보기술의 투자효과가 높다고 인식할 것이다』이다. 〈가설6〉은 통합정보인프라(X5)가 구축되었을 경우 정보기술투자효과(X8)의 인식에 어느 정도 영향을 미치는가를 확인하기 위한 것이다. 이는 회귀계수(β)가 0.113, t=3.316으로 1%(p=0.001) 유의수준에서 통계적으로 유의성을 갖고, 정보기술투자효과(X8)의 인식에 정(+)의 영향을 미치는 것으로 나타났다. 정보의 쌍방향 교류를 가능하게 하는 통합정보인프라가 잘 구축될수록 정보기술투자효과(X8)의 인식은 높아진다는 것을 의미한다. 본 연구의 이론적 기대에도 부합하는 것으로 나타났으나, 정헌률(2003: 120-124)은 전자정부구축에 있어 정보인프라구축에 대한 회귀분석에서는 5%(p=0.0667)내에서 유의미하지 않은 것으로 나타나 다른 결과를 제시하고 있다.

(7) 〈가설7〉: (X7)→(X8)

〈가설7〉은 『기초지방자치단체의 정보기술에 대한 위험통제가 잘 이루어질수록 정보기술투자효과가 높다고 인식할 것이다』이다. 〈가설7〉은 정보기술위험통제(X7)가 어느 정도 정보기술투자효과(X8)의 인식에 영향을 미치는가를 확인하기 위한 것으로 회귀계수(β)가 0.044, t=1.305로, 이론적 기대에 부합하는 (+)의 부호를 갖으나, 5%(p=0.192) 유의수준에서 통계적으로 유의성을 갖지 않는 것으로 나타나 정보기술의 투자효과(X8)에 영향을 미치지 않는 것으로 나타났다.

정헌률(2003: 120-124)도 전자정부구축에 있어 위험회피성향에 대한 회귀분석에서 5%(p=0.410)내에서 유의미하지 않은 것으로 나타나 본 연구와 같은 결과를 제시하고 있다. 본 연구에서 이러한 결과가 나온 것은 기초자치단체공무원들의 응답분포를 보면 행정직과 기술공무원들의 응답이 대부분을 보이고, 이와 관련이 많은 전산직의 비율이 28명으로 5.4%로 낮아 이러한 결과가 도출된 것으로 이해된다. 정보기술과 관련된 물리적 위험통제와 직접 관련이 없는 일반직 공무원들의 응답 비율이 상대적으로 높기 때문이다.

(8) 가설검정 요약

회귀분석으로 가설을 검정한 결과를 요약하면 다음 〈표-61〉와 같다. 개인적 특성(X1), 정보기술위험통제(X7)는 5%의 유의수준에서 유의하지 않은 것으로 나타났다.

그러나 사용자 태도(X2), 정보기술활용능력(X3), 정보기술지원(X4), 산출정보(X5), 통합정보인프라(X6)는 5%(p〈0.05)의 유의수준에서 유의미한 것으로 나타나 정보기술투자의 효과의 인식에 영향을 미치는 것으로 나타났다. 또한 변수들의 상대적인 영향력을 보면 산출정보(X5), 정보기술지원(X4), 통합정보인프라(X6), 사용자 태도(X2), 정보기술활용능력(X3)의 순으로 비중이 있는 것으로 나타났다.

〈표-61〉 가설의 검정 요약

가설번호	회귀계수	유의확률	채택여부	상대적 비중
〈가설1〉	0.008	0.502	×	-
〈가설2〉	0.107	0.002	○	④
〈가설3〉	0.096	0.001	○	⑤
〈가설4〉	0.136	0.000	○	②
〈가설5〉	0.201	0.000	○	①
〈가설6〉	0.113	0.001	○	③
〈가설7〉	0.044	0.192	×	-

* ○ : $p < 0.05$ 에서 통계적으로 유의미함
* × : $p < 0.05$ 에서 통계적으로 유의미하지 않음

제6장 요약 및 결론

제1절 연구결과의 요약

　오늘날 정보기술은 사회 각 부문의 혁신과 변화를 가능하게 하는 중요한 촉진수단이고, 조직생존의 가장 중요한 요인이 되고 있다. 이러한 맥락에서 우리 정부를 비롯한 주요 국가들은 지난 10여 년 사이에 걸쳐서 급속한 지출의 성장을 보이고 있고, 정부회계에 있어 새로운 중요 항목을 구성하고 있다. 하지만 이러한 투자의 효과를 파악하는 것은 크게 주목을 끌지 못하였다. 이러한 경향은 공공부문의 성과라는 것이 어렵고 힘들기 때문이다. 본 연구에서는 이러한 문제점을 인식하고 정보기술투자의 효과를 평가하고, 정보기술투자의 효과에 영향을 주는 주요 변수들을 실증적으로 밝히고자 한다.

　이를 위해 질문지를 구성하여 정보기술투자의 효과를 평가하였는데, 변수로는 개인적 특성(X1), 사용자 태도(X2), 정보기술활용능력(X3), 정보기술지원(X4), 산출정보(X5), 통합정보인프라(X6), 정보기술위험통제(X7)의 7가지 독립변수와 정보기술투자효과(X8)의 종속변수를 설정하였다. 설문의 질문항목은 47개 문항으로 Likert 5점 척도로 구성하였다. 표본은 가능한 한 무작위 표출에 가까운 효과를 내고 직렬, 직급 등이 골고루 포함될 수 있도록 표본을 구성하였다. 표본은 3개의 기초자치단체 공무원을 대상으로 전체 600부를 배포하여 552부(회수율 92%)가 회수되었고, 회수된 질문지 중 522부가 분석에 이용되었다. 시·군·구별로는 S시가 164부, J군 171부, 그리고 K구가 187부이다.

본 논문에서 자료의 분석에 이용된 통계패키지는 Eviews와 SPSS를 이용하였다. 주요 분석방법으로는 원자료의 분포상태와 자료의 특성을 파악하기 위해 도수분포표를 사용하였고, 분산분석을 이용하여 대상집단들 사이의 인식 차이를 살펴보았다. 그리고, 주요 변수들의 영향을 파악하기 위해 다중회귀분석에 의한 가설의 검정을 시도하였다.

본 연구는 이에 앞서 요인분석, 타당도와 신뢰도 분석, 상관관계분석, 모형의 타당도 등을 먼저 시도하였다. 요인분석은 베리맥스(varimax) 회전방법을 통하여 고유값(eigenvalue) 1.0 이상이 요인을 추출하였는데, 요인의 수는 7개로 그룹화 되었고 이것을 대표값으로 하여 분석을 하였다. 타당도의 검정결과 KMO 척도값이 0.913로 높았으며 Bartelett 구성형 검정에서도 유의확률이 .000으로 1%보다 작아 통계적으로 유의미한 것으로 나타났다. 신뢰도(reliability)를 검정한 결과는 크론바하 알파값과 표준화된 항목의 알파값이 각각 0.9036, 0.9069로 높은 수준을 보이고 있어 집단화하더라도 별 문제가 없을 것으로 판단하였고, 상관관계분석결과 5%의 수준에서 대부분 유의미하게 나타났고, 또한 상관계수가 0.80이하로 나타나 다중공선성이 없는 것으로 판단하여 다중회귀분석을 실시하여도 무관하다고 판단하였다.

또한 모형의 타당도는 F값이 45.724이고 F확률은 0.001로 유의수준 5% 내에서 유의미하게 나타났고, 독립변수의 유의성도 t값이 2이상이고 유의수준 5%내에서 유의미한 것으로 나타났다. 결정계수(R^2)는 그 값이 0.583으로 전체 분산 중에서 약 58%를 설명해 주고 있고, 조정된 결정계수(adjusted R^2)는 0.575로 나타났다. 더빈-왓슨 통계량은 1.828 이므로 계열상관이 없는 것으로 판단되었다.

이러한 분석결과에 대한 요약을 응답분포, 분산분석에 의한 인식의 차이분석, 회귀분석의 순으로 정리해 본다.

첫째, 각 변수들에 응답분포를 정리해 보면, 종속변수에 대한 응답분포는 정보기술투자효과에 대한 공무원들의 응답에서 긍정적인 응답의 경우 민원인의 대기시간이 단축되었다(64.2%)로 가장 높은 퍼센트를 보이고 업무량의 감소정도(45.2%), 업무처리의 신속성(43.8%)은 50%를 넘지 않는 것으로 나타났다. 정보기술투자효과에 대한 긍정적인 응답의 평균 퍼센트는 54.39%로 522명 중 약 284명이 긍정적으로 응답하였다. 다음 영향요인에 대한 긍정적인 응답에 대한 평균 퍼센트를 보면, 정보기술지원(54.7%)이 가장 높은 퍼센트를 보이고, 사용자 태도(47.4%), 산출정보(41.7%)가 낮은 비율을 보였고, 정보기술 위험통제(39.6%), 통합정보인프라(39.2%), 정보기술활용능력(27.5%)은 매우 낮은 응답분포를 보였다.

둘째, 분산분석에 의한 인식의 차이를 요약해 보면, 소속기관에 따라서는 모든 변수가 5%의 유의수준에서 통계적으로 차이를 보이는 것으로 나타났다. 정보기술투자효과($X8$)에 대한 인식의 차이에서 대도시의 K구(區)가 정보기술의 투자효과가 가장 높게 나타났고 다음이 S시, J군의 순서로 나타났다. 직렬에 따른 각 변수들의 차이를 보면 대부분의 변수가 5% 유의수준에서 통계적으로 차이가 없는 것으로 나타났으나 정보기술지원($X4$)만이 차이가 있는 것으로 나타났다. 특히, 정보기술활용능력의 경우 소속기관에 따라 K구, S시, J군의 순서로 활용수준이 높은 것으로 나타났다. 이밖에도 정보기술지원($X4$), 산출정보($X5$), 통합정보인프라($X6$), 정보기술의 위험통제($X7$) 등에서도 소속기관에 따라 차이를 보이고 있다(〈표-58〉 참조). 따라서 중소도시의 경우 인적·물적 지원이 대도시에서처럼 확대되고, 정보기술에 대한 교육과 훈련을 실시할 필요가 있다.

셋째, 각 독립변수들에 대한 다중회귀분석을 통한 가설검정 결과를 보면, 개인적 특성($X1$), 정보기술위험통제($X7$)는 5%의 유의수준에서 통계적으로 유의하지 않은 것으로 나타난 반면에 사용자 태도($X2$), 정보기술활용능력($X3$), 정보기술지원($X4$), 산출정보($X5$), 통합정보인프라($X6$)는 5%의 유의수준에서 통계적으로 유의미하여 정보기술투자효과($X8$)에 영향을 미치는 것으로 나타났다. 각 변수에 대한 상대적 비중은 산출정보(X5)의 영향력이 가장 크게 나타났고, 다음은 정보기술지원(X4), 통합정보인프라(X6), 사용자 태도(X2), 정보기술활용능력(X3), 정보기술위험통제(X7)의 순으로 상대적 비중이 높다고 할 수 있다(〈표-60〉 참조).

제2절 정책적 함의

정보기술의 발달과 더불어 공공부문에서는 정보기술을 활용하여 행정의 질적 향상을 기하려고 많은 노력을 경주하고 있다. 현재는 전자정부를 구현하는 11대 과제를 추진하였고, 전국의 공공기관을 연계하는 사업이 진행되고 있다. 그런데 많은 공공부문의 정책의 경우 그 성과의 측정과 평가가 어렵다는 것이 지배적인 생각이었고, 대부분의 정책학 관련 문헌에서 그 어려움을 지적하면서 또한 평가의 중요성을 강조한다. 그러나 현실적으로 평가의 노력은 이루어지고 있는 것 같지 않다.

본 연구는 정보기술투자효과의 평가방법을 제시하고, 그에 입각하여 분석 틀을 설정하여 변수들간의 영향요인을 실증적으로 분석하였는데, 조직이 상황요인들에 대해 무엇을 관리해야하고 어떻게 통제해야 하는가의 요인을 분명하게 제시해 주고, 정보기술의 투자, 즉 설계, 개발, 구현할 때 일정한 방향을 제공하는데 일정한 틀을 제공한다는데 학문적인 의의가 있다.

본 연구는 첫째, 기초자치단체의 공무원들의 인식조사를 통해서 새롭게 도입되어 구축되는 정보시스템을 비롯한 정부기술의 효과를 파악하고 그러한 효과를 높이기 위하여 어떠한 노력을 해야 하는가, 시스템의 운영 및 관리에 필요한 사항과 정책적·제도적 개선방안을 마련할 수 있는 계기가 되었다는 점에 의의가 있고, 둘째, 정보기술투자효과를 개발자의 입장에서가 아니라 이를 최종적으로 사용하고 있는 기초자치단체의 공무원을 대상으로 직접 사용하고 있는 사용자의 입장에서 공무원들이 인식하고 있는 효과와 영향 그리고 문제점을 파악함으로서 개선의 여지를 마련하였다는 것에 의의가 있다.

다음은 연구결과를 토대로 하여 정책적 함의를 제시해 본다.

정보기술투자효과(X8)의 인식에 영향을 미치는 정도는 변수에 따라 차이를 보이고 있다. 회귀계수(β)를 볼 때, 개인적 특성(X1)과 정보기술위험통제(X7)는 통계적으로 유의미하지 않은 것으로 나타났으나, 유의미한 변수 중에서도 정보시스템의 산출정보(X5), 정보기술지원(X4), 통합정보인프라(X6), 사용자 태도(X2), 정보기술활용능력(X3)의 순으로 상대적인 영향력이 있는 것으로 나타났다.

이와 같은 정보기술투자효과(X8)를 보다 극대화하기 위해서는 행정정보시스템으로부터 산출되는 정보는 우선 정확해야하고, 시의적절성이 있어야 하며, 또한 최신의 정보를 제공하고 충분하도록 하는 것(X5)이 중요하고, 정보기술에 대한 지원(X4)을 확대할 필요성이 있다. 조직의 업무처리 분위기를 쇄신하기 위하여 최고관리자는 분위기를 쇄신하고 정보기술의 이용을 고무하고, 또한 정보기술에 대한 지속적인 교육과 훈련을 실시할 필요가 있다. 다음은 기초자치단체의 중요한 시스템업무의 표준화, 지식관리시스템, 전문화된 자료센터 등 통합정보인프라(X6)를 구축하여 온라인을 통한 정보교환 및 업무처리를 가능하게 해야하며, 사용자들이 새로운 정보기술의 도입에 적극적이고, 잘 적응할 수 있도록 사용자의 태도(X2)를 변화시키는 방안도 강구해야 한다. 특히, 정보기술이 최신의 장비로 구축되었다고 하더라도 이를 활용할 수 있는 능력이 없으면 정보기기는 고철덩어리에 불과함으로 공무원의 정보기술활용능력(X3)을 높일 수 있는 방책도 필요하다.

보다 구체적으로 정보기술투자효과(X8)에 대해 측정항목별로 보면, 업무량을 감소시키기 위해서는 컴퓨터 등 정보기술을 사용하면서 수작업, 재작업의 양을 줄여 "종이 없는 사무실"을 구현하는 것이 중요한데, 최고관리자 측면에서는 전자문서에 익숙해지고 전자결재를 중요시하는 행정문화를 조직내에 확산시키는데 노력해야 한다. 업무처리절차를 신속하게 하기 위해서는 여러 부처에 사업과 연계될 경우 표준화문제, 코드체계 표준화, 문서서식의 표준 등의 문제를 해결하는 것이 중요하고, 업무처리를 간소화하기 위해서는 공공부문에 일상적인 업무와 반복적인 업무를 공식화 내지 표준화하여 처리하고 구비서류를 줄일 수 있도록 불필요한 규제를 폐지 또는 완화해야 한다. 업무처리의 신속성을 기하기 위해서는 유관 기관과의 연계와 온라인의 통한 시간과 공간을 초월한 업무처리가 가능하게 해야 하고, 민원인의 대기시간 단축을 위해서는 관련 정보시스템 등을 확대·개편하여 온라인을 통하여 업무를 처리할 수 있도록 하며, 특히 주민생활과 관련된 각종 증명을 발급하고, 각종자료를 주민에게 제공하며 열람 등을 온라인을 통하여 이루어지게 할 필요가 있다. 업무처리의 투명성을 높이기 위해서는 새로운 정보시스템의 도입 및 이용으로 담당공무원이 민원인과 직접적인 접촉의 기회를 끊고 담당공무원이 업무를 처리할 때 업무처리상황이 공개되게 함으로서 자의적인 권한의 행사를 막아야 한다. 그리고 기관의 신뢰수준을 높이기 위해서는 산출정보의 질이 우수해야하고, 업무가 신속히 처리되어 민원대기시간이 줄어야 하며, 특히 정보기술에 대한 위험통제가 이루어져 정보보호 및 복구체계가 정비되어 있어야 한다.

다음은 정보기술투자효과(X8)에 영향을 미치는 주요 영향요인들의 문제점을 파악하고 개선하는 것에 대한 함의를 각 변수별로 차례대로 논해본다. 또한 회귀분석의 결과, 정보기술의 위험통제와 개인적 특성(재직기간)은 5% 유의수준에서 통계적으로 유의미한 결과가 나오지 않았는데, 개인의 프라이버시 등 정보보호와 화재, 정전시의 재난복구 등의 중요성, 조직내에서 정보기술에 대한 개인적인 태도변화 등이 중요하다는 의미에서 함께 논해 보도록 한다.

① 개인적 특성(X1): 본 연구에서 개인적 특성을 반영하는 변수로는 재직기간을 사용하였으나 가설이 5% 내에서 유의미하지 않게 나와 논한다는 것이 무의미할 수 있다. 하지만 정보기술을 사용하는 공무원 개인의 가치라는 것은 직무의 경험과 밀접한 관련이 있고, 공무원 개인의 경험은 시간에 따라 변하기 때문에 동일한 가치를 가지고 근무를 시작한 공무원의 경우 시간이 경과한 후 서로 다른 경험을 통하여 서로 다른 가치를 가질 수 있다. 오래 근무한 공무원의 경우 조직의 분위기에 자연스럽게 적응하고 익숙해지는 반면에 조직의 수평화를 이끄는 정보기술에서는 그렇지 않다는 것을 나타내 주는데, 전통적인 사고방식에 사로잡혀 정보기술의 도입과 이용에 저항적인 태도를 보임으로써 효과의 제고에 장애가 될 수 있다. 따라서 정보기술투자의 위험요인으로 작용하는 것으로 조직에 오래 근무한 비교적 연령층이 높은 계층에 대한 의식 및 태도 변화를 유도할 수 있는 교육 및 훈련 프로그램이 요구되고 그 결과를 승진에의 평정척도로 활용할 필요가 있다.

② 사용자 태도(X2): 회귀분석결과 사용자 태도는 정보기술투자효과(X8)의 인식에 영향을 미치는 것으로 나타났다. 하지만 응답분포에서는 45%~50% 정도에 긍정적인 반응이 있어 높은 수준을 보이고 있지 않다. 정보기술을 사용하여 행정서비스를 제공하는 최종사용자는 조직내에서 공무원들이다. 따라서 공무원들의 태도를 호의적이게 하는 것이 요구된다. 기관은 교육 및 훈련을 실시하여 공무원의 컴퓨터 활용능력을 배양하여 정보기술에 빨리 적응하게 하고, 조직차원에서는 컴퓨터를 사용함으로써 발생하는 신체적 질병이나 불쾌감을 일소하기

위한 예방교육을 실시하며, 사무환경을 인간공학적인 사무기기를 갖추
도록 하며, 공무원 개개인은 정보기술을 장시간 이용하는 것을 가급적
이면 피할 필요가 있다.

③ 정보기술 활용능력(X3): 회귀분석결과 정보기술활용능력이 정보
기술투자효과(X8)의 인식에 영향을 미치는 것으로 나타났지만, 긍정적
인 응답이 평균 27.5%로 전반적으로 낮은 것으로 평가된다. 아무리 좋
은 정보기술/정보시스템이라도 사용하는 공무원이 제대로 활용하지 못
한다면 시스템은 무용지물이다. 활용능력을 높이는 것은 교육과 훈련
을 통해서 하는 것이 바람직한데, 비공식적으로 배우는 경우(86.6%)가
공식적 교육을 통해 배우는 경우(14.4%)보다 높고, 교육의 질에 대한
평균도 5.41로 공식적인 교육의 문제점을 들어내고 있다. 따라서 공식
적·비공식적 교육·훈련 프로그램을 마련하되 공무원들의 기본적인
컴퓨터 교육부터 업무에서 활용할 수 있는 사무용패키지의 사용도 가
능하게 교육의 질적 수준을 높여야 한다.

④ 정보기술의 지원(X4): 회귀분석에서 정보기술의 지원은 정보기
술의 투자효과에 영향을 미치는 것으로 나타났다. 여기서는 최고관리
자의 지원과 교육·훈련을 통한 지원을 고려해 볼 수 있는데, 최고관
리자 측면에서는 컴퓨터 등 정보기술의 중요성을 인식하고, 전자문서,
전자결재, 전자입찰 등을 중시하는 문화를 조직내에 확산시킬 필요가
있다. 특히, 정보관련부서 장의 경우 임기를 길게 하고,[75] 보직이 자주
바뀌지 않도록 하여 전문성과 독립성을 보장해주는 노력이 필요하다.
교육·훈련의 측면에서는 교육참여의 기회가 증대되고 있으나 공식적
인 교육의 질은 높지 않다. 따라서 자신이 직접 배우는 경우, 동료직원
을 통해서 배우는 경우 등 비공식적 교육을 조직차원에서 제도적 장치

---

75) 정보화담당관의 임기가 짧아 임기 중에 뭔가 가시적인 성과에 집착을 하
  게 될 경우, 인프라가 먼저 되어야 함에도 가시성이 있는 사업을 먼저하고
  인프라가 뒤에 이루어지는 예가 발생하지 않게 하기 위해서다.

를 마련하여 지원하고, 공식적 교육에는 참여기회를 균등케 하고 전산
교육인력의 전문가를 확보해야 한다. 교육은 지속적인 운영이 필요함
으로 예산의 확보와 신축적 운영이 가능하도록 법과 제도를 정비해야
한다.

⑤ 산출정보(X5): 산출정보는 회귀분석 결과 정보기술투자효과(X8)
에 영향을 미치는 변수들 중에서 상대적으로 영향력이 크게 나왔는데,
응답자들이 공무원과 지역주민 및 관련기관의 사용자와 밀접한 관련이
있고 행정서비스를 직접 창출하고 전달하는 메커니즘이라고 인식하고
있기 때문이라고 판단된다. 하지만 전반적으로 산출정보는 긍정적인
응답이 40%대에 머물러 있는 상태이다. 시스템의 겉모습은 매우 그럴
듯 하지만 각 시스템별로 그 실효성이 없는 경우가 많고 수작업 형태
를 그대로 시스템화한다거나 도시규모에 따라 업무의 규모도 다른데
중앙정부가 지역문화와 특성을 고려하지 않고 획일적으로 시스템을 배
포하여76) 정보시스템의 산출정보의 질이 낮은 것으로 판단된다. 따라
서 구축 전에는 이중작업과 수작업이 그대로 유지되는 것을 방지해야
하고, 기능범위를 달리하여 시스템을 구축하여 최종 사용부서에 꼭 필
요한 것만 개발하여 낭비가 발생하는 것을 미연에 방지 할 필요가 있
다.77) 구축 후에는 정보공동활용을 위한 표준화, 지식관리 시스템, 전
문화된 자료센터와 연계하고, 유관기관과의 원활한 정보교환이 이루어
질 수 있도록 체제 및 법률을 정비하고, 정보기술환경의 변화에 대비
하여 시스템업그레이드 등 지속적인 유지관리가 가능하도록 유지관리

---

76) 시·군·구 행정정보시스템의 경우를 예를 들면, 기초자치단체의 경우 대
    도시나 소규모 도시를 구분하는 것 없이 획일적으로 모두 똑같은 기능을
    구축하여 소규모 도시의 경우 쓰이지 않는 기능이 많아 관리나 운영 면에
    서 비효율을 초래하는 경우가 많다.
77) 시·군·구 행정정보시스템의 경우를 예를 들면, 기초자치단체의 경우 대
    도시나 소규모 도시를 구분하는 것 없이 획일적으로 모두 똑같은 기능을
    구축하여 소규모 도시의 경우 쓰이지 않는 기능이 많아 관리나 운영 면에
    서 비효율을 초래하는 경우가 많다.

를 위한 예산을 확보해야 한다.

⑥ 통합정보인프라(X6) : 통합정보인프라는 회귀분석결과 정보기술투자효과(X8)에 영향을 주는 것으로 나타났고, 긍정적인 응답도 50%대에 있다. 그런데 현실과 동떨어지고 자료 유지가 제대로 이루어지지 않아 정확한 데이터베이스를 유지하기가 힘들고 업무처리를 지연시키는 경우가 많다. 이는 설비나 장소만 공유되어 있지 시스템이 공유되어 있지 못하기 때문이다. 또한 각 부처에서 요구하는 자료의 경우 부처별로 동일한 정보를 요청하는 경우가 많다. 따라서 유관기관과의 연계와 온라인을 통한 업무처리가 가능하게 하고,78) 일상적인 업무와 반복적인 업무의 경우 업무의 표준화를 기할 필요가 있다. 이는 불필요한 구비서류를 줄이고 주민에게 온라인을 통하여 행정서비스를 제공하는 이점이 있다.

⑦ 정보기술의 위험통제(X7) : 본 연구에서 회귀분석결과 정보기술의 위험통제는 5% 유의수준에서 유의미하지 않아 언급하는 것이 무의미할 수도 있다. 긍정적인 응답분포를 보면 50%을 넘지 못하고 있는데 많은 공무원들이 위험통제에 대해 회의적인 것 같다. 그러나 응답분포를 보면 행정직과 기술공무원들의 응답이 대부분이고 전산직의 비율이 28명으로 5.4% 밖에 되지 않아 물리적 위험통제에 대한 지식과 경험, 또는 관련이 없는 일반직 공무원의 응답률이 높아 이러한 결과가 나온 것으로 추측된다. 따라서 이에 대한 연구가 앞으로 심층적으로 진행될 필요가 있다.

여기서는 현실적으로 정보기술과 관련된 위험통제는 정보기술의 지속성을 확보하는 역할을 한다는 의미에서, 컴퓨터 처리에 의존하는 조

---

78) 여러 부처 사이의 정보시스템 연동계획은 정보독점이라는 측면에서 볼 때 부처간의 이기주의가 나타날 소지가 있다. 특히, 협조부서의 우월적 태도가 주무부서의 정보기술과 관련된 사업추진을 표류시킬 가능성이 있는데, 부처간에 연계센터를 구축하여 완충역할을 하게 할 필요성이 있다.

직이라면 어떤 조직이든 위험이 중대한 문제로 다가온다는 점에서 소홀히 볼 수만은 없다. 따라서 재난복구와 정보보호에 대한 대책이 요구된다.

보다 중요한 것은 데이터의 보안은 반드시 지켜져야 하지만 정보공개와 관련하여 어느 수준까지 공개되어야 하는가가 더욱 중요하다. 우리나라의 경우 같은 항목별, 그룹별 보안 수준이 마련되어 있지 않아 많은 문제가 발생하고 있는데, 데이터의 보안설정에 의해 오히려 자료가 자유롭고 합법적으로 유통되도록 하는 체계를 갖추어야 한다. 이를 위해 정보통신기반보호법을 새롭게 정비하고, 해킹이나 사이버테러에 대응책을 강구해야 하며, 정보통신망 이용촉진 및 정보보호 등에 관한 법률을 정비하여 불건전정보유통방지와 개인정보보호를 강화할 필요성이 있다. 또한 사이버 상에서 행정서비스를 창출하는 것이므로 정보안전 또는 보호를 위해 개인을 식별할 수 있는 암호체계를 구축한다거나 이용을 촉진할 수 있는 제도적인 장치가 요구된다. 또한 정보기술과 관련된 법이나 제도 변경 등에 대비하여 정보시스템 유지·보수를 위한 예산을 확보하고, 예산의 효율적 집행을 위해 예산의 신축성을 확보할 필요가 있다. 예산이란 처음과 진행 중 변경될 수도 있고, 급히 사용되어야만 하는 경우도 발생하는데 이런 현실이 반영되지 않는 경우 정보기술의 위험을 통제하여 장기적인 지속성의 확보가 어려워 그 효과는 점차 위축될 수밖에 없다.

제3절 연구의 한계점 및 향후 연구방향

본 연구는 다음과 같은 한계를 가지며 향후 연구는 이러한 한계를 극복하는 방향에서 이루어져야 한다.

첫째, 본 연구는 공공부문에서 활용되고 있는 정보시스템을 비롯한 정보기술이 기초자치단체공무원들에 의하여 어떻게 인지되고 있는가를 분석하였다. 그러나 정보기술의 인식과 영향요인을 중심으로 정보기술에 대해 무형적인 측면에서 그 효과와 인식 및 영향 관계를 평가한 한계가 있다. 특히, 많은 연구에서 사용된 무형적 측정지표를 재구성하여 사용하였는데, 이와 같은 지표의 경우 개인적인 편의(bais)가 개입되기 쉽기 때문에 구조적 타당성(construct validity)의 문제를 일으킬 수 있다. 또한 무형적인 효과를 인식하는데 초점을 두고 진행하다보니 투입요인으로서의 비용의 관계를 고려치 못한 것에 한계가 있다.

둘째, 본 연구에서 제시된 분석의 틀은 정보기술의 효과와 정보기술의 영향(상황) 요인들 사이의 일방향적인 인과관계를 가정하여 결과를 예측하는 분산이론(variance theory)의 가정에 기초를 두고 있다. 따라서 이는 변수들 사이의 있을 수 있는 많은 관계를 고려하지 못하는 한계가 있다.[79] 따라서 관련변수들간의 구체적인 인과관계를 파악하기 위해서는 경로분석 등 다른 방법론을 적용할 필요가 있다.

셋째, 조직 상황을 가변적이라고 볼 때 정보기술의 효과도 이러한 상황론적 관점에서 측정되고 평가될 필요가 있다.[80] 본 연구는 단지 1회의 설문으로 정보기술의 효과에 영향을 미치는 요인을 측정했다. 따라서 종단적 연구를 통하여 조직의 상황요인의 변화에 따른 정보기술 효과의 변화를 측정하고 평가하는데 한계가 있다.

넷째, 본 연구는 연구결과의 일반화에 일정한 한계를 가지고 있다.

---

79) 인과관계의 복잡성을 인식하는데는 과정이론(process theory)이 더 적절할 수도 있다. 왜냐하면 과정이론은 결과가 가능한 모든 관계 속에서 예측이 불가능하기 때문에 결과를 변수로 보기보다는 소위 "상태의 변화"(change of state)로 불리는 구별된 현상으로 볼 것을 주장하기 때문이다(Markus and Robey, 1988: 583-598).

80) 정보기술과 조직은 끊임없이 상호작용 한다. 따라서 정보기술의 사용도 조직의 상황요인 변화에 따라 조정되고 재조정될 수밖에 없다(Orlikowski, 1995: 399-427).

이는 연구의 표본집단이 3개의 시·군·구로 한정되는데서 오는 표본집단의 대표성 문제와 동시에 정보기술이 활용되고 있는 조직이나 기능부서의 다양성에서 오는 표본집단의 횡단적 특성이 제기될 경우 연구결과를 보다 구체적으로 해석하고 적용하는데 많이 제한될 수 있다.

다섯째, 본 연구는 기초자치단체의 공무원을 대상으로 한 연구였다. 그러나 정보기술, 특히 정보행정정보시스템 등은 지역주민들의 서비스의 질을 높이기 위한 것이기 때문에 주민을 대상으로 한 연구가 진행되고 이 양자를 포함하는 연구가 진행되어야 전반적인 정보기술의 투자효과를 평가할 수 있다.

여섯째, 정보기술투자효과를 평가하는 것은 명확한 기준을 설정하는 것이 어렵고 평가자체도 정보시스템을 사용하는 개인이 느끼는 가치에 의존하게 되는 점 등 다양한 문제가 존재한다. 개인이 느끼는 가치는 가격, 성능, 신뢰성, 전체적인 만족정도 등에 따라 좌우된다. 이러한 변수는 개인적 가치의 차이에서 기인되는 것으로 개인차가 있을 수 있는 변수를 전체적으로 정립해야 객관적인 평가가 이루어질 수 있다.

다음은 앞으로의 연구의 방향을 제시해 본다.

첫째, 지금까지 연구방향이 고객지향적인 연구에 중점을 두었다면 앞으로의 연구 방향은 고객 중심적인 연구로 그 방향을 선회할 필요가 있다. 즉, 정보기술투자를 통하여 전자정부를 구현하는데 있어 중요한 것은 시민지향적(citizen-oriented) 전자정부에서 시민중심적(citizen-centred) 전자정부로 진행을 해야 한다는 것이다(김현성, 2003: 1).

둘째, 본 연구에서는 정보기술투자효과를 무형적인 측면에서 보았다. 그러나 무형적인 효과 평가가 정보기술의 효과를 전반적으로 보여주고 있다고 할 수 없다. 따라서 정보기술의 효과를 펴가하고자 할 때 무형적 평가를 넘어서 유형적 평가를 병행할 필요가 있다.[81] 특히 정보기

---

[81] 유형의 편익에 대한 정보기술평가방법은 투자대안들의 비용 또는 편익 계량화를 위한 절차를 제공하고자 하는 시도와 위험을 비교하여 설계되는

술의 투자적인 측면에서는 무형적·유형적 효과를 평가하기 이전에 정보기술의 위험측면을 먼저 평가해보는 것이 바람직하다. 무형의 편익을 먼저 평가하고 다음 위험을 평가하며 마지막으로 유형적 평가를 하는 것이 옳다. 먼저 효과와 위험을 인지한 후 그때 적절한 평가방법을 선택한다.

셋째, 다차원적인 연구를 지향할 필요가 있다. 우리나라에서 앞으로 정보기술투자효과의 연구는 ⅰ)정보기술투자효과 측정의 이슈의 다차원적 관점을 채택할 필요가 있고, ⅱ)정보기술투자효과의 비계량적 측정을 인지하고 포용할 필요가 있으며, ⅲ)동시에 정보기술투자효과측정에서 많은 접근법을 이용할 수 있도록 개방되고, 조직의 다양한 수준에서 정보기술투자효과를 측정할 필요성이 있다. 또한 정보기술의 서로 다른 유형에 대해 개별적으로 정보기술투자를 측정할 필요가 있다.

정보화에 따른 행정환경이 급속히 변해가는 지금 공무원들의 매너리즘을 타파하는 것은 앞으로 정보기술분야의 중요성을 감안할 때 필연적이다.

경우가 많다. 그러한 방법들은 관리에 평가를 위한 데이터에 대한 설명을 제공하기 위한 기술직의 도움에 의존하는 경향이 있다. 반면에 무형의 편익에 대한 방법들은 탐구의 과정과 상호 학습을 통하여 주제에 관한 동의 획득의 과정에 초점을 둔다. 그러한 방법들은 정보기술투자 실패의 위험과 기회들의 이해에 의존하는 경향이 있다.

참고 문헌

1. 국내문헌

감사원(1980), "감사원 결산검사 및 감사자료 EDPS화에 관한 연구," KIST.

권선필(2001), "우리나라 전자정부 추진의 문제점과 정책방향에 관한 연구," 산경연구 16.

기획예산처(2002), 『2003년도 정보화예산 편성방향』, 2002.12.

김경규·박석원(1997), "정보시스템 사용자 만족에 관한 실증적 연구,"『경영학 연구』26(1), p.94.

김동현(2000), "공공기관 정보화 수준평가사례," 제2회 정보화 평가 심포지엄.

김명수(1993), 『공공정책평가론』, 서울: 박영사, pp.98-100.

김사혁(2003), "IT 정체성(identity)에 관한 논쟁," 정보통신정책 15(12), pp.28-30.

김정유 외(2001), "IT투자평가 방법론과 활용방안," e-bizgroup working paper no. 28, p.2.

김종혁(1998), "전자정부의 개념정립과 구현방안에 관한 연구," 연세대학교 박사학위논문.

김창수(1997), "정보기술 지출이 조직의 경영성과에 미치는 영향: 한, 미 기업을 대상으로 한 실증연구,"「경영정보학연구」, 7(1), pp. 25-48.

김태일(2002), "행정학 분야의 실증연구에서 측정오차의 문제," 한국정책분석학회 하계학술대회 발표논문집.

김해동(1993), 『조사방법론』, 서울; 법문사, pp344-345.

김현성(2003), "시민지향적 전자정부에서 시민중심적 전자정부로," EGRI NEWS 2003. 8, 통권 제13호

김효근(1998), "정보화전략 I : SIS/ SUIT", 시그마컨설팅그룹, 1998.7월호

남궁근(1993), 『공공정책의 결정요인분석에서의 방법론상 쟁점』, 『공공정책의 결정요인분석』 서울: 법문사, pp.64-65.

------(1995), 『행정조사방법론』, 서울: 법문사,1995.

박용치(1997), 『현대조사방법론』, 서울: 경세원. pp.340-341.

방석현(1989), 『행정정보체계론』, 서울: 법문사.

성태경(1988), "정보기술의 활용과 기업전략간의 조화가 기업성과에 미치는 영향," 「경영정보학연구」, 8(1), pp.65-86.

심상용(2002), "공공정보자원관리의 성과요인 및 성과측정에 관한 연구," 서울시립대학교 박사학위논문.pp.

오강탁(1999), "정보기술의 주관적 효과의 결정요인," 한국외국어대학교 박사학위논문, p.74

윤상오(2002), "공무원의 정보기술활용에 영향을 미치는 요인에 관한 연구," 2002 한국정책학회 추계학술대회 발표집, pp.53-78.

이윤식 외(2000), "정보화 사업에 대한 평가모형 및 방법론 탐색," 정책분석학회보 10(2), pp.187-205.

이윤식·오철호(1998), "국가정보화를 통한 정부생산성 제고방안에 관한 연구," 98년도 한국행정학회 추계국제학술대회,1998.10.

이진주 외(1992), 『사용자중심의 경영정보시스템』, 서울: 다산출판사.

전성현(1998), "정보기술 영향연구의 개념적 모형," 경영정보학연구, 8(1), -pp.65-86.

정명선(1997), "정보화사업 평가의 현황 및 발전방향," 한국전산원 (http://forum.nca.or.kr/info/iipt/ 1997/4-8).

정보통신부(1999.3), 『CYBER KOREA21: 창조적 지식기반국가 건설을 위

한 정보화 비전』

정익재(1998), "정보의 가치와 평가방법: 환경정책사례분석," 『한국행정학보』32(2), 한국행정연구원, pp.40-41.

정헌율(2003), "전자정부구현을 통한 행정개혁의 장애요인 분석," 서울시립대학교 박사학위논문

조찬형(1998), "지역정보화의 현상과 변화전망: 지역정보화의 이해와 전망", 한국정보문화센터, pp.191~192.

한국과학기술연구원(1979), "행정전산화 사전조사에 관한 연구: 충청북도 시범전산화," KIST.

한국전산원(1997), 『정보화사업 평가편람』, 한국전산원.

----------(1998), 『1998년도 국가정보화백서』, 한국전산원.

한윤경(1999), "프로세스 혁신이 경영성과에 미치는 영향에 관한 연구: 정보기술활용을 중심으로," 동국대학교 박사학위논문

행정자치부(1998), 『전자정부의 비전과 전략: 21세기 전자정부로 가는 길』.

황성돈·정충식(2002), 『전자정부의 이해』, 서울: 다산출판사.

황종성 외(2003), 『미래전자정부청사진』, 한국전산원 정보화이슈분석 2003.5.1.

2. 외국문헌

Aggarwal, A. and R. Mirani(1999), "DDS Model Usage in Public and Private Sector: Differences and Implications," *Journal of End User Computing*, 11(3), pp. 20-28.

Ahituv, N.(1989), "Assessing the Value of Information: Problems and Approaches," Proceedings of the Tenth International Conference on Information Systems, Boston: MA, pp. 315-326.

206

Aladwani, A. M.(2002). "Organizational Actions, Computer Attitudes and End-User Satisfaction in Public Organizations: An Empirical Study," *Journal of End User Computing*, 14(1), pp. 42-49.

Alavi, M.(1984), "An Analysis of the Prototyping Approach to Information System Development," *Communication of the ACM*, Vol. 27, June 1984, pp. 556-563.

Amoroso, D. L. and P. H. Cheney(1991), "Testing a Causal Model of End-User Application Effectiveness," *Journal of MIS*, Vol 8, pp. 63-89.

Amoroso, D. L.(1988), "Organizational Issues of End-User Computing," *Data Base*, Vol. 19, pp. 49-57.

Amoroso, S. and P. H. Cheney(1991), "Firm Size and The Information Technology Investment Intensity of Life Insurers," *MIS Quarterly*, 15(3), pp. 333-352.

Applegate, L. M. et al.(1996), *Corporate Information Systems Management*, Irwin.

Bailey, J. and S. Pearson(1983), "Development of a Tool for Measuring and Analyzing Computer User Satisfaction," *Management Science*, 29(5), pp. 530-545.

Bakos, J. Y. and C. F. Kemerer(1992), "Recent Applications of Economic Theory in Information Technology Research," *Decision Support Systems*, 8(5), pp. 365-386.

Bakos, Y. J.(1987), "Dependent Variables for the Study of Firm and Industry Level Impacts of Information Technology," *Proceedings of the Eighth International Conference on Information Systems*, pp. 10-23.

Barki, H. and J. Hartwick(1994), "Measuring User Participation, User Involvement, and User Attitude," *MIS Quarterly*, 18(1), pp.

59-82.

Bell, D.(1974), *The Comming of Postindustrial Society: A Venture in Social Forecasting*, Harmondsworth: Penguin.

Blau, P. M., C. N. Falbe, W. McKinley and P. K. Tracy(1976), "Technology and Organization in Manufacturing," *Administrative Science Quarterly*, Vol. 21, March 1976, pp. 20-40.

Brookfield, D.(1995), "Risk and Capital Budgeting: Avoiding the Pitfalls in Using NPV when Risk Arises," *Management Decision*, 33(8), pp. 56-59.

Bruwer, P. J. S.(1984), "A Descriptive Model of Success for Computer: based Information System," *Information and Management*, Vol. 7, pp. 63-67.

Brynjolfsson, E. and L. Hitt(1993), "Is Information Systems Spending Productive? New Evidence and New Results," In J. I. DeGross and D. Robey(editors). Proceedings of the Fourteenth International Conference on Information Systems. Orlando, Florida. pp.40-64.

Carr, N. G.(2003), "IT Doesn't Matter," *Harvard Business Review*, Vol. 81 Issue 1, 85. 2003. 5.

Carter, N. M.(1984), "Computerization as a Predominant Technology: Its Influence on the Structure of Newspaper Organizations," *Academy of Management Journal*, Vol.27, No.2, June 1984, pp. 247-270.

Chandler, J. S.(1982), "A Multiple Criteria Approach for Evaluating Information Systems," *MIS Quarterly*, 6(1), pp. 61-75.

Chismar, W. G. and C. H. Kriebal(1985), "A Method for Assessing the Economic Impact of Information Systems Technology on Organizations," Working Paper, Carnegie Mellon Graduate School of Industrial Administration.

Chismar, W., Kriebel, C. and N. Melone(1985), "Criticism of Information Systems Research Employing 'User Satisfaction'," Graduate School of Industrial Administration, Carnegie-Mellon University, WP-24-85-86. p. 5.

Cnford, T. et al.(1994), "Experience with a Structure, Process and Outcome Framework for Evaluating an Information System," *Omega* 22(5), pp. 491-504.

Crowston, K. and M. E. Treacy(1986), "Assessing the Impact of Information Technology on Enterprise Level Performance," Proceedings of Seventh Annual *ICIS*, December 1986, San Diego, CA, pp. 299-310.

Culnan, M. J. and L. Markus(1987), *Information Technologies: Electronic media and Intraorganizational Communication*(in F. M. Jablin, L. L. Putnam, K. H. Roberts and L. W. Porter eds.), Handbook of Organizational Communication. Beverly Hills, CA: Sage, pp. 420-444.

Danziger, J. N.(1979), "Technology and Productivity: A Contingency Analysis of Computers in Local Government," *Administration and Society*, 11(2), 2(August).

Davenport, T. H.(1993), "Process Innovation: Reengineering through Information Technology," *Massachusettese*, Harvard Business School Press.

Davis, F. D.(1989), "Perceived Usefulness, Perceived Ease of Use, and End-User Acceptance of Information Technology," *MIS Quarterly*, 13(3), Sep 1989, pp. 319-339.

Davis, G. B. and M. H. Olson(1985), "Management Information System: Conceptual Foundations, Structure, and Development,"(2nd ed.),

New York: McGraw-Hill, ch7.

DeLone, W. H. and E. R. McLean(1992), "Information Systems Success: The Quest for the Dependant Variable," in Information Systems Research 3(1), March 1992, pp. 60-95.

Desantis, G.(1983), "Expectancy Theory as Explanation of Voluntary Use of a Decision Support System," *Psychological Reports*, 52.

Dixit, A. and R. S. Pindyck(1994). *Investment under Uncertainty.* Princeton, N. J.: Princeton University Press.

Doll W. J. and G. Torkzadeh(1988), "The Measurement of End-User Computing Satisfaction," *MIS Quarterly*, 12(2), June 1988. pp. 259-274

Drucker, P. F.(1980), "Managing the Information Explosion," *The Wall Street Journal*, April 1980, Vol 10, p. 24.

Emery, J. C.(1982), "Cost-Benefit Analysis of Information System," In J. D. Couger, M. A. Colter, and Knapp, R. W. Advanced System Development/Feasibility Techniques, New York: Wiley. p. 1.

Emery, J.(1973), *Cost Benefit Analysis of Information Systems. SMIS* Workshop, No.1.

Er, M. C.(1987), "The Impacts of Information Technology on Organizations," *Journal of Systems Management*, 38(4).

Farbey, B. et al.(1993). *How to Assess Your IT Investment*, Oxford: Butterworth Heinemann.

Ferris, K. R.(1977), "A Test of the Expectancy Theory of Motivation in An Accounting Environment," *The Accounting Review*, 52(3).

Finnegan, P., Galliers, R. and P. Powell(1999). "Inter-Organizational Systems Planning: Learning from Current Practices," *International Journal of Technology Management*, 17(2), pp.

129-144.

Fishbein, M.(1963), "An Investigation of the Relationships Between Beliefs about and Object and the Attitude toward that Object," *Human Relations*, 16.

Foster, L. M. and D. M. Flynn(1984), "Management Information Technology: Its effects on Organizational Form and Function," *Mis Quarterly*, 8(4), pp. 229-236.

Franz, C. R. and D. Robey(1986), "Organizational Context, User Involvement, and the Usefulness of Information System," *Decision Science*, pp. 329-356.

Gallagher, C. A.(1974), "Perception of the Value of a Management Information System," *Academy of Management Journal*, 17(1), March 1974, pp. 46-55.

Garson, G. D.(1983), "Microcomputer Application in Public Administration," *Public Administration Review*, 43(5).

Gelderman, M.(1998), "The Relation between User Satisfaction, Usage of Information Systems and performance," *Information & Management*, 34, pp. 11-8.

Ginzberg, M. J.(1981), "Early Diagnosis of MIS Implementation Failure: Promising Results and Unanswered Question," *Management Sciences*, 27(4), pp. 459-478.

Greenwald, A. G.(1968), "Cognitive Learning, Cognitive Response to Persuasion, and Attitude Change," in A. Greenwald, T. C. Brock, and T. M. Ostrom, eds., Psychological Foundations of Attitudes, New York: Academic Press.

Gujarati, D.(1988), *Basic Econometrics*(2ed edition), New York: McGraw-Hill, p. 292.

Hamilton, S. and N. L. Chervany(1981), "Evaluating Information System Effectiveness-Part 1: Comparing Evaluation Approaches," *MIS Quarterly*, 5(3), pp. 55-69.

Heeks, R.(1999), *Reinventing Government in the Information Age: International Practice in IT-enabled public sector reform*, London, Routledge

Hirschheim, R. A.(1985), "Office Automation-Comcept, Technologies and Issue," *International Computer Science Service*.

Hovland, C., Janis, I., and Kelley, H. H.(1953), *Communication and Persuation*, New Haven: Yale University. Press

Huber, G. P.(1990), "A Theory of the Effects of Advanced Information Technologies on Organizational Design, Intelligence, and Decision Making," *Academy of Management Review*, 15(1), pp. 47-71.

Hunt, J. G. and P. F. Newell(1970), "Management in the 1980's Revisited," *Personal Journal*, Vol. 50, January 1970, pp. 35-43.

Igbaria, M. and K. Toraskar(1994), "Impact of End-User Computing on the Individual: An Integrated Model," *Information Technology and People*, 6, pp. 271-292.

Igbaria, M. and S. Parasurman(1989), "Microcomputer Applications: An Empirical Look at Usage," *Journal of Information and Management*, Vol. 16(4), pp. 189-196.

Igbaria, M.(1990), "End-User Computing Effectiveness: A Structura Equatation Model," *Omega-International Journal of Management Science*, 18(6).

Igersheim, R. H.(1976), "Managerial Response to an Information System," *AFIPS Conference Proceedings*, 45. National Computer Conference.

212

Ives B. and M. H. Olson(1984), "User Involvement and MIS Success: A Review of Research," *Management Science*, 30(5), pp. 586-603.

Ives, B. and M. H. Olson(1983), "The Measurement of User Information Satisfaction," *Communications of the ACM* , 26(10), pp. 785-793.

Jain, R.(1997), "A Diffusion Model for Public Information Systems in Developing Countries," *Journal of Global Information Management*, 5(1), pp. 4-15.

Jensen-Henry, K.(1997), *Management of Information Technology in the Public Sector*, in K. Issac-Henry, C. Painter and C. Barnes(eds.), Management in the Public Sector, London: International Thomson Business Press.

Kauffman, R. J. and P. Weill(1989), "An Evaluative Framework for Research on the Performance Effects of Information Technology Investment," In J. I. DeGross, J. C. Henderson, and B. R. Konsynski(editors), Proceedings of the Tenth International Conference on Information Systems, Boston, Massachusetts, pp. 377-388.

Keen, P. G. W.(1988). *Competing in Time. Using Telecommunications for Competitive Advantage*, New York: Harper Business.

Keeney, R. and H. Raiffa(1976). *Decisions with Multiple Objectives*. New York: John Wiley & Sons, pp. 66-68.

Kelley, S. Jr. and T. W. Mirer(1974), "The simple act of voting," *American Political Science Review*, p. 68.

Kelman, H. C.(1961), "Processes of opinion change," *Public Opinion Quarterly*, p. 25.

King J. L. and E. L. Schrems(1978), "Cost-Benefit Analyses in Information Systems Development and Operation," *ACM Computing Surveys*, 10(1), pp. 19-34.

King, J. L. and J. L. Rodriguez(1978), "Evaluating Management Information Systems," *MIS Quarterly*, Sept, pp. 43-51.

King, W. R. and B. J. Epstein(1983), "Assessing Information System Value: an Experimental Study," *Decision Sciences*, 14, pp. 34-45.

Kraemer, K. L. and J. L. King(1986), "Computing and Public Organizations," *Public Administration Review*, Vol. 46. Special Issue(11).

Kraemer, K. L., Dutton, W. H. and A. Northrop(1981), *The Management of Information Systems*, New York: Columbia University Press.

Kraemer, K. L., King, J. L., Dunkle, D. E. and J. P. Lane(1986), *The Future of Information Systems in Local Government*, Irvine, CA: Public Policy Research Organization, University of California, Ivine.

Kumar, K.(1990), "Post Implementation Evaluation of Computer-Based Information Systems: Current Practices," *Communication of the ACM* 33(2), pp. 203-212.

Landau, R. M.(1980), *Information Resources Management*, New York, AMACOM.

Larcker, D. F and V. P. Lessig(1980), "Perceived Usefulness of Information: A Paychometric Examination," *Decision Science*, 11(1), pp. 121-134.

Leavitt, R. J. and T. L. Whisler(1958), "Management in the 1980's," *Harvard Business Review*, Vol. 36, Nov-Dec, pp. 41-48.

Lee, D. S.(1986), "Usage Patterns and Sources of Assistance to Personal Computer Users," *MIS Quarterly*, 10(4), pp. 313-325.

Lewin, K.(1975), *Field Theory of Social Science*, Westport, Conn.: Greenwood Press.

Lucas, H. C.(1978), "Empirical Evidence for a Descriptive Model of Implementation," *MIS Quarterly*, June 1978, pp. 27-41.

Lutz, R. J. and J. L. Swasy(1977), "Integrating Cognitive Structure and Cognitive Response Approaches to Measuring Communication Effects," in *Advances in Consumer Research*, 4.

Lutz, T.(1986), "Information-the Cataclysmic for Corporate Change," *Data Management*, June 1986.

Lynch, C. A.(1988), "Response Time Measurement and Performance Analysis in Public Access IR Systems," *Information Technology and Lib.* 7(2) 2, pp. 177-183.

Maddals, G. S.(1992), Introduction to Economics, Prentice Hall, Englewood Cliffs, N. J. in USA.

Madon, S.(1993), "Introducing Administrative Reform through the Application of Computer-Based Information Systems: a Case Study in India,"*Public Administration and Development*, 13(1).

Mahmood, M. A. and E. J. Szewczak(1999), *Measuring Information Technology Investment Payoff: Contemporary Approach*, Idea Group Publishing, p. 60-61.

Mahmood, M. A. and G. J. Mann(1993), "Measuring the Organizational Impact of Information Technology Investment: An Exploratory Study,"*Journal of Management Information Systems*, 10(1), pp. 97-122.

Mahmood, M. and D. Swanberg(1999), "Factors Affecting Information Technology Usage: A Meta-Analysis of the Experimental Literature," Proceedings of the 1999 *IRMA International Conference*, pp. 359-364.

Maish, A. M.(1979), "A Users Behavior Toward His MIS," *MIS Quarterly*, 3(1), pp. 39-52.

Markus, M. L. and D. Robey(1988), "Information Technology and Organizational Change: Causal Structure in Theory and Research," *Management Science*, 34(5).

Mathieson, K.(1993), "Reducing Bias in Users' Evaluations of Information Systems," *Information & Management* 25, pp. 165-171.

Mathieson, K.(1993), "Variation in Users' Definitions of an Information System," *Information & Management* 24: pp. 227-234.

Mathieson, K.(1994), "The Effect of Definitional Variations on User's Evaluations of Information Systems," *Database* 25, pp. 37-48.

McFarlan, F. W.(1981), "Portfolio Approach to Information Systems," *Harvard Business Review*, Sept.-Oct., pp. 142-151.

Mckeen J. D. and Smith H. A.(1998). *An Integrative Research Approach to Assess the Business Value of Information Technology: Measuring Information Technology Investment Payoff.* M. A. Mahmood., and E. J. Szewcack. Idea group publishing. p. 7-8.

Meltzer, M. F.(1981), *Information: The Ultimate Management Resource*, New York, AMACOM.

Mongtgomery, J. D.(1967), *Sources of Administrative Reform: Problems of Power, Purpose and Politics*, Bloowington, Indiana.

Myers, S.(1977), "Determinant of Corporate Borrowing," *Journal of Financial Economics*, No 5, pp. 147-75.

National Performance Review(1993), *Reengineering Through Information Technology*.

Nidumolu, S., Goodman, V. D. and A. Dnowitz(1996). "Information Technology for Local Administration Support: The Governorates Project in Egypt," *MIS Quarterly* 20, pp. 197-224.

216

Norman, D. A.(1976), *Memory and attention: An introduction to human information processing(2nd ed.)*, New York: Wiley. p. 345.

Norris, D. F.(1989), "High Tech in City Hall: Uses and Effects of Microcomputers in United States Local Governments," *Social Science computer Review*, 7(2).

Otten, K.(1989), "A Changing Information Environment Challenges Public Administrations," *Information Management Review*, 4(4), pp. 9-16.

Oya Culpan(1995), "Attitude of End-Users toward Information Technology in Manufacturing and Service Industries," *Information & Management*, Vol. 28, pp. 167-176.

Parker, M. J. and R. J. Benson(1987), "Information Economics: An Introduction," *Datamation*, 33(23), pp. 86-96.

Pennings, J. M.(1987), *Technological Innovations in Manufacturing, New Technology As Organizational Innovation*, Cambridge, Mass.: Ballinger Publishing Company.

Pfeffer, J. and H. Leblebici(1977), "Information Technology and Organizational Culture," *Pacific Sociological Review*, 20(2), April 1977, pp. 241-261.

Pindyck, R. S. and D. L. Rubinfield(1992), *Microeconomics*, New York: Macmillan.

Raymond, L.(1987), "The Presence of End-User Computing in Small Business: An Exploratory Investigation of its Distinguishing Organizational and Information system Context," *Information System and Rational Research*, 25(3).

Rice, R. E. and J. H. Bair(1984), *New Organizational Media and Productivity*, In R. F. Rice & Associates(eds.), The New Media, Berverly Hills, CA: Sage. pp. 185-216.

Rivard, S. and L. S. Huff(1988), "Factors of Success for End-User Computing," *Communications of the ACM*, 31(5), May 1988, pp. 552-561.

Robert R.(1982), "Business Systems Planning: Management of Information," *Computer Horizons*, 14(2), pp. 154-156.

Robey, D.(1977), "Computer Information System and Organization Structure," *Communications of the ACM*, 24(10), October 1977, pp. 963-976.

Robey, D.(1979), "User Attitudes and Management Information System Use," *Academy of Management Journal*, 22(3), September 1979, pp. 527-538.

Rockart, J. F.(1979), "Chief Executives Define Their Own Data Needs," *Harvard Business Review*, March-April, pp. 81-93.

Rudelius, W., Dicson, G. W. and S. W. Hartley(1982), "The Little Model that Couldn't: How a Decision Support System for Retail Buyers found Limbo," *Objectives and Solution*, 2(3), pp. 115-590.

Sanders, L. G. et al.(1985), "A Field Study of Organizational Factors Influencing DSS Success," *MIS Quarterly*, 9(1).

Schewe, C. D.(1976), "The Management Information System User: An Exploratory Behavioral Analysis," *Academy of Management Journal*.

Seneviratne, S.(1999). *Information Technology and Organizational Change in the Public Sector*. In Garson, G. D.(ed.) Information Technology and Computer Applications in Public Administration: Issues and Trends. Hershey, PA: IGP.

Sethi, V. and W. R. King(1994), "Development of Measures to Assess the Extent to which an Information Technology Application

Provides Competitive Advantage," *Management Science*, 42(4), pp. 1601-1627.

Specht, P. H.(2000), *The impact of IT on Organization Performance in the Public Sector*. In Garson, G. D.(eds). Handbook of Public Information Systems. New York: Marcel Deker, Inc.

Srinivasan, A.(1985), "Alternative Measure of System Effectiveness: Association and Implication," *MIS Quarterly*, 9(3), pp. 243-253.

Strassmann, P. A.(1985). *Information Payoff: The Transformation of Work in the Electric Age*. New York: The Free Press.

Studenmund, A. H.(2001), *Using Econometrics: A Practical Guide*, Fourth Edition, Addison Wesley Longman, Inc.

Swanson, E. B.(1974), "Managemtn Information Systems: Appreciation and Involvement," *Management Science*, 21(1), pp. 178-188.

Tapscott, D. and D. Caston(1993), *Paradigm Shift: The New Promise of Information Technology*. New York: McGraw-Hill, Inc.

Triandis, H. C.(1971), *Attutude and Attitude Change*, John Wiley.

Ugbah, S. and O. Umeh(1993). "Information Resources Management: An Examination of Individual and Organizational Attributes in State Government Agencies," *Information Resources Management Journal*, 6(1), pp. 5-13.

Walster, E. and L. Festinger(1962), "The effectiveness of "overhead" persuasive communications," *Journal of Abnormal and Social Psychology*, p. 65.

Walster, E., Aronson, E., and D. Abrahams(1966), "On increasing the persuasiveness of a low prestige communicator," *Journal of Experimental Social Psychology*, p. 2.

Wasserman, A. I.(1980), "Information Systems Design Methodology,"

JASIS 31, pp. 5-24.

Williamson, O. E.(1985), *The Economic Institutions of Capitalism*, New York: Free Press.

Worrall, L. et al.(2000), Public Administration and Public Policy, Vol. 77, pp. 501-520.

Worrall, L., Remenyi, D. and A. Money(2000), *A Methodology for Evaluating the Effectiveness of the Delivery of IT Services: A Comparative Study of Six British Local Authorities.*

Wright, P. L.(1973), "The Cognitive Process Mediating Acceptance of Advertising," *Journal of Marketing Research*, 10(February).

Yoon, Y., Guimaraes, T. and Q. O'Neal(1995), "Exploring the Factors Associated with Expert Systems Success," *MIS Quarterly*, 19, pp. 83-106.

3. 기타자료

전자신문 2001년 9월 7일자 기사 인용

http://www.britannica.co.kr, 2001.

Business Week, 1998년 9월 15일자 인터뷰 기사.

부록: 질문지

정보기술투자효과(ITIE)의 인식과 영향요인에 관한 설문지

안녕하십니까?

저는 서울시립대학교 대학원 행정학과 박사과정에 재학하고 있는 한승환입니다. 정보기술투자효과(ITIE: Information Technology Investment Effects)와 관련하여 그 효과 및 제반 문제점을 분석하여 장기적인 행정정보기술의 발전방향을 모색하기 위하여 여러분의 의견을 듣고자 설문조사를 실시하게 되었습니다.

설문조사는 무기명으로 실시되고, 응답해주신 내용은 오직 통계적으로만 처리되며, 연구목적 이외에는 사용되지 않을 것입니다. 바쁘시더라도 귀하의 평소 생각을 한 문항도 빠짐없이 솔직하게 응답해 주시기 바랍니다.

본 조사에 관한 의문사항이 있으시면 다음 전자메일 주소로 문의하시기 바랍니다. 문의하실 곳은 E-mail: han0601@dreamwiz.com입니다. 끝으로 귀하의 무궁한 발전을 기원합니다.

감사합니다.

2003. 04.

지도교수: 박 용 치
연 구 자: 한 승 환 드림

설문지 응답요령

다음 설문지의 질문을 읽고 귀하의 의견과 가장 가깝다고 생각되는 번호에 √ 또는 ○ 으로 체크해 주십시오. 예를 들면, "우리 나라 사람들은 월드컵 이후 축구를 좋아한다"라는 질문이 있다면, 만약 귀하께서 축구를 매우 좋아한다면 ⑤번에 체크해 주시고, 매우 싫어한다면 ①번에 체크해 주십시오. 만약 긍정도 부정도 아닌 그저 그렇다는 생각이시면 ③번 보통(중립)에 체크해 주십시오.

─────── (예 문) ───────

【예문】우리나라 사람들은 월드컵 이후 축구를 좋아한다.

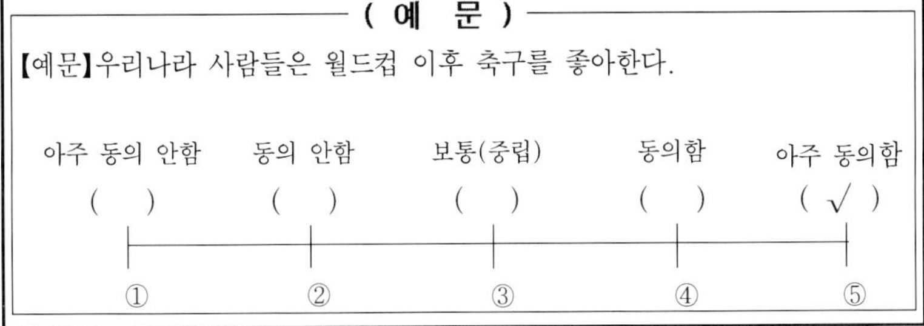

※ 설문지는 첫 페이지부터 순서대로 차례차례 응답해 주십시오.
그리고 한 문항도 빠짐없이 응답해 주시기 바랍니다.

Ⅰ. 다음은 사용자의 태도와 관련된 질문입니다.

【1】 우리 기관(시·군·구)의 공무원들은 일반적으로 정보기술(IT)에
잘 적응하고 있다.

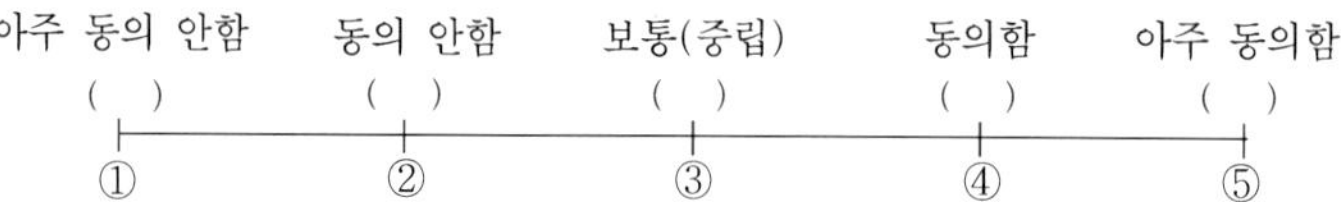

【2】 나는 정보기술(IT)(컴퓨터 등)를 사용할 때 긴장(stress)한다.

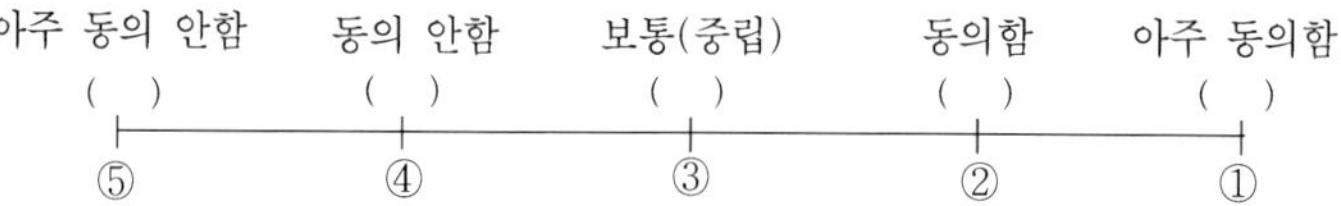

【3】 나는 컴퓨터의 빈번한 사용으로 신체적 불쾌감을 경험한다.

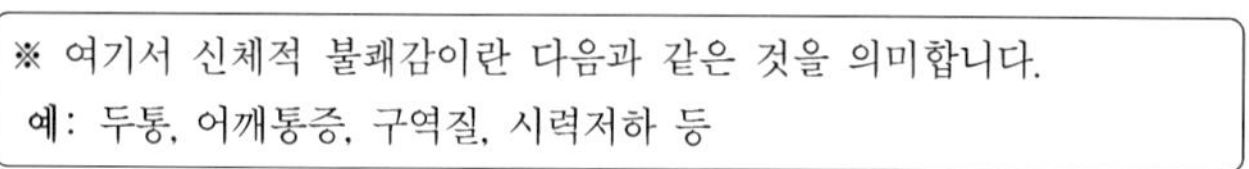

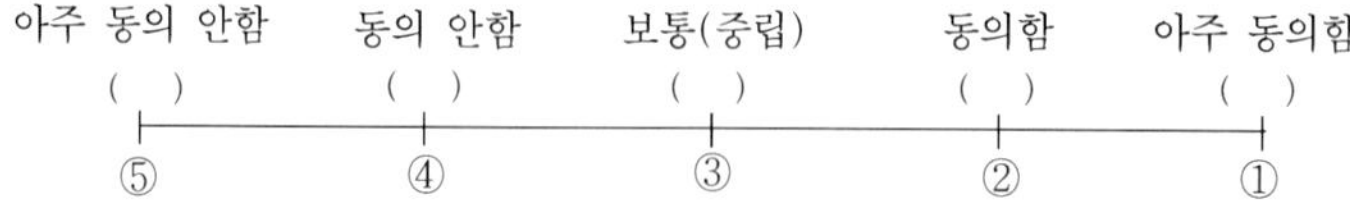

【4】 우리 기관(시·군·구)에서 조직구성원들은 정보기술(IT)의 도입
및 이용에 저항하거나 무관심하다.

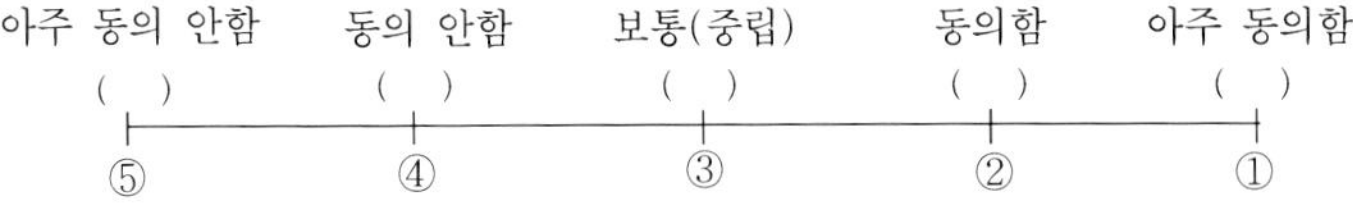

Ⅱ. 다음은 최고관리자의 지원과 관련된 질문입니다.

【5】 우리 기관(시·군·구)의 최고관리자는 정보기술(IT)의 중요성을
인식하고 적극적으로 지지해 주고 있다.

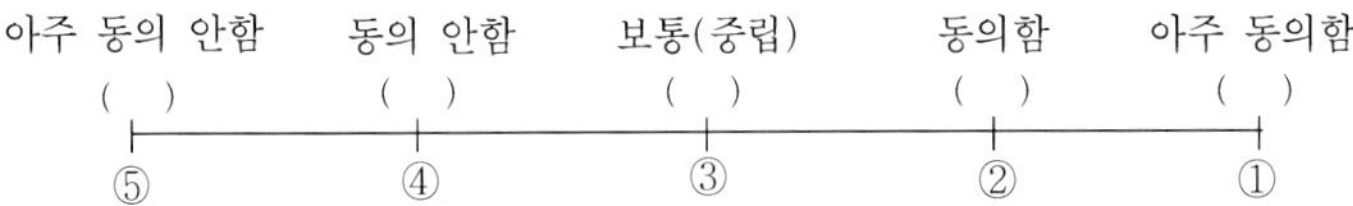

【6】 우리 기관(시·군·구)의 최고관리자는 사용자들에게 정보기술
(IT)의 사용을 고무시킨다.

> ※ 정보기술의 사용은 다음과 같은 것을 의미합니다.
> 예: 전자결재, 전자입찰, 인터넷, e-mail, 메신저 등

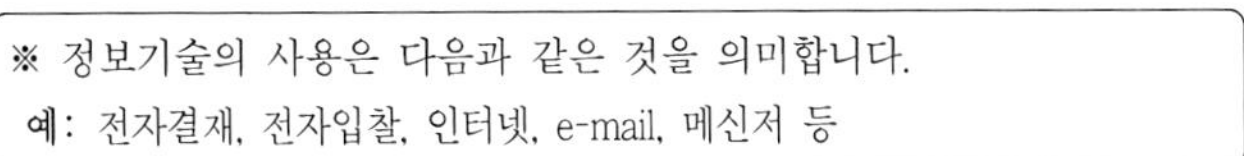
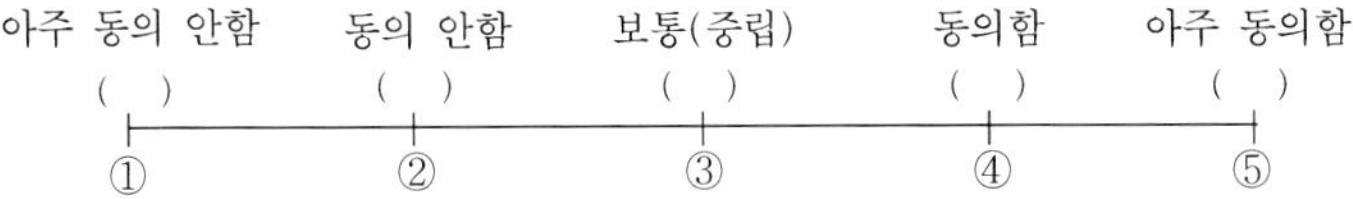

Ⅲ. 다음은 기관의 교육·훈련에 대한 지원과 관련된 질문입니다.

【7】 우리 기관(시·군·구)에서는 정보기술(IT)을 완전하게 이용하도록 하기 위해 조직구성원들의 교육과 훈련을 실시하고 있다.

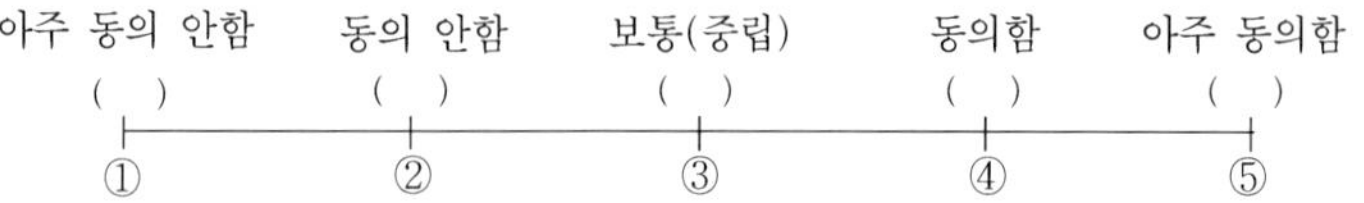

【8】 우리 기관(시·군·구)에서 행하는 공식적인 정보기술에 관한 교육과 훈련의 질은 우수한 편이다.

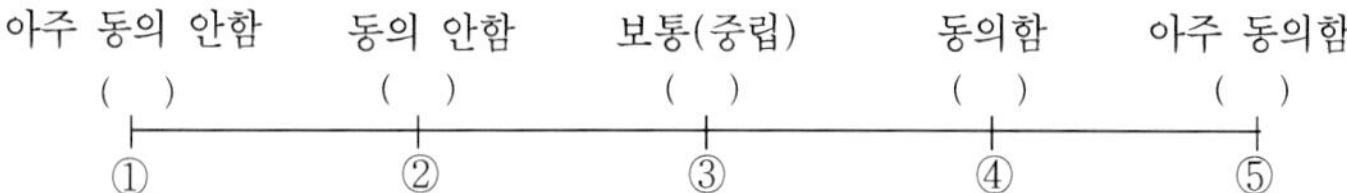

【9】 우리 기관(시·군·구)은 정보기술(IT)과 컴퓨터 사용에 필요한 지식을 얻도록 교육과 훈련에 참여할 기회가 있다.

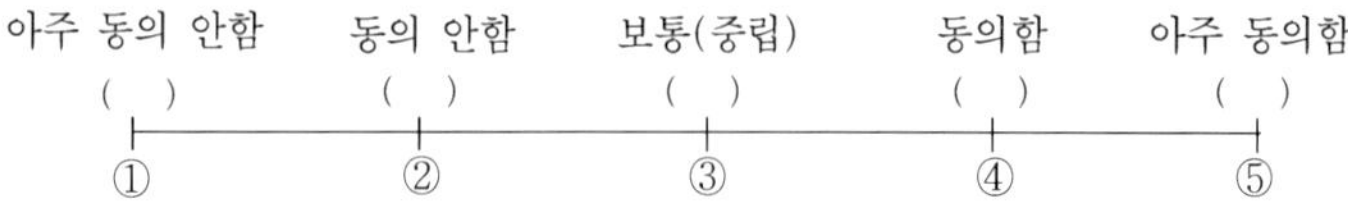

【10】 귀하는 정보기술(IT) 및 컴퓨터 사용에 필요한 지식을 주로 어떻게 얻고 있습니까. 한 가지만 체크해 주십시오.

① (   ) 업무 중 자신이 컴퓨터를 직접 다루면서 스스로 배운다.
② (   ) 가정에서나 혹은 다른 특별 수업(예. 학원 등)을 통해 배운다.
③ (   ) 관련 지식이 많은 동료 조직구성원을 통해 배운다.
④ (   ) 조직에서 행하는 공식적인 교육을 통해 배운다.
⑤ (   ) 기타 ________________________________

Ⅳ. 다음은 정보시스템 산출정보와 관련된 질문입니다.

【11】 우리 기관(시·군·구)은 정보기술(IT)을 이용하여 업무를 수행할 때 필요로 하는 정보를 정확하게 제공해 준다.

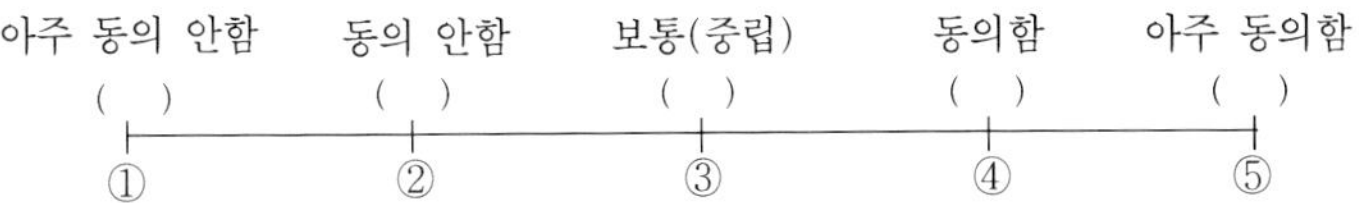

【12】 우리 기관(시·군·구)은 정보기술(IT)을 이용하여 업무를 수행할 때 필요한 정보를 정해진 시간에 제공해 준다.

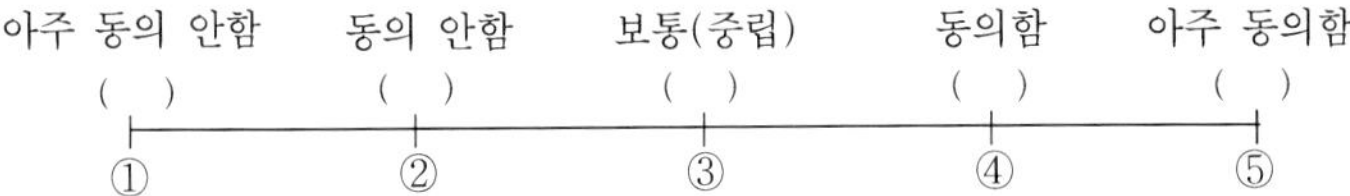

【13】 우리 기관(시·군·구)은 정보기술(IT)은 업무수행에 필요한 최신의 정보를 제공해 준다.

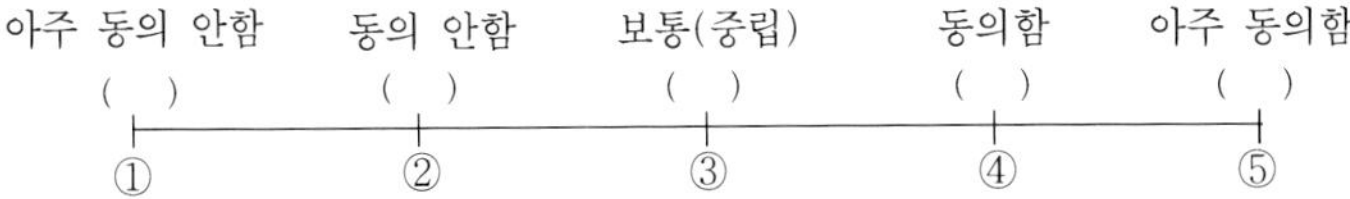

【14】 우리 기관(시·군·구)은 정보기술(IT)을 이용하여 업무를 수행할 때 필요한 적절한 정보를 제공해준다.

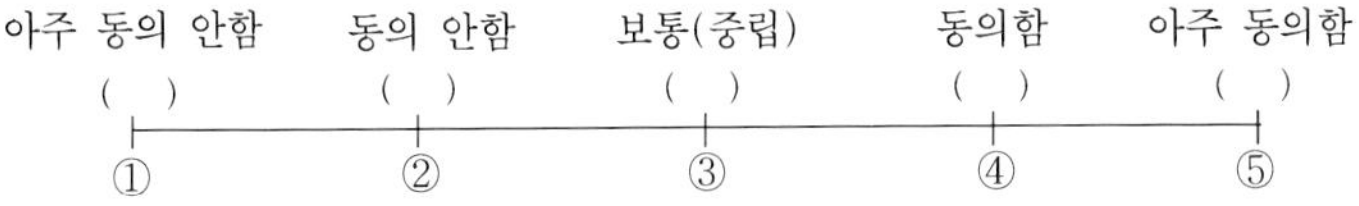

【15】우리 기관(시·군·구)은 정보기술(IT)을 이용하여 업무를 수행할 때 필요한 정보를 충분히 제공해준다.

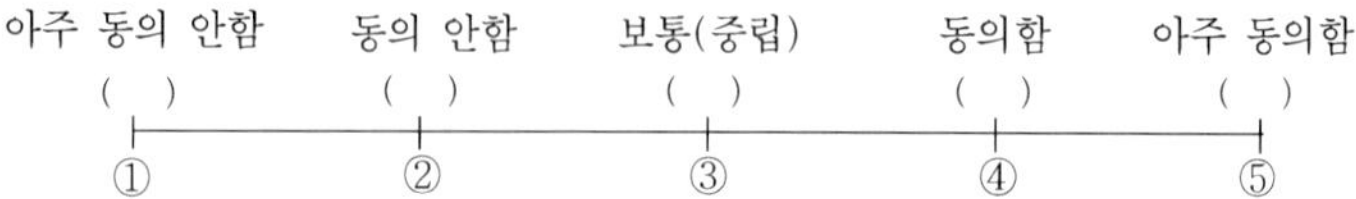

V. 다음은 정보시스템 공동활용(통합정보인프라 등)과 관련된 질문입니다.

【16】우리 기관(시·군·구)은 업무코드 등에 대한 표준화 지침이 마련되어 있다.

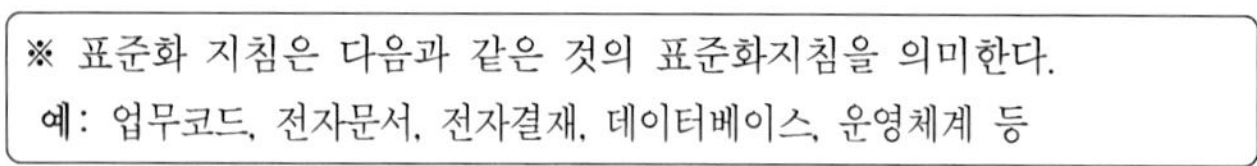

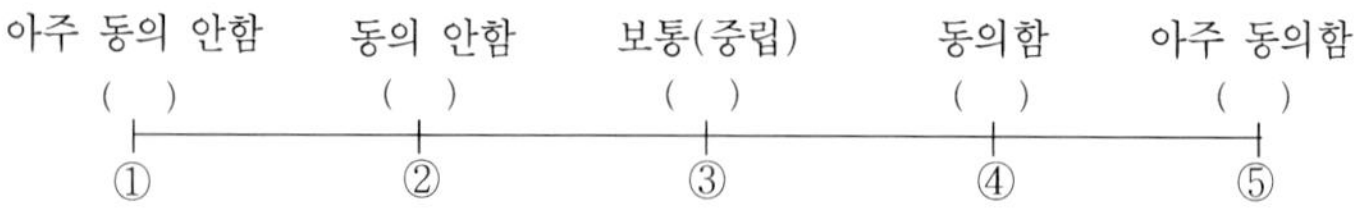

【17】우리 기관(시·군·구)에서는 효율적인 지식관리시스템이 구축되어 있다.

【18】우리 기관(시·군·구)에서는 전문화된 자료센터가 구축되어 있다.

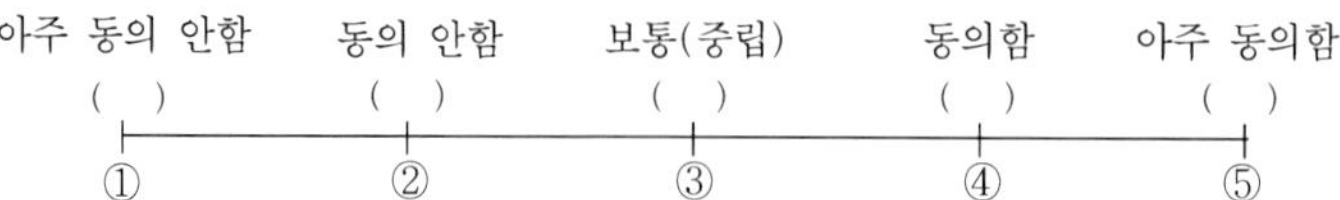

VI. 다음은 정보기술위험통제와 관련된 질문입니다.

【19】 우리 기관(시·군·구)은 정보기술의 안정성확보장치가 마련되어 있다.

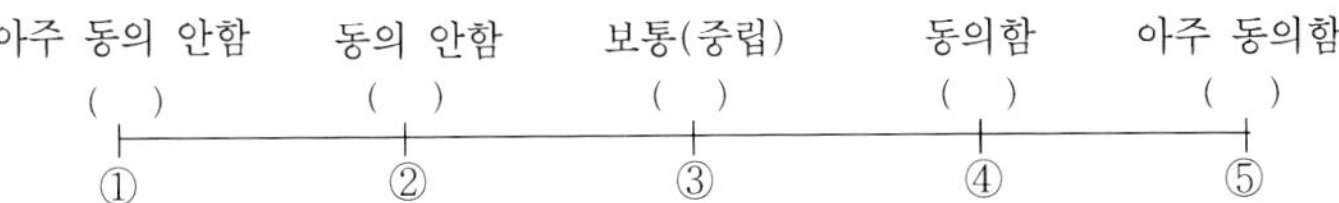

【20】 우리 기관(시·군·구)은 컴퓨터 범죄에 대한 백업시설이 구축되어 있다.

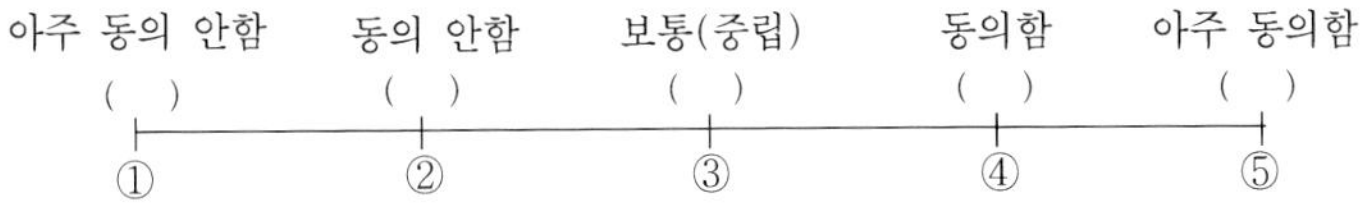

【21】 우리 기관(시·군·구)은 정보기술의 재난에 대비한 이중 설비 및 통신경로 이중화가 구축되어 있다.

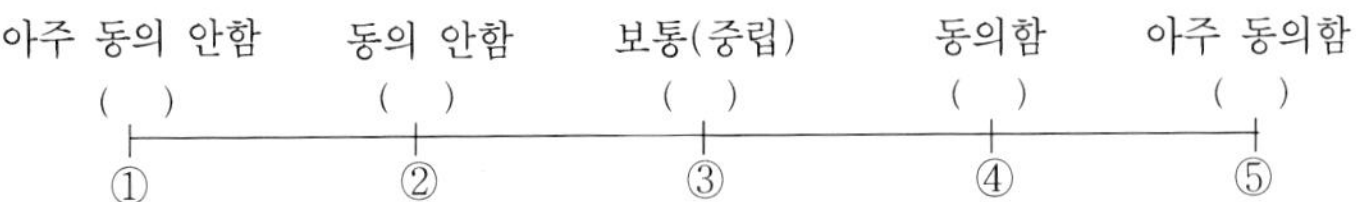

Ⅶ. 다음은 정보기술의 활용능력과 관련된 질문입니다.

【22】 귀하께서는 프로그래밍 사용능력이 어느 수준이라고 생각하십니까?

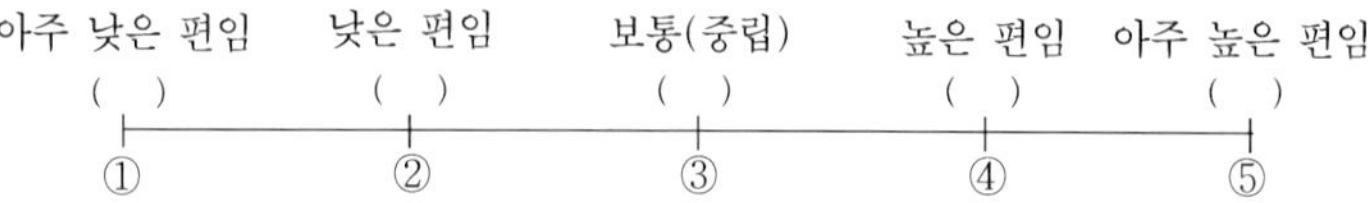

【23】 귀하께서는 하드웨어를 조작하는 능력이 어느 수준이라고 생각
하십니까?

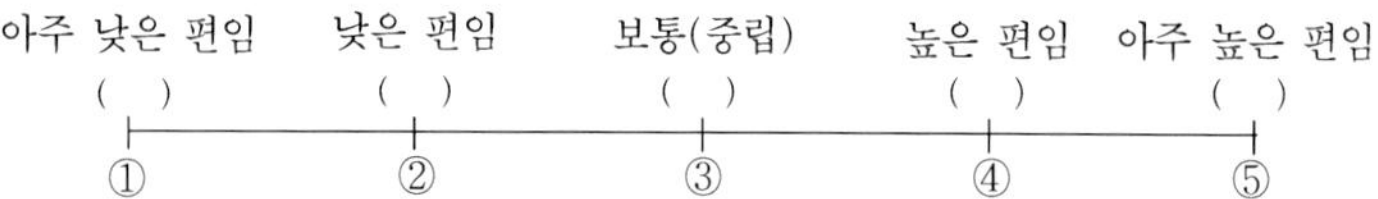

【24】 귀하께서는 컴퓨터 운영체제(DOS, Windows 등)를 다루는 능력
은 어느 수준이라고 생각하십니까?

【25】 귀하께서는 범용패키지(한글, MS-Word 등) 활용능력이 어느 수
준이라고 생각하십니까?

【26】 귀하께서는 컴퓨터 통신 및 인터넷 관련된 기술의 활용능력이 어느 수준이라고 생각하십니까?

> ※ 여기서 컴퓨터 통신 및 인터넷 관련 기술이란 다음과 같은 것을 의미합니다.
>   예: e-mail, 전자결재, internet, 메신저, 전자 상거래 등

Ⅷ. 다음은 정보기술의 투자효과와 관련된 질문입니다.

【27】 우리 기관(시·군·구)의 정보기술(IT)은 업무처리시간을 단축시켜주었다.

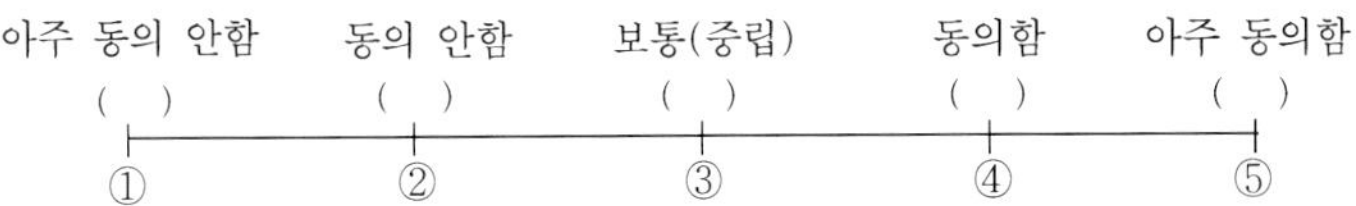

【28】 만일, 위의 【27】번에서 ④, ⑤에 응답하신 경우 업무처리시간을 몇 %나 단축시켜주었다고 생각하십니까?

① (　) 10% 미만　② (　) 10~19%　③ (　) 20~29%

④ (　) 30~39%　⑤ (　) 40~49%　⑥ (　) 50% 이상

【29】 우리 기관(시·군·구)은 정보기술(IT)이 도입되기 이전보다 보고서의 작성 등에서 많은 업무량이 줄어들었다.

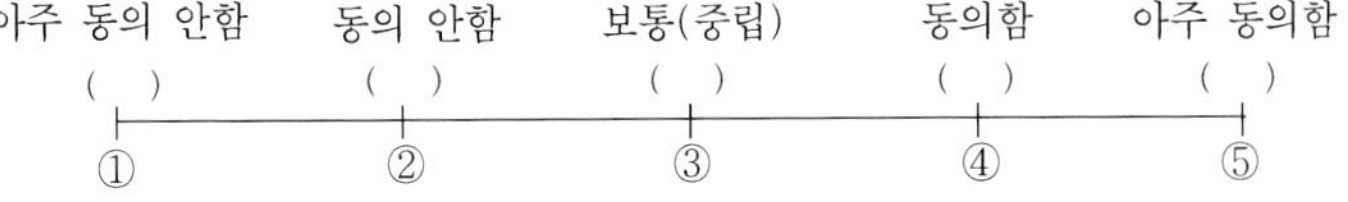

230

【30】 만일, 【29】번에서 ④, ⑤에 응답하신 경우 업무량이 몇 %나 줄
었다고 생각하십니까?

① (　　) 10% 미만　②(　　) 10~19%　③(　　) 20~29%

④ (　　) 30~39%　⑤(　　) 40~49%　⑥(　　) 50% 이상

【31】 우리 기관(시·군·구)의 정보기술(IT)은 업무절차를 간소하게
해주었다.

아주 동의 안함　　　동의 안함　　　보통(중립)　　　동의함　　　아주 동의함
(　　)　　　　　(　　)　　　　　(　　)　　　　　(　　)　　　　　(　　)
　①　　　　　　　②　　　　　　　③　　　　　　　④　　　　　　　⑤

【32】 만일, 위의 【31】번에서 ④, ⑤에 응답하신 경우 어느 정도나 간
소하게 해주었다고 생각하십니까?

① (　　) 10% 미만　②(　　) 10~19%　③(　　) 20~29%

④ (　　) 30~39%　⑤(　　) 40~49%　⑥(　　) 50% 이상

【33】 우리 기관(시·군·구)의 정보기술(IT)은 업무처리를 신속하게
해주었다.

아주 동의 안함　　　동의 안함　　　보통(중립)　　　동의함　　　아주 동의함
(　　)　　　　　(　　)　　　　　(　　)　　　　　(　　)　　　　　(　　)
　①　　　　　　　②　　　　　　　③　　　　　　　④　　　　　　　⑤

【34】 만일, 위의 【33】번에서 ④, ⑤에 응답하신 경우 어느 정도나 신
속하게 해주었다고 생각하십니까?

① (　　) 10% 미만　②(　　) 10~20%　③(　　) 21~30%

④ (　　) 31~40%　⑤(　　) 41~50%　⑥(　　) 51% 이상

【35】 우리 기관(시·군·구)의 정보기술(IT)은 민원인의 기다리는 시
간을 줄여주었다.

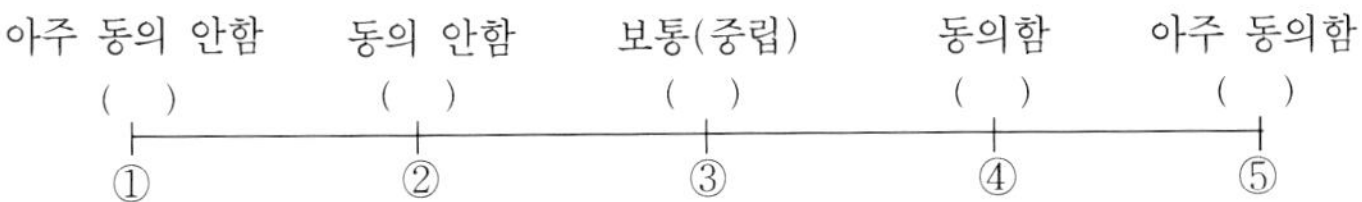

【36】 만일, 위의 【35】번에서 ④, ⑤에 응답하신 경우 평균 기다리는
시간의 몇 %나 단축시켜주었다고 생각하십니까?
① (　　) 10% 미만　　② (　　) 10~19%　　③ (　　) 20~29%
④ (　　) 30~39%　　⑤ (　　) 40~49%　　⑥ (　　) 50% 이상

【37】 우리 기관(시·군·구)에 정보기술(IT)를 도입한 이후 시·군·
구민들의 우리 기관에 대한 신뢰수준이 높아졌다.

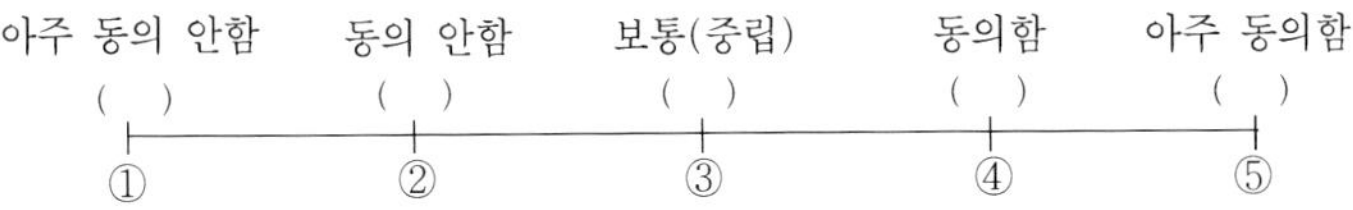

【38】 우리 기관(시·군·구)은 정보기술(IT)의 이용으로 업무의 투명
성이 증가하였다.

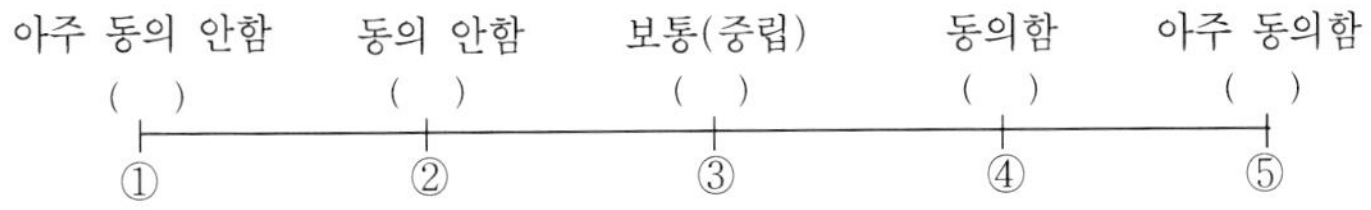

【39】 정보기술(IT)의 구축목표는 무엇이라고 생각하십니까? 가장 중
요한 것 한 가지만 체크해 주십시오.
① (　　)경비절감　　　　　　② (　　)행정서비스의 질적 향상
③ (　　)업무수행의 편리성　④ (　　)조직 및 구성원 통제

⑤ (　)업무처리시간 절감　⑥ (　)기타

Ⅸ. 다음은 사회경제적 지위와 관련된 질문입니다.

【40】 귀하의 성별은?

① (　) 남　　② (　) 여

【41】 귀하의 연령은?

① (　) 20~29세　② (　) 30~34세　③ (　) 35~39세
④ (　) 40~44세　⑤ (　) 45~49세　⑥ (　) 50세 이상

【42】 귀하의 최종학력은?

① (　) 고졸 이하　　② (　) 전문대학졸
③ (　) 4년제 대졸　　④ (　) 대학원졸 이상

【43】 귀하의 소속 기관은? (기초자치단체를 의미합니다.)

① (　) 시　② (　) 군　③ (　) 구

【44】 귀하의 직렬은?

① (　) 행정직　② (　) 전산/정보통신직
③ (　) 기술직　④ (　) 기타

【45】 귀하의 현재 직급은?

① (　) 9급　② (　) 8급　　③ (　) 7급
④ (　) 6급　⑤ (　) 5급　⑥ (　) 4급 이상
⑦ (　) 3급 이상

【46】귀하의 재직기간은?

① (   ) 1년 미만   ② (   ) 1~3년   ③ (   ) 4~5년

④ (   ) 6~10년   ⑤ (   ) 11~15년   ⑥ (   ) 16~20년

⑦ (   ) 21년 이상

【47】귀하는 직무수행 과정에서 하루에 정보기술(컴퓨터, 인터넷 등)을 얼마나 사용하십니까?

① (   ) 30분 미만   ② (   ) 30~60분   ③ (   ) 1~2시간

④ (   ) 2~4시간   ⑤ (   ) 4~8시간

※설문에 성실히 응답해 주셔서 대단히 감사합니다.

• 저자 •

한승환　　**• 약　력 •**

서울시립대학교 행정학 박사
서울시립대학교 전자정부연구소 선임연구원, 기획부장
용인발전연구센터 책임연구원
서울산업대, 서울시립대, 강남대, 광운대, 상지대, 방송대 강사
현) 한국환경자원공사 시민환경감사관
현) 한국학술진흥재단 연구위원

• 주요논저 •

『새만금간척사업의 허와 실: 정책실패 원인규명과 대책』
『정보기술투자효과의 평가방법에 관한 이론적 고찰』
『중앙정부 정책과정과 시민참여』(공저)
『공공부문에서 정보기술투자효과의 인식에 관한 연구』
『사이버공간에서의 국가안보위협요인 및 대책방안』(공저)
외 다수

정보기술(IT) 투자효과의 측정과 평가
- 이론과 실제 -

• 초판 인쇄	2006년 5월 30일
• 초판 발행	2006년 5월 30일
• 지 은 이	한승환
• 펴 낸 이	채종준
• 펴 낸 곳	한국학술정보㈜
	경기도 파주시 교하읍 문발리 526-2
	파주출판문화정보산업단지
	전화　031) 908-3181(대표)·팩스　031) 908-3189
	홈페이지　http://www.kstudy.com
	e-mail(e-Book사업부)　ebook@kstudy.com
• 등　　록	제일산-115호(2000. 6. 19)
• 가　　격	25,000원

ISBN　89-534-5146-9 93350 (Paper Book)
　　　　89-534-5147-7 98350 (e-Book)